Chris Lavers

Warum Elefanten große Ohren haben *Dem genialen Bauplan der Tiere auf der Spur*

Aus dem Englischen
von Andrea Kamphuis

Gustav Lübbe Verlag

Gustav Lübbe Verlag ist ein Imprint
der Verlagsgruppe Lübbe
Aus dem Englischen von Andrea Kamphuis
Titel der Originalausgabe: *Why Elephants Have Big Ears. Nature's engines and the order of life*

Published by arrangement with Victor Gollancz,
An imprint of Orion Books Ltd, Orion House,
5 Upper St Martin's Lane, London WC2H 9EA

Textredaktion: Arnd Kösling, Bergisch Gladbach
Umschlaggestaltung: JahnDesign Thomas Jahn,
Erpel am Rhein, unter Verwendung zweier Fotos
von Tony Stone (Manoj Shah/Art Wolfe)

Satz: Bosbach Kommunikation & Design GmbH, Köln
Gesetzt aus der Rotis Serif/Rotis Semi Sans
von Linotype Hell Vertrieb GmbH, Heidelberg
Druck und Einband: Friedrich Pustet, Regensburg

Printed in Germany

ISBN 3-7857-2047-5

Sie finden die Verlagsgruppe Lübbe im Internet unter
http://www.luebbe.de

5 4 3 2 1

Für Somai

»Ich wende mich mit meiner Erzählung nochmals ans Meer, dort habe ich heute die Wirtschaft der Seeschnecken, Patellen* und Taschenkrebse gesehen und mich herzlich darüber gefreut. Was ist doch ein Lebendiges für ein köstliches, herrliches Ding! Wie abgemessen zu seinem Zustande, wie wahr, wie seiend! Wie viel nützt mir nicht mein bisschen Studium der Natur, und wie freue ich mich, es fortzusetzen!«

Johann Wolfgang von Goethe
Italienische Reise
9. Oktober 1786**

* *Patellen*: Muscheln mit nur einer Schale. Tagebuch, S. 166.
** Zit. nach: Johann Wolfgang von Goethe, Werke, Hamburger Ausgabe, München 1988, Bd. 11: Autobiographische Schriften III, S. 93.

Inhalt

Vorwort

Dieses Buch ist ein Kind meiner Verwirrung. Seine Saat wurde bereits in meiner Kindheit gelegt, als ich mich über die Tierdokumentarfilme wunderte, die größtenteils von der Naturkundeabteilung der BBC produziert worden waren, einer Gruppe international angesehener Wissenschaftler, Kameramänner und -frauen unter der Führung eines hingerissen (und hinreißend) flüsternden Sprechers: David Attenborough. Wie Millionen anderer britischer Kinder ließ ich mich von der Natur, wie Attenborough sie präsentierte, begeistern und gefangen nehmen, aber zugleich fand ich die Filme zutiefst unbefriedigend. Seine Kamerateams mochten zum Beispiel dem Großwild und seinen Jägern endlos durch die Serengeti folgen und mit Akribie und Leidenschaft alle möglichen Jagd- und Balzszenen, spielerische Kämpfe und soziale Körperpflegerituale einfangen, aber weiter erfuhr ich nichts. Zugegeben: Dann und wann riss David in seinen Kommentaren merkwürdige naturwissenschaftliche Theorien an, aber die wirklich naheliegenden Fragen schienen ihm keinerlei Kopfzerbrechen zu bereiten.

Warum waren zum Beispiel alle großen Tiere, die in den Savannen Afrikas von den Kameras eingefangen wurden, Säuger? Zu unserer Erbauung brachten Attenborough und seine Kollegen Elefanten, Nashörner, Giraffen, Zebras, Großkatzen, Hyänen, Wildhunde und eine verwirrende Vielzahl von Antilopen in brillanter Farbpracht in unsere Wohnzimmer, aber nirgends tauchten je große Reptilien oder Amphibien auf. Das ließ mir vor allem deshalb keine Ruhe, weil ich schon wusste, dass die Dinosaurier Reptilien gewesen waren, und einige dieser Ungeheuer waren sagenhaft groß gewesen. Warum hatte es in der Kreidezeit große Reptilien auf dem Festland gegeben, während sie heute in Afrika nirgends aufzutreiben waren? Meinem Tierlexikon hatte ich entnommen, dass große Landreptilien auch auf den anderen Kontinenten selten waren. Weltweit gab es offenbar nur fünf nennenswerte Schlangenarten, ein paar Riesenschildkröten und eine Echse im Malaiischen Archipel, die Büffel fressen konnte. Warum war die Ausbeute so mager? Auf der anderen Seite entwarfen Attenboroughs Dokumentarfilme für das Leben im Wasser genau das entgegengesetzte Bild: Die großen Tiere in Flüssen und Seen waren vorwiegend Krokodile und Schildkröten. An Land herrschten große Säugetiere vor, im Wasser große Reptilien. Warum?

Vielleicht hing das ja damit zusammen, so überlegte ich mir, dass Säugetiere warmblütig und Reptilien »kaltblütig« (treffender: wechselwarm) sind. Für Tiere mit warmen Körpern mochte das Leben im Wasser schwierig sein, da es ihnen zu viel Wärme entzog. Waren die Flüsse Afrikas deshalb voller Krokodile – und nicht voller Antilopen? Zunächst schien mir das einleuchtend, aber dann verriet mir mein Lexikon, dass die Weltmeere von warmblütigen Robben und Walen besiedelt sind. Im Süßwasser dominieren große wechselwarme, im Salzwasser und auf dem Land große warmblütige Tiere. Das ergab irgendwie keinen Sinn.

Was die Angelegenheit noch komplizierter machte: Dieses Schema schien nur auf Tiere oberhalb einer bestimmten Größenordnung zu passen. Sobald David und Co. ihre Makrolinsen unter Steine, in Felsspalten, in Baue und in Baumhöhlen schoben, bekam man Vierfüßer aller Klassen zu Gesicht. Die Ecken und Winkel der tropischen Regenwälder bergen eine Unmenge kleiner, wechselwarmer Frösche, Eidechsen und Schlangen, aber zugleich warmblütige Singvögel, Mäuse und Spitzmäuse. An kühlen, feuchten Stellen finden sich massenhaft kleine Amphibien ein. Die Wüsten beheimaten allerlei winzige Reptilien. Im Kampf ums Dasein scheinen kleine Wechselwarme erfolgreicher zu sein als ihre großen Verwandten. Warum?

Ich suchte unsere örtliche Leihbibliothek auf – fest überzeugt, hier einfache, klare Antworten auf meine Fragen zu finden, warum Säugetiere an Land gut daran tun, groß zu sein, warum unter den großen Süßwassertieren die Reptilien das Rennen machen, warum diese Dominanzverhältnisse mit der Größenordnung zusammenhängen und so fort. Pustekuchen: Die Bücher in der recht bescheidenen Naturkundeabteilung waren viel zu allgemein gehalten. Außer Bestimmungsbildern und Artenbeschreibungen fand ich nicht viel. Das Studium lag noch in weiter Ferne, aber ich weiß genau, dass ich mir damals fest vornahm, die Antworten in den Regalen der Universitätsbibliothek aufzustöbern, wenn ich es je dorthin schaffen sollte.

Als es schließlich so weit war, musste ich feststellen, dass die Bücher in meiner College-Bibliothek mir auch nicht viel weiterhalfen. Die meisten stürzten sich sofort in die Feinheiten des einen oder anderen Spezialgebiets – Tierphysiologie, Biophysik, Genetik, Populationsökologie, Paläoökologie – und übersprangen die grundlegenden, mir so offensichtlichen Fragen einfach. In manchen Büchern fand ich ein paar verstreute Hinweise, aber kein Werk ging das Thema direkt an. Dennoch sammelte ich nach und nach etliche dieser Anhaltspunkte, und allmählich tauchten ein paar Ideen auf, rudimentäre Antworten auf die nagenden Fragen meiner Kindheit. Und wie immer in den Naturwissenschaften warf die intensive Beschäftigung mit einem Thema mehr Fragen auf, als sie beantwortete, sodass ich immer neue kluge Bücher und Leute befragen musste, um auch auf meine Erwachsenenfragen Antworten zu erhalten. Der schmale Band, den Sie gerade lesen, ist die Ausgeburt dieser 25-jährigen Suche.

Das zutiefst Befriedigende an der Auseinandersetzung mit diesen Themen war die immer wiederkehrende Bestätigung, dass man einen beträchtlichen Teil der Grobstruktur des irdischen Lebens mit einigen wenigen Grundprinzipien erklären kann. Das wichtigste Prinzip besagt, dass der »Treibstoff«-Bedarf eines Tieres seine Lebensweise ganz wesentlich mitbestimmt. Der Treibstoffverbrauch variiert enorm von Typ zu Typ, aber auch mit der Größe der Tiere desselben Typs. Zwar hat das Tierreich verblüffend viele verschiedene Lösungswege zum Erwerb und Einsparen der nötigen Energie hervorgebracht, aber die darwinistische Quintessenz bleibt stets dieselbe: Entweder dein Energiehaushalt ist wirklich gut oder du musst einem Besseren weichen. Nun hängt die optimale Energieversorgung auch davon ab, wo man lebt, und die verwickelte, kurvenreiche Entwicklungsgeschichte vieler tierischer Lebensformen hat ihnen Körper verschafft, mit denen sie den Herausforderungen bestimmter Umwelten hervorragend gewachsen sind, bei anderen Umweltbedingungen aber schlecht dastehen. Und so hat sich eine natürliche Ordnung des Lebendigen herausgebildet, die auf den Vor- und Nachteilen der verschiedenen Energiehaushalte beruht: Hier finden wir ein Lebewesen, das auf diese Weise funktioniert, und dort eines, das einen ganz anderen Betriebsmodus hat. Der von Darwin erkannte Evolutionsmechanismus der natürlichen Auslese hat nicht nur die überwältigende Vielfalt an Lebensformen auf unserem Planeten hervorgebracht: Wir verdanken ihm auch die schöne Ordnung dieser Vielfalt. In diesem Buch möchte ich beide Aspekte untersuchen – und schamlos in ihnen schwelgen.

1.
Warum haben Elefanten große Ohren?

Elefanten sind schon seltsam: Ausgewachsen wiegen sie vier bis sieben Tonnen und sind damit mehr als doppelt so schwer wie die größten der sonstigen Landbewohner der Erde. Ihre Nasen sind drei Meter lang. Die afrikanische Art hat die größten Ohrmuscheln aller Tiere, die es je gegeben hat. Fast alle landlebenden Säugetiere haben ein Haarkleid – nicht so die Elefanten. Ihre Schneidezähne können drei Meter lang und über 200 Kilogramm schwer werden. Ein solches Geschöpf kann sich mit den Zähnen am Knie kratzen, ohne sich zu bücken. Mittlerweile sind uns die Elefanten durch Zoobesuche, Bücher und Fernsehfilme so vertraut, dass wir sie einfach als gegeben hinnehmen, so unglaublich sie auch sind.

Dieses Kapitel lässt es nicht mit dem Staunen über diese befremdlichen, fesselnden Lebewesen bewenden: Es soll Elefanten erklären. Es soll aufzeigen, warum sie sich zu dem entwickelt haben, was sie heute sind. Elefanten sind ein idealer Ausgangspunkt für eine Untersuchung des Zusammenhangs von Größe und Energieverbrauch im Tierreich, eben weil sie die größten Tiere sind, die heute auf der Erde herumlaufen, und weil ihre Stoffwechselmaschinen außerordentlich teuer im Unterhalt sind. Sobald wir einmal begriffen haben, wie diese gigantischen Treibstoffverschwender funktionieren, wird es uns leichter fallen zu verstehen, warum Ratten ein Fell haben, warum es keine mückenkleinen oder schlangenförmigen Säugetiere gibt, warum die kleinsten Wirbeltiere der Welt Eidechsen und Frösche sind, warum King Kong niemals das Empire State Building hätte erklimmen können und so weiter und so fort. Letztendlich wird uns die Frage, wie Elefanten funktionieren, zur größten biogeografischen Erschütterung der Erde in den letzten 65 Millionen Jahren führen: einer Krise von Menschenhand, welche die Biosphäre an den Rand eines globalen Massenaussterbens getrieben hat. Aber ich greife voraus. Unsere Erkundung der Maschinen der Natur und der Ordnung des Lebendigen beginnt mit den größten Landtieren der Welt. Und um diese stattlichen Geschöpfe zu verstehen, müssen wir uns zunächst allgemein mit einigen biologischen Auswirkungen des Großseins beschäftigen.

Wie die meisten Tiere sind Elefanten von komplizierter Gestalt und daher schwer auszumessen. Der besseren Anschaulichkeit halber wollen wir uns daher vorstellen, sie seien melonenförmig. Eine Zuckermelone hat etwa 16 Zentimeter Durchmesser, ungefähr doppelt so viel wie eine Apfelsine. Ein Streckenmaß ist aber nicht die einzige Möglichkeit, die Größe zweier Objekte zu vergleichen. Die Oberfläche der Melone ist zum Beispiel viermal so groß wie die der Apfelsine. Schneidet man die Früchte mitten durch und misst die Querschnittfläche, so findet man auch diese bei der Melone viermal so groß wie bei der Orange. Die Flächen kugelförmiger Objekte, seien es Oberflächen oder Querschnitte, verhalten sich immer so zueinander: Bei Verdoppelung der Länge oder Breite vervierfacht sich die Fläche. Das Volumen der Melone beträgt jedoch das Achtfache des Apfelsinenvolumens, und da beide größtenteils aus Wasser bestehen, das ein konstantes spezifisches Gewicht hat – ganz gleich wo wir es finden –, verhalten sich Volumen und Gewicht der Früchte einfach proportional zueinander. Obwohl die Melone nur doppelt so breit ist, wiegt sie also so viel wie acht Orangen – und enthält ebenso viel Saft (s. Abb. 1.1).

Diese allgemeine Beziehung zwischen Länge, Fläche und Gewicht hat so lange Gültigkeit, wie die beiden Objekte, die man vergleicht, ungefähr dieselbe Gestalt haben. Also gilt sie insbesondere, wenn wir ein und dasselbe Objekt in zwei Wachstumsphasen vergleichen. Wie viel muss ein vier Zentimeter kurzer Fisch wachsen, um sein Gewicht zu verdoppeln? Nur etwa einen Zentimeter! Ein Straußenei ist zwar nur zweieinhalbmal so lang wie ein Hühnerei, ergibt aber ein ebenso mächtiges Omelett wie 24 Hühnereier. Eine kleine Längenzunahme geht mit einer gro-

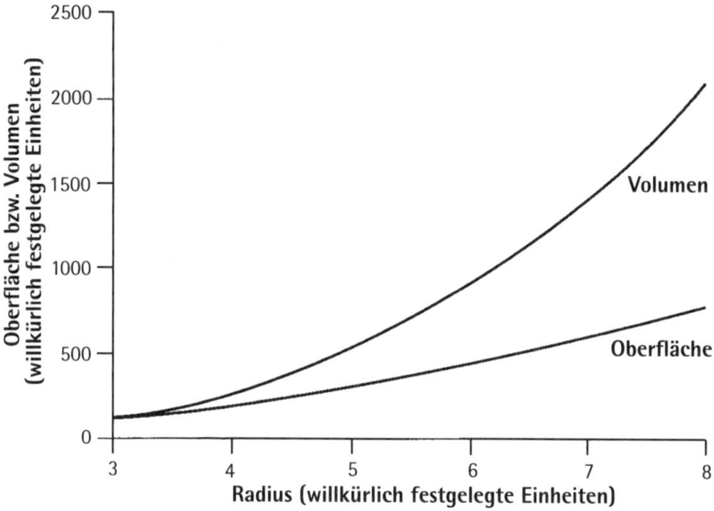

1.1 Wenn sich der Radius einer Frucht, eines Balls oder eines anderen kugelförmigen Objektes verdoppelt, vervierfacht sich seine Oberfläche; Volumen sowie Gewicht verachtfachen sich. Bei Objekten von komplexerer Gestalt sind die Umrechnungsfaktoren nicht so leicht zu ermitteln wie bei einfachen Körpern, aber das Prinzip bleibt erhalten.

ßen Flächenzunahme und einer enormen Volumen- und Gewichtszunahme einher.

Welche Konsequenz hat diese geometrische Gesetzmäßigkeit für die Tiere? Abbildung 1.2 zeigt den respekteinflößenden Kopf eines Afrikanischen Elefanten, und in Abbildung 1.3 sind ein Elefant und eine Gazelle in derselben Größe gezcichnet. Viele anatomische Unterschiede zwischen diesen Lebewesen sind unabhängig vom Maßstab augenfällig, aber wenn man sie nach Höhe und Länge standardisiert, sind ihre Formen und die relative Größe einzelner Körperteile einfacher zu vergleichen. Gegenüber der Gazelle hat der Elefant dickere, geradere Beine, einen kürzeren, kräftigeren Hals, eine extrem verlängerte Nase und eben diese extravagant riesigen Ohren. Außerdem fehlt ihm das Fell. Bezeichnenderweise sind all diese elefantentypischen Eigenarten Konsequenzen der Maßstabsbeziehung zwischen Fläche und Volumen. Fangen wir unten an: Die Belastungsfähigkeit

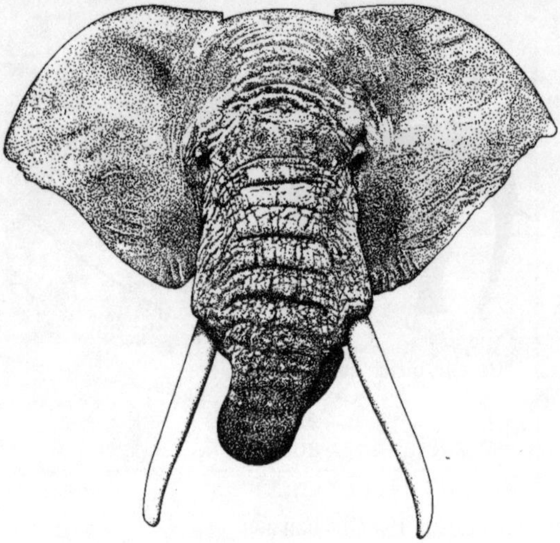

1.2 Kopf eines Afrikanischen Elefanten (Steppenelefant).

eines Beinknochens hängt in erster Linie von seiner Querschnittsfläche ab, und die Beine haben die Aufgabe, das Körpergewicht zu tragen. Stellen wir uns vor, was mit einer Gazelle geschähe, die ihre Gestalt beibehielte, aber allmählich zur Größe eines Elefanten heranwüchse. Wenn sie doppelt so hoch geworden wäre, hätte sich der Querschnitt ihrer Beinknochen vervierfacht, aber sie wöge bereits so viel wie acht normale Gazellen. Bereits kurze Zeit später würden ihre Knochen unter dem Einfluss der Schwerkraft zusammenbrechen; genau genommen würden wahrscheinlich die Muskeln und Sehnen der Beine noch vor den Knochen ihren Dienst quittieren. Im Verlauf von vielleicht Zehntausenden von Jahren haben sich die Elefanten von etwa gazellengroßen Tieren zu ihrer heutigen Größe entwickelt, und dabei musste dieses Problem der Knochenbelastbarkeit gelöst werden. Im Laufe ihrer Evolution verdickten sich die Schenkelknochen überproportional, um mit dem zunehmenden Gewicht fertig zu werden; deshalb sind die Beine der Elefanten stämmiger als die der Gazellen. Aber mit dem Anschwellen der Knochen war es nicht getan. Die Teile eines Elefantenbeins sind auch in sehr untypischer

1.3 Elefant und Gazelle, gleich groß dargestellt.

Art und Weise zueinander ausgerichtet – einer der Gründe für ihre »Unsportlichkeit« im Vergleich mit vielen kleineren Tieren.

Bei der Gazelle sind die Beinknochen so angeordnet wie bei fast allen schnell laufenden Säugetieren. Ihre Vorderbeine ähneln äußerlich Menschenbeinen: ungefähr senkrecht, gerade und mit einem Gelenk in der Mitte. Dieses Gelenk ist jedoch keineswegs ein Knie, sondern vielmehr die Entsprechung zu unserem Handgelenk. Der Schenkel unterhalb des Gelenks entspricht unseren Handflächenknochen, während das Äquivalent zu unserem Ellbogen weit oben sitzt: nahe dem Brustkorb des Tieres. Ganz gleich welche Knochen daran beteiligt sind: Gerade Beine sind praktisch, weil sie mit minimaler Muskelanspannung in dieser Haltung fixiert werden können. Aber die Hinterbeine einer Gazelle sind anders: Ungefähr auf halber Höhe findet sich ein nach hinten ragendes Gelenk, das unserem Fußgelenk entspricht. Das Knie sitzt wiederum weit oben, nahe am Torso, und ist meist unter Haut und Fell verborgen. Diese Knochenanordnung verleiht Gazellen und vielen anderen Laufsäugetieren ein seltsames Aussehen: Die Vorderbeine knicken nach vorne ab, die Hinterbeine nach hinten. Anders als bei uns ist keines der Gelenke am Hinterbein einer Gazelle in der Ruhestellung gerade ausgerichtet, und das heißt, dass ständig Energie aufgewendet werden muss, damit das Bein nicht wegsackt.[1] Wieso haben Gazellen diese abgeknickten Hinterbeine, wo senkrechte, gerade Beine doch ökonomischer sind?

Gazellen sind ausgezeichnete Läufer. Das müssen sie auch sein, denn sie sind die Leibspeise extrem schneller Raubtiere wie der Geparden (Abb. 1.4). Die Architektur der Gazellenhinterbeine versteht man am besten, wenn man sich vergegenwärtigt, dass diese Tiere die kritischsten Augenblicke ihres Daseins auf der Flucht erleben. Ausdauer mag wichtig sein, aber bei den relativ kurzen Wettrennen zwischen Gazelle und Gepard kommt es wohl mehr auf eine gute Beschleunigung und hohe Wendigkeit an. Menschliche Sprinter wissen, wie sie am schnellsten beschleunigen können: Sie nehmen eine Kauerstellung ein und strecken die Beine ruckartig durch, sobald der Startschuss fällt. Beim Kurzstreckenlauf zählt jede Zehntel-, ja Hundertstelsekunde, weshalb die Sportler am Start auf alle viere gehen, während Marathonläufer keine besondere Startpose einnehmen. Wenn es nicht um eine Medaille, sondern ums nackte Überleben geht, ist die Beschleunigung natürlich von noch größerer Bedeutung. Die Hinterläufe einer Gazelle befinden sich ständig in der Sprinterstartpose und ermöglichen dem Tier eine blitzschnelle Beschleunigung aus dem Stand heraus. Außerdem sind die gekrümmten Hinterbeine etwas länger als die Vorderläufe, wodurch sich der Kraftwirkungsweg und damit die freigesetzte Energie erhöht. (Andere gute Beschleuniger wie Frösche und Heuschrecken nutzen dasselbe physikalische Prinzip.) Wenn eine Gazelle von einem Raubtier aufgescheucht wird, springt sie auf und davon; nach jedem Sprung nehmen die Hinterläufe automatisch wieder ihre übliche gekrümmte Haltung ein, sodass sie sofort wieder einsatzbereit sind, ohne dass sie erst durch große, schwere Muskeln in die richtige Position zurückgeführt werden müssten. Durch diese Elastizität wird Fortbewegungsenergie eingespart, die Beine bleiben leicht, und die Zeitspanne zwischen den lebensrettenden Sprüngen wird minimiert.

Die Beine einer Gazelle können so außergewöhnlich schlank

[1] Manche Arten haben kompliziert angeordnete Sehnen, sehnenähnliche Muskeln und Bänder, dank derer die Beine beim unbewegt stehenden Tier arretiert werden können. Dieser Mechanismus muss erst ausrasten, bevor sich das Tier wieder in Bewegung setzt.

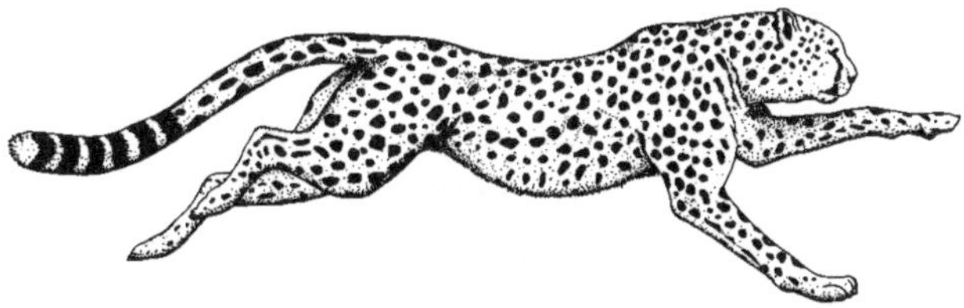

1.4 Seine enorme Sprungweite verdankt der Gepard den relativ langen Beinen und dem außergewöhnlich flexiblen Rücken. Mitten im Sprung ist das gesamte Tier praktisch parallel zum Boden.

sein, weil die Beinmuskulatur größtenteils weit oben, nahe dem Torso untergebracht ist. Man stelle sich vor, wie hinderlich es wäre, zu einem Hundertmeterlauf anzutreten oder im Lauf schnell um eine Ecke zu biegen und dabei Fünf-Kilo-Gewichte an jedem Fußgelenk zu haben: Es leuchtet dann unmittelbar ein, dass die Muskelpakete am oberen Ende des Beins besser aufgehoben sind. Am Fußende, das ja am weitesten ausschwingt, sind die Beine so leicht wie möglich, sodass sich die Tiere rasch in Bewegung setzen oder Haken schlagen können.

Die Beine einer Gazelle sind also leicht gebaut, um ihr große Beweglichkeit zu verleihen, und die Hinterläufe sind nach hinten geknickt und so vorgespannt, dass das Tier jederzeit rasch beschleunigen kann. Der Nachteil dieser Einrichtung: Die Muskeln müssen ständig Arbeit verrichten, damit das Tier hinten nicht zusammensackt, wenn es einfach nur herumsteht oder -geht. Offenbar sind die Kosten geringer als der Nutzen, zumindest für Gazellen, aber bei größeren Tieren ist die Situation weniger klar. Die Stärke der Muskeln ist, wie die der Knochen, proportional zu ihrer Querschnittfläche, aber ihre Aufgabe besteht im Stützen, Heben, Absenken und sonstigen Verlagerungen von Gewichten. Wenn ein Tier bei gleichbleibender Gestalt doppelt so hoch wäre, hätte sich das Gewicht aller Teile seiner Anatomie etwa verachtfacht, während der Querschnitt der daran ansetzenden Muskeln sich nur vervierfacht hätte. Mit anderen Worten, eine elefantengroße Gazelle würde womöglich hinten einbrechen.

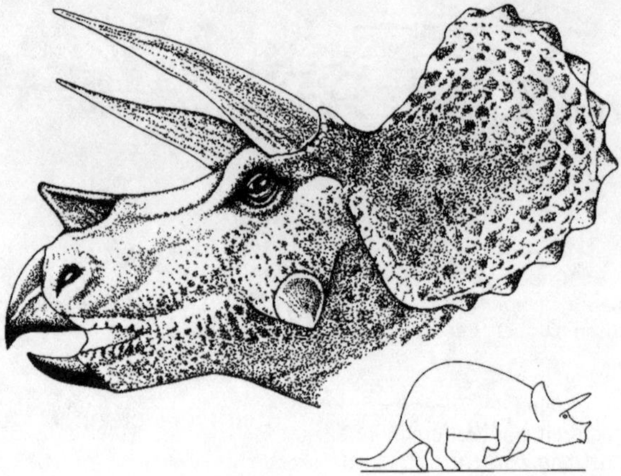

1.5 Die abgewinkelten Hinterbeine des Pflanzen fressenden, elefantengroßen Dinosauriers *Triceratops* legen nahe, dass sich diese Tiere im Galopp auf ihre Feinde zu- oder von ihnen wegbewegen konnten – ähnlich wie Nashörner.

Es gäbe etliche Möglichkeiten, dieser Gefahr entgegenzuwirken. Die Muskeln könnten athletische Proportionen annehmen, um die Fortbewegungsvorzüge abgewinkelter Hinterläufe zu bewahren. Einige Dinosaurier, so der *Triceratops* (Abb. 1.5), waren so schwer wie Elefanten und hatten dennoch abgewinkelte Hinterbeine, und manche Paläontologen vertreten die Ansicht, diese Tiere hätten ganz ähnlich galoppieren können wie heute die Nashörner. Der *Triceratops* teilte seine Welt mit riesigen Fleischfressern wie dem *Tyrannosaurus*[2] (Abb. 1.6), sodass starke, schubkräftige Hinterbeine vermutlich einen kaum zu überschätzenden Überlebensvorteil darstellten. Die Elefanten schlugen einen anderen Lösungsweg ein. Sie gaben die gekrümmten Hinterbeine ganz auf und ersetzten sie durch die gerade, senkrechte Variante, ähnlich den Vorderbeinen. Diese Ausstattung spart eine Menge Muskelkraft ein, reduziert aber die Geschwin-

[2] Im Folgenden werden Gattungsnamen (wie *Tyrannosaurus*) sowie Artnamen (wie *Tyrannosaurus rex*) kursiv geschrieben – wissenschaftliche Bezeichnungen höherer taxonomischer Einheiten (z. B. Familien, s. Fußnote 5) sowie taxonomisch unklare oder »eingedeutschte« Begriffe und Plurale (z. B. »die Tyrannosaurier«) hingegen nicht. (A. d. Ü.)

1.6 Der Hauptfeind des *Triceratops* und anderer großer Pflanzenfresser der späten Kreidezeit war der furchteinflößende Fleischfresser *Tyrannosaurus*, der zwölf Meter lang wurde.

digkeit und die Beschleunigung: Wegen ihrer geraden Beine und ihres enormen Gewichts sind Elefanten die einzigen Landsäugetiere, die nicht galoppieren können.[3] Beim Laufen schwingen alle vier Beine vor und zurück wie bewegliche Säulen, weshalb sie in voller Fahrt, verglichen mit Gazellen und Geparden, etwas unbeholfen wirken. Aber schließlich haben erwachsene Elefanten im Gegensatz zu Gazellen auch keine Feinde (außer den Menschen), und im Unterschied zu Geparden sind sie Vegetarier, also kommen sie nie in die Verlegenheit, sehr schnell auf etwas zu oder vor jemandem weglaufen zu müssen. Ihre besondere Beinknochenanordnung ist vermutlich ein guter Kompromiss.

Die Maßstabsbeziehung zwischen Flächen und Volumina liegt vielen der strukturellen und lokomotorischen (die Fortbewegung betreffenden) Probleme aller großen Tiere zugrunde.

[3] Aufgrund ihres Gewichts und ihrer Trägheit sind Elefanten in mancher Hinsicht auch stärker unfallgefährdet als kleinere Lebensformen. Ein Biologe hat es sehr anschaulich auf den Punkt gebracht: Würde ein Elefant springen wie eine Maus, so bräche er sich schon beim Absprung die Beine, und bei der Landung würden sie vollends kollabieren. Sein solides Skelettsystem gestattet dem Elefanten, wenn es sein muss, einen raschen, plumpen Passgang, aber zumeist bewegt sich das Tier äußerst vorsichtig. Das alte Elefantengehege im Londoner Zoo war nur durch einen flach abfallenden Graben von den Zuschauern abgetrennt, der auf Menschen lächerlich klein wirkte, den Elefanten aber unüberwindlich erschien. In freier Wildbahn werden sie auch mit recht steilen Abhängen fertig, aber sie gehen dabei sehr behutsam vor. Oft rutschen sie auf ihren Hintern herunter und spreizen zum Bremsen die Vorderbeine.

Wenn ein Tier wächst, müssen sich seine Proportionen ändern, um der Tatsache Rechnung zu tragen, dass sein Gewicht schneller ansteigt als seine Muskel-, Sehnen- und Knochenstärke. Deshalb sollten wir die fantasievollen Riesenwesen, die uns das Kino gerne vorsetzt, nicht allzu ernst nehmen. Godzilla sieht wie ein vergrößerter *Tyrannosaurus* aus, King Kong wie ein vergrößerter Gorilla, aber ein Tier, das solch monströse Ausmaße annimmt, ist nicht mehr dasselbe Tier: Godzilla, dessen immenses Gewicht von relativ dürren Beinchen getragen würde, könnte sich – wenn überhaupt – nur sehr langsam fortbewegen, und King Kong stünde vor großen Schwierigkeiten, wollte er seinen massigen Körper mit den paar Muskeln irgendwo hochwuchten, vom Empire State Building ganz zu schweigen. Um unter Wahrung der Maßstabsgesetze weiter zu funktionieren, müssten diese Monster ihre Muskelmasse und ihren Knochendurchmesser so aufblähen, dass sie ihren wohlgestalteten und furchteinflößenden Vorbildern kaum mehr ähnelten.

Dasselbe Maßstabsargument macht auch weitere anatomische Unterschiede zwischen unseren beiden Beispieltieren aus Abb. 1.3 verständlich. Verglichen mit der Gazelle ist der Hals des Elefanten viel kürzer; der Kopf sitzt fast direkt am Körper. Wenn ein Tier im Laufe seiner Entwicklungsgeschichte größer wird, ohne seine Körperproportionen zu verändern, hat es wegen der Maßstabsgesetze irgendwann mit einem immens schweren Kopf zu kämpfen. Beim Elefanten wird das Gewichtsproblem durch die außergewöhnlichen Zähne verschärft: Die vier Mahlzähne am hinteren Ende des Kiefers[4] können zwölf Zentimeter breit und 35 Zentimeter lang werden und haben ein hohes spezifisches Gewicht. Mit ihnen kann der Elefant ganze Akazienäste mitsamt der zehn Zentimeter langen Dornen zermalmen, ohne

[4] Die frühen Vorfahren der Elefanten trugen in jedem Gebissviertel noch alle sechs Backenzähne gleichzeitig, wie die meisten Säugetiere. Bei den heutigen Elefanten bilden sich diese sechs Zähne im Laufe des Lebens nacheinander aus. Die Zähne eins, zwei und drei kommen in der Jugendzeit zum Vorschein. Zahn vier entsteht am Hinterende des Kiefers und wandert nach vorn, wenn seine Vorgänger sich abgenutzt haben und zerfallen. Der fünfte entsteht, wenn das Tier zwölf Jahre alt ist, und der letzte etwa im 25. Lebensjahr.

mit der Wimper zu zucken. Die Zähne müssen so groß und solide sein, da die Tiere zum Unterhalt ihrer riesigen Körper enorme Nahrungsmengen verarbeiten müssen. Ein Afrikanischer Elefantenbulle kann zum Beispiel 300 Kilogramm Pflanzenmaterial pro Tag vertilgen, und gründliches Kauen ist für den weiteren Aufschluss der Nahrung im Verdauungstrakt unentbehrlich, denn die Magensäfte können nur gut zerkleinertes Material abbauen.

Schon die hinteren Zähne eines Elefanten sind also etwas Besonderes, und die vorderen Zähne sind wirklich bizarr: Die oberen äußeren Schneidezähne haben sich zu Stoßzähnen umgewandelt, die im Extremfall bis zu drei Meter lang werden können. Diese eindrucksvollen Gebilde werden zur Partnerwerbung, zur Abschreckung von Rivalen, zum Kämpfen und – gemeinsam mit dem Rüssel – als Werkzeuge eingesetzt, mit denen Futter gesammelt und bearbeitet wird. Die größten historisch verbürgten Stoßzähne gehörten einem Bullen, der 1897 in der Nähe des Kilimandscharo erlegt wurde; heute werden sie im Natural History Museum in London ausgestellt. Jeder ist über drei Meter lang, und zusammen wiegen sie 200 Kilogramm.

Ein Kopf von einer Tonne Gewicht bedarf zwangsläufig sehr starker Muskeln, um der Schwerkraft zu trotzen, und deshalb haben Elefanten so dicke Hälse. Um zu verstehen, warum die Hälse außerdem kurz sind, stelle man sich vor, man sitze an einem Tisch und halte ein schweres Objekt in der Hand, zum Beispiel eine Kanonenkugel. Wenn dabei der Ellbogen fest auf der Tischplatte ruht, wird das Gewicht größtenteils vom Bizeps ge-

Dieses letzte Gebiss hat die verantwortungsvolle Aufgabe, dem Elefanten für den Rest seines Lebens zu dienen, unter Umständen also noch weitere 50 Jahre. Die Langlebigkeit der Elefanten macht diese eigentümliche sequenzielle Zahnentstehung notwendig. Kämen alle Zähne von Anfang an zum Einsatz, so könnten sie nie und nimmer bis zum Ende halten. Alte, verbrauchte Zähne müssen durch neue, unverbrauchte ersetzt werden, und die naheliegende Lösung für dieses Problem ist die sequenzielle Entwicklung. Dennoch hat sie ihre Tücken: Jeder Kieferquadrant kann höchstens sechs Zähne hervorbringen, und sobald das letzte Gebiss verbraucht ist, muss das Tier verhungern. Vermutlich ist dies der Grund dafür, dass Elefanten Grasbüschel regelmäßig von der stark schmirgelnden Erde säubern, bevor sie sie zerkauen, indem sie die Wurzeln mit der Unterseite ihrer Rüssel abreiben.

tragen, jenem Muskel, der an der Vorderseite des Oberarms verläuft und in Ellbogennähe am Unterarm ansetzt. Befestigt man die Kanonenkugel an einem langen Stock und hält diesen in der Hand, so stellt der Stock eine Verlängerung des Hebelarms dar. Das Gewicht setzt in viel größerer Entfernung zum Ellbogen, dem Drehpunkt des Hebels, an. Eine solche Verlagerung des Gewichts würde die Belastung, die der Bizeps aushalten muss, auf verheerende Weise erhöhen. Allgemein gilt, dass schwere Lasten, die herumgetragen und bewegt werden müssen, tunlichst nicht an langen Hebelarmen sitzen sollten. Daher haben Tiere mit schweren Köpfen zumeist kurze Hälse. Das gilt für das gesamte Tierreich sowohl der Gegenwart als auch der Vergangenheit. Elefanten, Nashörner, Büffel und viele ausgestorbene Arten wie Mammute und der Dinosaurier *Triceratops*: Alle gehorchen sie demselben Prinzip, alle tragen ihre schweren Köpfe an den Enden kurzer Hebelarme. Und umgekehrt haben all die gigantischen Dinosaurier, die für ihre langen Hälse bekannt sind, durch die Bank relativ winzige Köpfe.

Jetzt sind wir endlich in der Lage, die vermutlich seltsamste Eigenheit des insgesamt sehr eigentümlichen Tieres namens Elefant zu verstehen: Warum hat es einen Rüssel? Die gängigste Antwort auf diese Frage hat fast etwas Komisches, aber das tut ihrer Plausibilität keinen Abbruch: Wahrscheinlich haben Elefanten einfach deshalb Rüssel, weil sie sonst keine Chance hätten, mit dem Kopf den Boden zu erreichen. Die Tiere werden ja drei bis vier Meter hoch, und da sie sich von Pflanzen ernähren, die oft in Bodennähe wachsen, bräuchten sie, wenn sie keine Rüssel hätten, eben drei bis vier Meter lange Hälse. Dass ein Kopf von einer Tonne Gewicht am Ende eines drei Meter langen Hebels nicht tragbar wäre, haben wir bereits erörtert, und andererseits konnte das Kopfgewicht im Laufe der Evolution nicht einfach reduziert werden, da Elefanten auf ein großes Gehirn sowie auf kräftige Kiefer und solide Zähne zur Aufbereitung der Nahrung angewiesen sind. Die Elefanten haben sich höchstwahrscheinlich aus viel kleineren Vorfahren entwickelt, die – ähnlich wie heute bestimmte Tapirarten (Abb. 1.7) – kurze Rüsselansätze

1.7 Schabrackentapir, Länge etwa zwei Meter.

hatten. Im Laufe vieler Jahrtausende wurden sie immer größer, und ihre Rüssel verlängerten sich entsprechend, um weiterhin den Boden erreichen zu können.

Es gibt einen alternativen Erklärungsansatz: Lange nahm man an, die Elefanten seien eng mit den Sirenen verwandt, also den Rundschwanz-Seekühen (Manatis) und den Gabelschwanz-Seekühen (Dugongs), und ihr gemeinsamer Urahn habe im Wasser gelebt. Da liegt der Gedanke nahe, der Rüssel habe diesem frühen Unterwasservorfahren der Elefanten ursprünglich als Schnorchel gedient.

Die Gesetze der Geometrie haben die Anatomie der Elefanten noch auf andere, nicht ganz so offensichtliche Weise geprägt; sie sind zum Beispiel für das Fehlen des Haarkleids verantwortlich. Elefanten sind Säugetiere, genau wie wir, und Säugetiere unterscheiden sich durch einige Charakteristika von den sonstigen Landwirbeltieren (auch Vierfüßer oder Tetrapoda genannt), also den Amphibien, Vögeln und Reptilien: Wir sind warmblütig, säugen unsere Jungen mit Milch, haben Zähne im Mund und tragen ein Haarkleid. Vögel (die zu den Vierfüßern zählen, da ihre Flügel Vorderbeinen entsprechen) sind ebenfalls Warmblüter, aber sie legen Eier, haben keine Zähne und tragen ein Federkleid. Reptilien sind wechselwarm (im Volksmund: kaltblütig) und haben Schuppen statt Haare, und die Amphibien schließlich sind ebenfalls wechselwarm und haben eine glatte, feuchte Haut.

Die Eigenschaftskombination der Säugetiere unterscheidet sie also von den anderen Klassen der Landwirbeltiere, aber das heißt nicht, dass alle Elemente dieser Definition bei allen Säugerarten auf den ersten Blick erkennbar wären. Das Haarkleid macht da keine Ausnahme. Über 99 Prozent aller landbewohnenden Säugetiere tragen ein Fell, aber die Elefanten sind so gut wie kahl. Um zu begreifen, warum das so ist, müssen wir uns zunächst etwas genauer ansehen, wie die Stoffwechselmaschinerie der Säuger funktioniert und welchen Einfluss die Körpergröße auf ihre Arbeitsweise hat.

Von allen Landwirbeltieren des Planeten Erde sind nur die Säugetiere und die Vögel im engeren Sinne warmblütig. Die Angehörigen dieser beiden großen Klassen halten ihre Körpertemperatur relativ konstant auf einem hohen Niveau, nämlich bei etwa 30°C bis 42°C, indem sie einerseits aktiv Wärme erzeugen und andererseits die in die Umgebung entweichende Wärmemenge regulieren. Die Wärme wird bei chemischen Reaktionen freigesetzt, die in den Körperzellen stattfinden. Bei Warmblütern laufen diese Reaktionen mit rasanter Geschwindigkeit ab, und zwar auch im Ruhezustand oder im Schlaf. Säugetiere und Vögel regulieren die in ihrem Körpergewebe produzierte Wärme auf vielerlei Art und Weise, um ihre jeweils optimale Betriebstemperatur beizubehalten. Wenn die Umwelt zu heiß wird, ziehen sie sich an kühle Orte zurück, zum Beispiel in Höhlen, oder sie leiten viel Blut durch die Haut, sodass die Wärme leichter in die Umgebung entweichen kann. Große Tiere haben wenig Gelegenheit, sich zu verkriechen, aber sie enthalten relativ viel Wasser, genau wie saftige Melonen, und können sich ein Verdunstungssystem leisten: Sie schwitzen oder hecheln und führen so überschüssige Wärme ab. (Ein Gramm Wasser entzieht dem Körper beim Verdunsten 2,4 Kilojoule Wärme. Manche Säugetiere schwitzen, andere hecheln, wieder andere bedienen sich beider Methoden. Vögel schwitzen nicht, aber die meisten hecheln.) Wenn die Umwelttemperatur fällt, verengen Säuger und Vögel die oberflächennahen Adern, um den Wärmeverlust zu reduzieren, und wärmen sich durch Zittern. Zittern ist keineswegs ein bloßes Symptom für Unterkühlung, sondern die effektivste Methode des Körpers, Wärme zu erzeugen, denn wenn die Muskeln arbeiten – willkürlich oder unwillkürlich –, erhöht sich die Rate der Wärme freisetzenden chemischen Reaktionen in den Zellen. Das Vibrieren der Muskeln kann die interne Wärmefreisetzung warmblütiger Tiere auf das Fünffache des Ruheniveaus erhöhen.

Wechselwarme Tiere haben niedrigere Stoffwechselreaktionsraten, erzeugen also weniger Wärme als Warmblüter und können nicht zittern. Warme Muskeln können sich schneller und kraftvoller zusammenziehen als kalte, und das gilt für Warm- wie für Kaltblüter. Auch Echsen profitieren von einer Körpertemperatur von 35°C bis 40°C, aber wegen ihrer niedrigen Stoffwechselrate bleibt ihnen nichts anderes übrig, als sich passiv aufzuheizen, zum Beispiel durch Sonnenbäder. Auch willkürliche Muskelaktivität setzt Wärme frei, sodass wechselwarme Tiere sich im Prinzip aktiv aufheizen könnten, indem sie ständig in Bewegung blieben, aber der Energieverbrauch dieser Strategie ist offenbar zu hoch. Pythonschlangen sind womöglich die Ausnahme dieser Regel, denn in der Frühphase der Verdauung oder beim Bebrüten ihrer Eier können sie ihre Körpertemperatur durch rhythmische Kontraktion ihrer Skelettmuskulatur aktiv erhöhen, aber dies ist der einzige bekannte Fall eines wechselwarmen Vierfüßers, der eigens zum Zweck der Temperaturregelung seine Muskeln anspannt. (Zwar haben Schlangen keine Beine, aber da sie sich aus Vorfahren mit Beinen entwickelt haben, zählt man sie zu den Tetrapoda. Dasselbe gilt für beinlose Säugetiere wie Wale und Delphine.) Auch kaltblütige Tiere kennen verschiedene Taktiken, um sich abzukühlen, wenn es ihnen zu heiß wird. Sie ziehen sich in den Schatten zurück, richten ihre Körper so aus, dass nur eine möglichst kleine Oberfläche direkt von der Sonne bestrahlt wird, fliehen ins Wasser oder sperren den Mund auf (sodass kühle Luft in der Mundhöhle zirkulieren und über die Zunge streichen kann), und manche Arten können sogar die Hautfarbe verändern. Bestimmte Echsen stellen sich auf die Hinterbeine, um sich von einer kühlen Brise umfächeln zu lassen, und wenn die Luft steht, gehen einige wenige Arten so weit, notfalls auf den Hinterbeinen herumzulaufen, um sich im »Fahrtwind« zu kühlen. Manche baumbewohnende Spezies springt oder segelt zum selben Zweck von Baum zu Baum.

Der wichtigste Unterschied zwischen Warm- und Kaltblütern ist die Quelle der Wärme: Warmblüter produzieren einen Großteil der Wärme intern, während wechselwarme Tiere in erster Linie von externen Quellen wie der Sonne abhängen. Es gibt ein paar interessante Fälle (auf die wir später noch zu sprechen kommen), bei denen diese Grenze ein bisschen aufgeweicht wird, aber im Grunde sind Säugetiere und Vögel die einzigen Landwirbeltiere, die genug Stoffwechselwärme erzeugen können, um ihre Körpertemperatur auf einem hohen Niveau zu halten, ohne die Muskeln zu betätigen.

Auch ohne Muskelzittern ist der Unterhalt einer hohen Körpertemperatur eine kostspielige Angelegenheit. Um ein Haus während eines normalen Winters bei 38°C zu halten, müsste die Zentralheizung auf höchsten Touren arbeiten und würde eine Menge Öl oder Gas verbrauchen. Ganz ähnlich ist es bei den Warmblütern. Um ihr Stoffwechselfeuer richtig lodern zu lassen, müssen Säugetiere und Vögel etwa zehnmal mehr Nahrung zu sich nehmen als gleich große Reptilien. Um ein Haus bei 38°C zu halten, ohne an den Heizkosten zu verzweifeln, gibt es nur eine Lösung: Isolation. Dämmplatten unters Dach, Doppelverglasung, Schaum in alle hohlen Wände – so kann man den Wärmeverlust eines Hauses reduzieren. Warmblütige Tiere nutzen dasselbe Prinzip. Ihre Haut ist mit Haaren oder Federn bedeckt, zwischen denen eine isolierende Luftschicht festgehalten wird. Säugetiere in kalten Lebensräumen haben meist ein besonders dichtes Fell, um möglichst wenig Wärme zu verlieren. Die einzelnen Haare stehen nicht nur besonders dicht beieinander, sie sind auch besonders dünn, sodass sich das Fell ganz weich anfühlt. Sattelrobbenjunge, Nerze, Luchse, Schneehasen und Eisfüchse sind bei den Pelzjägern eben wegen ihrer ausgezeichneten Isolationsschichten so beliebt.

Säugetiere und Vögel produzieren also eine Menge Wärme und sind gut isoliert, um deren Verlust in Grenzen zu halten.

Wenn jede Körperzelle, sagen wir, 1000 Stoffwechseleinheiten pro Minute umsetzt, dann wird ein großes Tier – absolut gesehen – sehr viel mehr Wärme produzieren als ein kleines, einfach weil das große Tier viel mehr Zellen hat. Tiere verlieren ihre Wärme über die Haut an die Umgebung, und das Maßstabsgesetz besagt, dass das Volumen eines Tieres sehr viel schneller wächst als seine Oberfläche. Wenn also ein Tier größer wird, nimmt die Masse des Wärme produzierenden Gewebes rascher zu als die Fläche der Haut, über die diese Wärme entweicht. Es liegt auf der Hand, dass große Tiere diesem Umstand Rechnung tragen müssen, um nicht im eigenen Saft zu schmoren.

Im Laufe der Evolution hin zu größerer Gestalt wird zum einen die Stoffwechselrate reduziert; jede einzelne Zelle produziert weniger Wärme als bei den kleineren Vorfahren. Je größer das Tier, desto geringer der Umsatz pro Zelle. Aber wenn man sich diese Tendenz genauer ansieht, stößt man auf ein Rätsel. Elefantenzellen produzieren zwar weniger Wärme als Gazellenzellen, aber der Unterschied ist nicht groß genug, um den Wärmehaushalt des Elefanten ins Lot zu bringen. Und dieses Missverhältnis findet sich überall im Tierreich: Große Tiere innerhalb einer jeden taxonomischen Gruppe[5] produzieren tendenziell mehr Wärme, als nach der Maßstabsbeziehung von Fläche und Volumen angemessen wäre, und je größer das Tier, desto größer der Wärmeüberschuss. An dieser harten Nuss haben sich bereits Generationen von Biologen die Zähne ausgebissen, und immer noch wissen wir nicht, was es damit auf sich hat. Theorien gibt es reichlich, und alle paar Jahre kommt eine neue hinzu, aber noch hat keine davon so recht überzeugen können. Mithilfe verschiedener Tricks kann man eine Rechnung aufmachen, in der das Missverhältnis wegerklärt wird, aber es herrscht noch keine Einigkeit darüber, welches Modell der Realität am besten gerecht wird. Offenbar passt sich die Stoffwechselrate im Laufe der Evo-

[5] Taxonomie: biologische Klassifikation, Systematik. Verwandte Arten (Spezies) werden in Gattungen (Genus) zusammengefasst, diese wiederum in Familien (Familia), Familien in Ordnungen (Ordo), Ordnungen in Klassen (Classis) und Klassen schließlich in Stämmen (Phylum).

lution hin zu größeren Arten nicht der – relativ gesehen – schrumpfenden Oberfläche, sondern irgendeiner anderen Größe an, aber wir haben nicht die leiseste Ahnung, welcher.

Aus welchen Gründen auch immer, es bleibt die Tatsache, dass große Tiere mehr Wärme produzieren, als sinnvoll erscheint. Wohin dieser Argumentationsstrang führt, dürfte mittlerweile klar sein: Afrikanische Elefanten leben in einer der heißesten Klimazonen der Erde. Ihre Körper produzieren enorme Wärmemengen, und dass ihnen dabei noch die Sonne auf den Rücken knallt, macht es nicht gerade leichter. Zwar haben sie ihre Thermostaten nachgeregelt, sodass jede Zelle möglichst wenig Wärme produziert, aber zur Kompensation ihrer relativ kleinen Körperoberflächen reicht das nicht aus. Daher sind Elefanten kahl. Ein Pelzmantel wäre so ziemlich das Letzte, was ein derart großes Tier, das die meiste Zeit der gnadenlosen Sonne Afrikas ausgesetzt ist, gebrauchen könnte. Das Afrikanische Breitmaul-Nashorn ist das zweitgrößte rezente (heutige) Landwirbeltier, es lebt ebenfalls in einer heißen Klimazone und ist ebenfalls kahl. Es sieht so aus, als *müssten* sehr große Säugetiere, die in heißen Gegenden leben, nackte Haut haben, um genug Wärmeenergie an ihre Umgebung abführen zu können, damit sie nicht vor Hitze eingehen.

Auch Flusspferde sind kahl, aber in ihrem Fall liegt der Grund nicht so klar auf der Hand. Amphibisch lebende Säugetiere können sich ja ins Wasser zurückziehen, sobald die Luft unangenehm heiß wird, also dürfte nackte Haut für Flusspferde nicht so wichtig sein wie für Elefanten und Nashörner. Einige Paarhufer (die Ordnung, zu der die Flusspferde gehören) wie die Warzenschweine, Bisons und Hirscheber sind ebenfalls kahl oder schwach behaart, aber deswegen keineswegs schlecht isoliert: Dazu haben die schweineartigen Paarhufer eine Fettschicht. In dieser Ordnung hängt die Nacktheit also nicht eindeutig mit der Körpergröße zusammen. Der nächste Verwandte des Fluss- oder Nilpferdes ist das Zwergflusspferd, ein kahles Tier von höchstens 275 kg Körpergewicht, das die meiste Zeit auf dem Land verbringt. Einfache Theorien, die auf Maßstabsargumenten beruhen, werden der komplexen Welt des Lebendigen oft nicht gerecht.

Jetzt sind wir endlich in der Lage, die Titelfrage dieses Buches zu beantworten: Warum haben Elefanten große Ohren? Damit es auch für jene Leser spannend bleibt, die die Antwort bereits kennen, aber nicht die genaue Begründung, stelle ich die Frage nochmals in vergleichender Form: Warum haben Elefanten so viel größere Ohren als die Nashörner, die Giraffen und all die anderen warmblütigen Säugetiere, die ebenfalls unter der Sonne Afrikas leben? Der entscheidende Unterschied zwischen Elefanten und allen anderen Landtieren ist wahrscheinlich die Körpergröße: Das Missverhältnis zwischen der im Stoffwechsel freigesetzten Wärmeenergie und der Wärmemenge, die durch die Haut entweichen kann, neigt dazu, anzuwachsen, je voluminöser das Tier ist, und Elefanten sind gut doppelt so schwer wie die größten ihrer Savannenmitbewohner. Also reicht es nicht aus, kahl wie ein Nashorn zu sein. Elefanten brauchen ein Zusatzventil für ihre überschüssige Wärme, und große, flache Ohren voller Röhren, durch die viel heißes Blut gepumpt werden kann, sind eine ziemlich gute Lösung.

Natürlich wird die Wärme nur dann durch die Ohren in die umgebende Luft entweichen, wenn diese nicht selbst über 38°C heiß ist oder wenn der Kühlvorgang durch Wasserverdunstung unterstützt wird. Im Gegensatz zu den meisten anderen großen Säugetieren können Elefanten nicht schwitzen – vielleicht weil ihre aquatischen Vorfahren keinen Bedarf an Schweißdrüsen hatten –, also müssen sie sich entweder in den Schatten begeben, um ein effektives Temperaturgefälle zu erreichen, oder ihre Ohren (sowie, damit es sich lohnt, auch andere Körperregionen) irgendwie äußerlich benetzen. Trotz ihrer immensen Größe gelingt es Elefanten regelmäßig, ein schattiges Plätzchen zu finden, und sie vermeiden es nach Möglichkeit, sich zu weit von der nächsten Wasserquelle zu entfernen. Zur Not können Elefanten, wie man beobachtet hat, mit den Rüsseln Wasser aus ihren eigenen Kehlen zapfen und es sich über die Ohren sprühen. Wie auch immer, die prachtvollen Segelohren eines Elefanten stellen eine ziemlich elegante Lösung des Problems dar, als fünf Tonnen schweres Säugetier mit überaktivem Stoffwechsel in einer heißen Klimazone zu leben.

Sowohl die Lebensweise der heutigen Elefanten als auch die Entwicklungsgeschichte ihrer Vorfahren passt zu dieser Deutung ihrer Ohrfunktion. Die Familie der Elefanten besteht heute aus nur zwei Arten, dem Afrikanischen und dem Asiatischen Elefanten. Die afrikanische Art wird weiter in zwei Unterarten unterteilt: den uns vertrauten spitzohrigen Steppenelefanten, der in den Savannen Ostafrikas lebt, und den weniger bekannten Waldelefanten, der in den Äquatorialwäldern Zentral- und Westafrikas heimisch ist. Der Lebensraum der Asiatischen und der Waldelefanten ist das schattenreiche Waldland, in dem die Temperaturen für gewöhnlich viel niedriger bleiben als in den Savannen, in denen der Steppenelefant überleben muss. Wenn die Temperatursteuerungstheorie der Elefantenohren richtig ist, sollten Steppenelefanten die größeren Ohren haben (oder genauer: solche, die mehr Blut zu führen in der Lage sind, entweder weil sie eine größere Fläche haben oder weil das Adernetzwerk in ihnen dichter geknüpft ist). Und in der Tat: Zwar haben auch die Waldelefanten und ihre indischen Vettern – im Vergleich zu anderen Säugetieren – noch gewaltige Ohren, aber neben den enormen Segeln, die die Köpfe ihrer Verwandten in den Savannen zieren, nehmen sie sich eher bescheiden aus.

Alle rezenten Elefanten leben in relativ warmem Klima, aber einige der ausgestorbenen Mammutarten waren in ausgesprochen kalten Weltgegenden zu Hause. Unser Wissen über die Anatomie der Mammute verdanken wir größtenteils den tiefgefrorenen Tieren, die in den Permafrostböden der sibirischen Tundra gefunden worden sind. Bei manchen Exemplaren waren noch das Fell und die dicke Fettschicht erhalten, eindeutige Anzeichen dafür, dass Mammute sich gegen Kälte schützen mussten. Aber wie sahen ihre Ohren aus? Wenn sie ihnen vor allem zur Werbung in der Brunft oder zur Einschüchterung von Rivalen gedient hätten, wären sie womöglich groß, aber schwach durchblutet oder fellbedeckt gewesen. Sie hätten auch die meiste Zeit eng am Körper anliegen können. Vielleicht wäre der Wärmeverlust über die großen Ohren durch ein besonders dichtes Fell oder eine Extrafettschicht kompensiert worden. Sollten die Ohren jedoch bei allen Elefanten in erster Linie der Wärmeabfuhr dienen, dann müsste es uns wundern, wenn die eiszeitlichen Arten, die in bitterer Kälte lebten, eigens dichtes Fell und dicke Fettschichten ausgebildet und sich andererseits den Luxus großer, fleischiger, blutgefüllter, abstehender Ohren geleistet hätten. Und wirklich unterscheiden sich die sibirischen Mammute, so imposant sie in vieler Hinsicht waren, in einem Punkt deutlich von ihren rezenten Verwandten: Sie hatten winzige, behaarte Ohren. Alles fügt sich ins Bild. Die gewaltigen Ohren der Elefanten sind tatsächlich Kühler.

So eigentümlich uns die Elefanten in vieler Hinsicht erscheinen: Ihr Körperbau gehorcht einem recht einfachen, überschaubaren Satz von Gestaltungskriterien. Die dicken Beine, der gemessene Schritt, der kurze Hals, der Rüssel, die Wärmeproduktion, die kahle Haut und die großen Ohren sind allesamt direkte oder indirekte Konsequenzen der unausweichlichen Maßstabsbeziehung zwischen Flächen und Volumina. So gesehen sind Elefanten dankbare Untersuchungsobjekte: Die Entdeckung eines einfachen Prinzips hat zur Erklärung vieler, zuvor scheinbar unzusammenhängender Phänomene geführt, und genau das macht Naturwissenschaft aus. Aber die Anatomie der Elefanten war erst der Anfang. Der Energiebedarf und -haushalt verschieden großer und verschieden gebauter Tiere ist der Schlüssel zu vielen Aspekten des Lebens auf unserem Planeten. Jetzt, da wir die Elefanten und ihre Ohren durchschaut haben, wenden wir uns den Spitzmäusen und ihren außergewöhnlichen Herzen zu.

2.
Die Straße des Lebens

Man stelle sich eine 100 Kilometer lange Straße vor, an deren einem Ende ein fünf Tonnen schwerer Elefant steht. Am anderen Ende sitzt eine Zwergwespe von 0,000001 Gramm Gewicht, und dazwischen sind – nach Gewicht sortiert und in entsprechenden Abständen – Stellvertreter der übrigen Lebewesen aufgereiht. Betrachtet man diese Parade der tierischen Lebensformen von einer hohen Warte aus, so fällt eines sofort auf: Nahe am Elefanten befinden sich viel weniger Arten als am Zwergwespen-Ende. Zwischen den beiden größten Landtieren der Erde, dem Elefanten und dem Weißen oder Breitmaul-Nashorn, liegen ganze 50 Kilometer leeren Wegs. Dicht hinter seinem breitmäuligen afrikanischen Vetter steht ein Indisches Panzernashorn, das nur ein Horn auf der Nase trägt. Bei Kilometer 60 finden wir ein Flusspferd, das bei nur 1,4 Meter Schulterhöhe immerhin zwei Tonnen auf die Waage bringt.[6] Bei der 75-Kilometer-Marke stehen ein Spitzmaul-Nashorn und eine Giraffe. Nach 80 Kilometern (eine Tonne) treffen wir auf einen Wasserbüffel, ein Java-Nashorn und das erste Reptil, ein Nilkrokodil. Zwei Kilometer weiter tummeln sich ein Yak, ein Gaur, ein Bison, ein Sumatra-Nashorn und ein Riesenelenantilopen-Bock. (Der Gaur ist ein riesiges Wildrind aus Indien und Südostasien. Elenantilopen, die größten Antilo-

[6] Da Elefanten, Breitmaul-Nashörner und Nilpferde eine große Gewichtsspannweite haben, sind diese Angaben nur näherungsweise zu verstehen. Afrikanische Steppenelefanten wiegen normalerweise vier bis sieben Tonnen, aber große Männchen können (sofern sie den Flinten der Wilderer entgehen) bis zu 13 Tonnen erreichen. Afrikanische Waldelefanten, Zwergelefanten (die zu den Waldelefanten gehören) und Indische Elefanten sind insgesamt kleiner, aber ihre größten Männchen können immer noch über acht Tonnen wiegen. Das Höchstgewicht eines Weißen Nashorns liegt bei 3,6 Tonnen. Wirklich große Flusspferd-Männchen können nachweislich bis zu vier Tonnen schwer werden.

pen überhaupt, sind in den offenen Ebenen und Savannen, den Bergwäldern und dem Buschland Afrikas zu Hause.) Das größte Kamel steht bei Kilometer 90, zusammen mit einem Eisbären, einem Kodiakbären und einem Elch (dem größten aller Hirsche). Das Grevy-Zebra bringt von allen Pferden am meisten Gewicht auf die Waage und ist damit bei Kilometer 92 platziert. Zwischen der 92-Kilometer-Marke und Meter 99980 drängen sich alle übrigen Hirsche, Bären, Kamele, Pferde, Primaten, Schweine, Antilopen, Katzen und Hunde, bis hinunter zum winzigen Fennek, mit einem Kilogramm Gewicht der kleinste Angehörige der Hundefamilie.

An diesem dicht besiedelten Straßenabschnitt lassen sich bei den Säugetieren einige interessante anatomische Muster erkennen. Wenn das Körpergewicht sinkt, wird das Skelett nicht nur absolut, sondern auch relativ leichter – die Tiere werden lebhafter und beweglicher. Die leichteren Läufer haben weniger Masse und Massenträgheit, das heißt: Sie können besser beschleunigen, abbremsen und die Richtung wechseln. Kleine Tiere wie Eichhörnchen haben hinten wie vorne angewinkelte Gliedmaßen und sind Akrobaten genug, um senkrecht Stämme hinaufzuklettern und von Baum zu Baum zu springen. Dieser Zusammenhang bestätigt das allgemeine Prinzip, dass im Tierreich zunehmendes Körpergewicht zum Teil durch Einbußen bei der Beweglichkeit bezahlt wird: Große Tiere sind behäbiger.

Auch die Felldicke variiert zwischen den Säugerarten, aber nicht auf einfache, konsistente Weise. Tendenziell wird die Isolationsschicht mit zunehmendem Körpergewicht dicker, vor allem deshalb, weil größere Tiere mehr Fell tragen können, ohne darüber zu stolpern. Aber diese Regel kann durch besondere Umweltbedingungen aufgehoben werden. Bei den afrikanischen Savannenantilopen ist der Trend umgekehrt, die kleinen Spezies sind dichter behaart als die großen. Offenbar haben große Antilopen eher mit einem Wärmeüberschuss als mit Wärmeverlusten zu kämpfen. Wahrscheinlich sind die hohen Temperaturen in der Savanne und der Umstand, dass Antilopen sich des Öfteren gewaltig anstrengen müssen, um vor ihren Fressfeinden zu fliehen, für diese Umkehr der allgemeinen Regel verantwortlich. Dass Nashörner und Elefanten kahl sind, hat vermutlich denselben Grund: In einer Umwelt wie dem heißen offenen Grasland verlieren größere Tiere ihr Haarkleid.

Die letzten 60 Meter der Straße sind enorm dicht besiedelt. Über 99 Prozent aller 1800 Nagetierarten tummeln sich hier, die meisten davon auf den letzten 20 Metern. Zu ihnen gesellt sich die Mehrzahl der 9700 Vogelarten, der 3800 Echsen, der 3800 Kröten und Frösche, der 1700 Schlangen und 1000 Fledertiere (Fledermäuse und Flughunde). Die meisten der 900 Ratten- und Mäusearten drängen sich auf den letzten zwei Metern, da sie unter 100 Gramm wiegen. Alle 319 Kolibri-Spezies sind innerhalb der letzten 40 Zentimeter angesiedelt. Jenseits der 20-Gramm-Marke nimmt die Anzahl der Warmblüter ab, aber immerhin müssen sich die meisten Fledertiere (etwa 820 Arten) und Spitzmäuse (280 Arten) die letzten 30 Zentimeter teilen.

Vier Zentimeter vor dem Straßenende sitzen die drei kleinsten warmblütigen Tiere der Welt dicht beieinander. Die Schweinenasen-Fledermaus, *Craseonycteris thonglongyai*, ist erst 1973 entdeckt worden, denn sie verbarg sich vor der Welt in den tiefsten Kammern einiger entlegener Kalksteinhöhlen in Thailand. Mit zwei Gramm Körpergewicht pro Exemplar wiegt die gesamte Population von 2000 Tieren deutlich weniger als ein einziges Elefantenohr. Auf der anderen Seite des Globus, in Kuba, kann man – wenn man mit viel Glück und guten Augen gesegnet ist – zwischen den Blumen des Waldbodens einen kleinen Vogel mit schillernd blauem Federkleid herumschwirren sehen. Seine Körperlänge von knapp über einem Zentimeter spiegelt sich im Namen wider: Bienenelfe. Und in den Grasfluren Südeuropas, Südasiens und Afrikas herrscht die Etrusker-Spitzmaus über ihr Reich zwischen den Grashalmen. Diese Westentaschentitanen sind so winzig, dass sie in die Gangsysteme der Regenwürmer eindringen können, und gehören – ihrer Unscheinbarkeit zum Trotz – zu den gefräßigsten Beutegreifern der Erde.

Diese drei letzten Warmblüter an der Zwei-Gramm-Marke sind von vielen kaltblütigen Arten umringt. Reptilien und Am-

2.1 Die Etrusker-Spitzmaus wiegt ausgewachsen etwa zwei Gramm; Kopf-Rumpf-Länge viereinhalb Zentimeter.

phibien dieser Gewichtsklasse sind keine Seltenheit, und viele Spezies sind noch deutlich leichter. Zwei Geckoarten von Virgin Gorda (einer der British Virgin Islands) und Haiti, ein Chamäleon aus Madagaskar und mehrere Frösche aus Kuba, Mexiko, Argentinien, den Westindischen Inseln und Brasilien sind sogar kleiner als Stubenfliegen. Warum überlassen die Säugetiere und Vögel bei dieser Größenordnung den anderen Klassen das Feld? Die Antwort verbirgt sich in den unterschiedlichen Energiehaushalten warm- und kaltblütiger Tiere und – wieder einmal – der Maßstabsbeziehung zwischen Flächen und Volumina.

Ein Elefant mag so viel wiegen wie 2,5 Millionen Etrusker-Spitzmäuse (Abb. 2.1), dennoch sitzen beide Tiere an Zweigen desselben Familienstammbaums. Beide sind Säugetiere, und beide betreiben großen Aufwand, um ihre Körpertemperatur beim säugetiertypischen Standardbetriebswert von 38°C zu halten. Winzige Tiere haben jedoch – relativ zum Volumen des Wärme erzeugenden Gewebes – eine viel größere Hautfläche, und das heißt, dass sie sich sehr schnell aufheizen bzw. abkühlen. Darum werden kleine afrikanische Säugetiere in den Zoos der gemäßigten Breiten in geheizten Räumlichkeiten gehalten, während man die Elefanten bedenkenlos im Freigehege präsentiert. Verschärfend kommt hinzu, dass ein so kleines Tier nur eine dünne Isolationsschicht haben kann. Fast alle Säugetiere sind fellbedeckt, und je gravierender das Problem des Wärmeverlusts, desto effektiver müssen diese Dämmschichten sein. Polarfüchse müssen regelmäßig mit Temperaturen bis zu minus 50°C fertig werden und haben zu diesem Zwecke sehr dichte, dicke Pelze ausgebildet. Eine Etrusker-Spitzmaus mit einem ähnlich dicken Fell sähe nicht nur aus wie ein Pompon, sie wäre in ihrer natürlichen Umgebung auch ungefähr so lebensfähig. Nicht nur, dass kleine Tiere wegen ihrer großen Oberfläche viel Wärme verlieren: Sie können auch wenig zur Verlustreduzierung tun, ohne sich ihrer Beweglichkeit zu berauben.

Etrusker-Spitzmäuse lösen dieses Problem zum kleineren Teil, indem sie sich an geschützte Stellen zurückziehen, zum größeren, indem sie ihren Stoffwechsel ständig auf Hochtouren halten. Der Aufwand, den sie treiben, um ihre Körperheizung mit voller Kraft zu fahren und so den Wärmeverlust zu kompensieren, ist in der Tat beachtlich. Ein erwachsener Elefant verbringt den Großteil seiner Wachstunden mit Nahrungssuche und Fressen und kann an einem Tag 300 Kilogramm Pflanzenteile vertilgen. Diese Riesenmenge macht aber nur vier Prozent seines Körpergewichts aus. Eine Spitzmaus verdrückt hingegen tagtäglich 130 Prozent ihres Körpergewichts, und dabei besteht ihre Nahrung aus tierischem Gewebe, das einen viel höheren Nährwert hat als vegetarische Kost. Der Sauerstoffverbrauch der Spitzmäuse raubt einem geradezu den Atem. Das Blut, das Wirbeltiere aller Art in ihren Adern führen, enthält Sauerstoff in gebundener Form, der in jene Gewebe transportiert wird, in denen die Wärme freisetzenden Stoffwechselreaktionen stattfinden. Unsere Herzen schlagen 60- bis 80-mal pro Minute, wenn wir uns in Ruhe befinden, und zwei- bis dreimal so schnell, wenn wir körperlich aktiv sind. Das Herz einer Etrusker-Spitzmaus pocht mit unglaublichen 1200 Schlägen pro Minute. Selbst das würde nicht ausreichen, hätte dieses Tier ein Herz von säugetiertypischer Größe (nämlich etwa 0,6 Prozent des Körpergewichts). Herzen müssen sich zusammenziehen, um das Blut auszustoßen, sich dann entspannen und dabei wieder mit Blut füllen, und für die Geschwindigkeit dieses Zyklus gibt es unüberwindliche physikalische Grenzen. Ein Herz von 0,012

Gramm Gewicht (0,6 Prozent von zwei Gramm) müsste mehr als 3500-mal pro Minute schlagen, um den Körper der Spitzmaus mit genügend Sauerstoff zu versorgen. Das ist etwa dreimal so viel wie das physikalische Maximum. Da ein Herz nicht mehr als 1200 Schläge pro Minute leisten kann, gibt es nur eine Möglichkeit, einen ausreichenden Blutkreislauf zu gewährleisten: Das Herz muss größer werden, sodass es pro Schlag eine größere Blutmenge voranpumpt. Das Herz der Etrusker-Spitzmaus wiegt tatsächlich 0,035 Gramm, also – relativ – dreimal so viel wie das Herz eines Vollblutrennpferdes. Nur mit einem Herzen von solch heroischen Ausmaßen kann die Stoffwechselmaschinerie der Spitzmaus ständig auf so hohen Touren arbeiten, dass die Körpertemperatur bei 38°C bleibt.

Etrusker-Spitzmäuse, Schweinenasen-Fledermäuse und Bienenelfen haben sowohl ihren enormen Appetit als auch ihre großen Herzen gemeinsam; und hier stoßen wir auch auf den Grund, warum es keine Warmblüter von weniger als zwei Gramm Körpergewicht gibt:[7] Eine Spitzmaus der Ein-Gramm-Klasse hätte – im Vergleich zur Masse des Wärme produzierenden Körpergewebes – eine derart große Hautfläche, dass ihr Stoffwechsel, um die Körpertemperatur konstant hoch zu halten, mit einer physikalisch unmöglichen Geschwindigkeit arbeiten müsste. Hätte ein so winziges Lebewesen eine extrem wirksame Isolation, dann könnte es womöglich den Wärmeverlust so weit eindämmen, dass es überleben könnte – aber wie sollte die Dämmschicht eines ein Gramm leichten Tieres, das sich schließlich fortbewegen muss, wohl aussehen? Einiges spricht dafür, dass die Etrusker-Spitzmaus, die Schweinenasen-Fledermaus und die Bienenelfe zumin-

[7] Zwei Wochen nachdem ich diese Zeilen schrieb, berichtete Jon Bloch von der University of Michigan auf der 1998er Versammlung der Society for Vertebrate Palaeontology in Snowbird, Utah, über einen Kieferknochen eines 50 Millionen Jahre alten, Insekten fressenden Säugetieres namens *Batodonoides*. Seine Kieferlänge (8 mm) und seine Zahngröße (ca. 0,75 mm) lassen vermuten, dass sein Körpergewicht etwa 1,3 Gramm betrug, also weniger als bei allen heute lebenden Arten. Die Rekonstruktion eines ganzen Tieres aus Skelettfragmenten ist jedoch zum Teil eine recht spekulative Angelegenheit, also halte ich zunächst weiter an der offiziellen Zwei-Gramm-Untergrenze fest, auch wenn *Batodonoides* und andere ausgestorbene Arten womöglich leichter waren.

dest sehr nah an die Grenze des für Warmblüter noch gerade Möglichen vorgedrungen sind.

Dieselbe Argumentation macht auch verständlich, warum Warmblüter nur eine begrenzte Anzahl verschiedener Gestalten haben. Ein kugelförmiges Tier hätte, gemessen an seinem Gewebevolumen, die kleinstmögliche Hautfläche überhaupt, und jede Abweichung von der Kugelform geht zwangsläufig mit einer relativen Vergrößerung der Oberfläche einher. Deshalb gibt es keine schlangenförmigen Warmblüter: Extrem lang gestreckte, schlanke Tiere haben – relativ zu ihrem Volumen – sehr große Oberflächen, und bei Warmblütern steigt der durch den Stoffwechsel zu kompensierende Wärmeverlust proportional zu dieser Fläche. Wiesel sind das Schlangenähnlichste, was die Klasse der Säugetiere hervorgebracht hat; dank dieser Gestaltanpassung sind sie in der Lage, ihre Beutetiere an schwer zugänglichen Orten aufzuspüren, zum Beispiel in ihren Bauen. Die Schlankheit gehört also zur Überlebensstrategie dieser Tiere, aber sie wurde teuer erkauft: Aufgrund ihrer gestreckten Gestalt müssen Wiesel ungefähr doppelt so viel Energie verstoffwechseln wie gedrungener gebaute Säuger derselben Gewichtsklasse.

Viele wechselwarme Tiere wie Echsen, einige Schlangen und Blindwühlen (eine wurmförmige Ordnung im Wasser oder im Erdreich lebender Amphibien) sind Großmeister der Kombination von Zierlichkeit und gestreckter Gestalt. Wie alle Herpetologen (Kriechtierkundler) wissen, verbringen Eidechsen einen Großteil ihres Lebens im Verborgenen: in Höhlen, unter Steinen, in Felsspalten, im Schotter am Fuß von Geröllhalden und unter umgekippten oder gefällten Baumstämmen. Kaltblütige Beutegreifer, die aus dem Hinterhalt jagen, müssen sowohl den Extremtemperaturen (der prallen Mittagssonne wie der Kälte der Nacht) als auch dem wachsamen Blick ihrer Fressfeinde und Beutetiere entgehen, und zu diesem Zweck ist es hilfreich, klein und länglich zu sein. Dünne Tiere sind auch leichter als dicke, was nützlich ist, wenn man – wie die Geckos – über Wände und Decken klettert. Diese Reptilienfamilie hat sich, indem sie der

Schwerkraft trotzt, Rückzugs- und Jagdreviere erobert, die fast allen anderen Vierfüßern verschlossen bleiben. (Die Hauptqualifikation, die ein Tier zum Senkrecht- und Überkopfklettern mitbringen muss, ist ein geringes Körpergewicht, da die Schwerkraft proportional zur Masse ansteigt. Außerdem sind die Unterseiten der Finger und Zehen der Geckos mit feinen, flexiblen Haftlamellen ausgestattet, die unter der Lupe wie winzige Blumenkohlröschen aussehen. Dadurch haben die Sohlen eine extrem große Oberfläche, die sich perfekt an die feinsten Unebenheiten der Kletterfläche anpasst. Und die molekulare Adhäsion ist eine ausreichend starke Kraft, um den Gecko selbst auf Glasflächen haften zu lassen.)

Den Säugetieren bleiben also eine ganze Menge potenzieller Lebensweisen verwehrt, weil sie so groß und untersetzt gebaut sind. Die enorme Vielfalt der kaltblütigen Lebensformen auf der Erde beweist, dass es viele andere Möglichkeiten gibt. Da drängt sich unmittelbar eine Frage auf: Wenn Kaltblütigkeit doch offenbar so vorteilhaft ist, wieso haben die Säugetiere und Vögel dann kein kraftsparendes Stoffwechselsystem hervorgebracht? Wenn ein Warmblüter seinen Energieverbrauch irgendwie reduzieren könnte – wenn er irgendeine Energiesparvorrichtung oder -strategie herausbilden könnte –, könnte er auch deutlich kleiner oder schlanker sein, ohne zum Ausgleich die Nahrungszufuhr und die Herzpumpleistung hochfahren zu müssen. Wenn Warmblüter kleiner wären, stünden ihnen die vielen fruchtbaren Nischen offen, die gegenwärtig ausschließlich von ihren entfernten Verwandten, den Wechselwarmen, besetzt sind.

Unter bestimmten Umweltbedingungen sind Energiesparstrategien bei warmblütigen Tieren in der Tat gang und gäbe. Einige größere Säuger, zum Beispiel Dachse, Waschbären, Stinktiere und Bären, verfallen alljährlich, wenn die Nahrung knapp wird, in eine Winterruhe, während derer manchmal auch die Körpertemperatur abgesenkt wird. Diese Absenkung ist meist gering, so fällt die Temperatur bei den Bären normalerweise von 38°C auf 34°C. Energie wird vor allem durch bloße Inaktivität eingespart. Diese winterliche Untätigkeit wird oft auch als Winterschlaf oder Hibernation bezeichnet, aber die Physiologen haben diesen Begriff eigentlich für kleine Tiere reserviert, die ihre Körpertemperatur um bis zu 30°C absenken können und in einen Zustand der Erstarrung eintauchen. Kolibris finden zum Beispiel nachts kein Futter, viele kleine, nachtaktive Fledermäuse können hingegen tags nicht jagen, und viele Arten beider Lebensformen haben mit jahreszeitlichen oder auch unvorhersagbaren Schwankungen im Nahrungsangebot zu kämpfen. Unter solchen Umständen kann die Fähigkeit zur extremen Reduzierung der Lebensfunktionen über Leben und Tod entscheiden. Allen-Kolibris verbrauchen während ihrer nächtlichen Erstarrung (Torpor) nur etwa ein Dreißigstel des Sauerstoffs, den sie im Wachzustand benötigen, und sparen so – über den Tag gerechnet – etwa 30 Prozent Energie ein.

Diese extremen Ruhephasen beweisen, dass auch warmblütige Tiere Stoffwechselstrategien entwickeln können, die denen der Kaltblüter ähneln. (Torpor ist im Grunde genau der Zustand, den auch Kaltblüter in einer kühlen Umgebung erfahren.) Zwar ist die Hibernation eine sehr effektive und im Detail ziemlich komplizierte Energiesparmethode, aber im Prinzip ist sie so simpel wie unflexibel: Sie entspricht einer simplen Heizung, die entweder ein- oder ausgeschaltet ist. Offensichtlich steckt in dieser Methode jedoch kein gangbarer Weg zu einer Reduzierung der Körpergröße oder zu einer Verschlankung der Gestalt, denn sobald Fledermäuse oder Kolibris aktiv werden, laufen ihre Maschinen wieder auf Hochtouren, und ihre übergroßen Herzen müssen so schnell wie irgend möglich schlagen. Aber wenn Winterschläfer ihre Körpertemperatur zwischen zwei Extremwerten hin und her schalten können, was hindert sie daran, irgendwo dazwischen Halt zu machen und so auch im Wachzustand Energie zu sparen? Warum stellen sie ihre Körper nicht auf eine Betriebstemperatur von zum Beispiel 30°C ein? Diese Temperatur könnte mit einer reduzierten Stoffwechselrate, einer geringeren Nahrungszufuhr und einem kleineren, langsamer schlagenden Herzen erreicht werden. Ja, warum haben wir Warmblüter überhaupt eine so hohe Betriebstemperatur? Warum überlassen Säugetiere und

Vögel die Steuerung ihrer Körpertemperatur nicht einfach der Umwelt und nutzen die eingesparte Energie anderweitig?

Tatsächlich gibt es ja ein paar Säugetiere, die sich ihren spezifischen Umweltanforderungen durch eine niedrigere Körpertemperatur und Stoffwechselrate angepasst haben. Insekten fressende Fledermäuse haben zum Beispiel oft einen langsameren Stoffwechsel als ihre Verwandten, die von Nektar oder Früchten leben. Fluginsekten treten oft entweder massenhaft oder gar nicht auf, und vielleicht haben sich die Insekten fressenden Fledermäuse auf diese starken Fluktuationen im Nahrungsangebot eingestellt: Wenn sie hungern müssen, fahren sie ihren Stoffwechsel herunter. Unter den Pflanzen fressenden Säugetieren, die auf Bäumen leben, haben diejenigen mit dem höchsten Blattanteil in der Nahrung tendenziell die geringste Stoffwechselrate. Aus den zähen, ballaststoffreichen, oft auch giftigen Blättern ausreichend Energie zu gewinnen ist viel schwieriger, als sich von saftigen, gehaltvollen Früchten zu ernähren, also könnte die niedrige Stoffwechselrate der Blattspezialisten eine Anpassung an diese mühsame Lebensweise darstellen. Auch einige Wüstennagetiere verstoffwechseln ihre Nahrung langsam, vor allem wenn sie wasserarme Kost wie Samen zu sich nehmen. Ein hohes Stoffwechselniveau erzwingt einen hohen Sauerstoffverbrauch, also eine rasche Atmung, also auch einen hohen Feuchtigkeitsverlust über die Atemwege. Die niedrige Stoffwechselrate der Samen fressenden Wüstentiere könnte letztlich eine Wassersparmaßnahme sein. Diese Beispiele zeigen, dass warmblütige Tiere durchaus in der Lage sind, ihre Stoffwechselmaschinerie auf Sparflamme zu betreiben, wenn es nützlich ist. Dennoch kann man keines der genannten Tiere als wechselwarm im engeren Sinne bezeichnen – sie funktionieren anders als Echsen und Frösche. Es gibt jedoch *ein* Tier, das unmissverständlich klarmacht, dass auch Warmblüter das evolutionäre Potenzial haben, sich von ihrem ererbten Stoffwechselsystem weitestgehend freizumachen. Um diese überaus befremdliche Lebensform aufzuspüren, müssen wir uns von der sonnenbeschienenen Erdoberfläche verabschieden und in die ewige Finsternis der Unterwelt eintauchen.

Unter den trockenen Steppen und Savannen Somalias, Kenias und Äthiopiens lebt ein Tier, das in so ziemlich jeder Kategorie der Säugetierseltsamkeiten den ersten Preis verdient. Nacktmulle sind unbehaarte, Höhlen bauende, Kolonie bildende Nagetiere, deren Gesellschaftsform und Jungenaufzucht an Termiten erinnert. Ihre lose, fleischige Haut hängt ihnen in Falten um den Hals und den Rumpf, und ihre riesigen, aus dem Mund ragenden oberen wie unteren Schneidezähne wirken wie die Greifer eines Baggers (Abb. 2.2).

Leute, die sich schon vor Mäusen und Ratten fürchten, sollten Nacktmulle besser meiden. Noch eigentümlicher als ihr Äußeres ist ihr Gesellschaftssystem. Eine Kolonie besteht aus einem einzigen Weibchen, der Königin, die den gesamten Nachwuchs zur Welt bringt, und einer Kaste unfruchtbarer, kleinwüchsiger Arbeiter, die die Nahrung heranschaffen und das ausgedehnte Gangsystem graben. Und als sei das alles noch nicht genug, um sich vom Rest der Mammalia (Säugetiere) gründlich abzusetzen, haben die Nacktmulle einen einzigartigen Wärmehaushalt entwickelt: Die Körpertemperatur entspricht genau der Lufttemperatur in den Höhlen. Sie sind, mit anderen Worten, kaltblütig. (Der Fachbegriff lautet poikilotherm oder wechselwarm: Sie regulieren ihre Körpertemperatur nicht über den Stoffwechsel oder das Verhalten.)

Diese radikalen Abweichungen vom typischen Säugetierkonzept haben viele Spekulationen über die Umweltbedingungen ausgelöst, unter denen sich die Nacktmulle herausgebildet haben. Unter der Erde ist das Klima viel konstanter als an der Oberfläche, wo Sonne, Wind, Regen und Frost die Temperatur in einer weiten Spanne schwanken lassen. Südlich der Sahara ist das afrikanische Klima ganzjährig relativ gleichmäßig warm. Eine unterirdisch lebende Art, die von dem Zwang befreit ist, sich physiologisch an wechselnde Temperaturen anzupassen, sollte also gut daran tun, gleich das gesamte kostspielige Temperaturregelsystem abzuschaffen. Nur: Südlich der Sahara leben insgesamt acht Höhlen bauende Mullarten, und die anderen sieben haben sich zumindest einen Teil der Fähigkeit bewahrt, die Körpertem-

2.2 Der Nacktmull, das vielleicht eigentümlichste Säugetier auf Erden. Kopf-Rumpf-Länge acht Zentimeter.

peratur zu steuern, also kann die unterirdische Lebensweise allein nicht des Rätsels Lösung sein.

Könnte das einzigartige Sozialsystem der Nacktmulle etwas damit zu tun haben? Arten, bei denen nur ein einziges Weibchen einer Kolonie für Nachwuchs sorgt, können evolutionäre Sonderwege beschreiten. Der Vorgang der natürlichen Auslese beeinflusst die Häufigkeit der Gene in einer Population über die Überlebenswahrscheinlichkeit der einzelnen Individuen. Die Tiere, die am besten an ihre Umgebung angepasst sind, werden statistisch länger leben und sich besser fortpflanzen; ihre Gene werden in den nächsten Generationen häufiger vertreten sein. Aber bei Tierarten, die in kooperativen Kolonien mit einem einzigen fruchtbaren Weibchen leben, ist die Situation komplizierter. Wie soll eine unfruchtbare Arbeiterin etwas für die Verbreitung ihrer Gene tun, wenn sie doch gar keine Jungen werfen kann? Ihre einzige Chance besteht darin, alles für das Überleben der Königin und ihres Nachwuchses zu tun. Diese indirekte Methode ist sinnvoll, weil die sterilen Weibchen mit der Königin in ihrer Kolonie enger verwandt sind als mit allen anderen Königinnen. Wenn die Kolonie als Ganzes Erfolg hat, steigt die Wahrscheinlichkeit, dass aus ihr weitere, neue Kolonien hervorgehen, und so hat der Genbestand ihrer Individuen – fruchtbar wie steril – eine Zukunft. Innerhalb der seltsamen Gesellschaft der Nacktmulle ist also das Wohl des einzelnen Tieres eng mit dem Wohlergehen der ganzen Kolonie verwoben. Wir dürfen erwarten, dass die natürliche Auslese einigen Anpassungen zum Durchbruch verholfen hat, die dem ganzen Kollektiv dienen. Vielleicht ist die Kaltblütigkeit eine dieser Eigenschaften, aber um ihre Vorteilhaftigkeit zu verstehen, müssen wir die Umwelt, in der diese Tiere leben, noch genauer betrachten und uns vergegenwärtigen, wie ihre Gesellschaftsform das Überleben begünstigt.

Sowohl die Individuenzahl pro Mull-Kolonie als auch die Ausprägung ihres Sozialgefüges scheint mit der Trockenheit ihres Lebensraums zusammenzuhängen. Wenn der Boden trockener wird, werden die Kolonien tendenziell größer, und die Arbeitsteilung zwischen ihren Angehörigen intensiviert sich. Gleichzeitig scheint die Körpergröße der Einzelwesen abzunehmen. Die Nacktmulle leben von allen Mullen in den trockensten Regionen, haben das am weitesten ausdifferenzierte Sozialsystem und die kleinsten Individuen. Die Trockenheit übt ihren Einfluss vermutlich indirekt aus, nämlich über die Pflanzen. Mulle leben vor allem von Wurzeln und Knollen, und wenn der Boden trocken ist, produzieren die Pflanzen weniger Knollen, die aber größer werden. Große Knollen enthalten eine Menge Speicherstoffe und Wasser und trocknen wegen der relativ kleinen Oberfläche nicht so schnell aus, also bilden Pflanzen, die an die Dürre angepasst sind, eher wenige große als viele kleine Speicherorgane aus. Das Graben unterirdischer Gänge kostet sehr viel Energie: schätzungsweise das 3500fache der Energie, die ein Tier verbraucht, das dieselbe Strecke oberirdisch läuft. Mulle, die in trockenen Gegenden leben, gehen ein hohes Risiko ein, hungers zu sterben, denn die Wahrscheinlichkeit, auf eine der wenigen großen Knollen zu stoßen, ist klein. In einer trockenen Umwelt sollte daher eine Kolonie aus möglichst vielen Individuen bestehen, die sich in alle Richtungen durch den Boden graben. So steigt die Chance, dass die Kolonie nicht verhungert – vorausgesetzt, die Individuen einer Kolonie teilen die Nahrung untereinander auf. Einfach nur die Individuenzahl zu erhöhen ist jedoch eine riskante Strategie, da zugleich der absolute Nahrungsbedarf der Kolonie steigt – und damit die Gefahr, dass die ohnehin raren Knollen zu stark ausgebeutet werden und die Futterpflanzen eingehen. Die einzige Möglichkeit, mit derselben Nahrungsmenge mehr Arbeiter zu unterhalten, besteht in der Reduzierung der Körpergröße. Die kleinen Körper der Nacktmulle sind also zumindest mit der Idee zu vereinbaren, dass das Überleben der Kolonie wichtiger ist als das Überleben der einzelnen Arbeitstiere.

Zwar verbrauchen 100 kleine Säuger weniger Energie als 100 große, aber es bleibt die Tatsache, dass kleinere Exemplare hohe Stoffwechselkosten aufbringen müssen, um den Wärmeverlust zu kompensieren: Ihre Stoffwechselrate pro Gramm Körpergewicht ist normalerweise höher; man erinnere sich an die Etrusker-Spitzmäuse, die täglich 130 Prozent ihres Gewichts an Futter vertilgen müssen, während Elefanten mit vier Prozent auskommen. Bei den Nacktmullen wurde die geringere Körpergröße hingegen nicht durch höhere Betriebskosten erkauft, denn die Kolonietiere verschwenden überhaupt keine Energie darauf, ihre Körpertemperatur höher oder niedriger zu halten als die Umgebung. Die Kaltblütigkeit harmoniert also mit der geringen Körpergröße und der hohen Individuenzahl pro Kolonie. Der geringe Energieverbrauch pro Kopf summiert sich zu einem geringen Energieverbrauch der ganzen Kolonie, und 100 kleine Mulle, die Suchtunnel in alle Richtungen graben, haben bessere Chancen, auf die raren, weit verstreuten Knollen zu stoßen, als zehn große Exemplare.

Ich habe mich bewusst um die Frage herumgedrückt, in welcher Reihenfolge sich diese Veränderungen der Mull-Lebensweise und -Physiologie entwickelt haben. Die Kaltblütigkeit, die Staatenbildung und die Miniaturisierung könnten sich parallel herausgebildet haben, als die Umwelt allmählich trockener wurde; diese Eigenheiten könnten sich jedoch auch zu verschiedenen Zeiten entwickelt haben, vielleicht aus verschiedenen Gründen. Wie auch immer der Weg im Detail ausgesehen haben mag, den die Evolution der Nacktmulle eingeschlagen hat, eines ist klar: Diese Tiere sind der völlig kaltblütigen Lebensweise einen Schritt näher gekommen als die Bären, Kolibris und Insekten fressenden Fledermäuse. Ihre Energiesparstrategie besteht weder in einer einfachen Ein-Aus-Schaltung noch im gezielten Herunterregeln der Stoffwechselrate, sondern in der vollständigen Abschaffung jedweder Temperatursteuerung. Die Mulle haben bewiesen, dass warmblütige Tiere das evolutionäre Potenzial haben, sich de facto zu Kaltblütern zu entwickeln.

Sollte es in Zukunft einer warmblütigen Tierart gelingen, die Zwei-Gramm-Grenze zu überwinden, die diese Lebewesen in ihren evolutionären Möglichkeiten so sehr einengt, dann stehen – zumindest nach dem Stoffwechselkriterium – die Chancen nicht schlecht, dass es sich bei ihnen um Nachfahren der heutigen Nacktmulle handeln wird. Diese wiegen im Mittel 28 Gramm, hätten also noch einen langen Weg zurückzulegen, und vielleicht verhindert die Notwendigkeit des kräftezehrenden Grabens ihre weitere Miniaturisierung, aber wir haben eigentlich keinen Grund zu der Annahme, dass diese Lebewesen das Ende ihres evolutionären Sonderwegs bereits erreicht haben. Wenn 100 kleine Mulle, die unterirdisch in alle Richtungen ausschwärmen, beim Aufspüren der raren Knollen bessere Karten haben als 50 größere, dann könnte es doch sein, dass 200 *sehr* kleine Individuen *noch* erfolgreicher sind. Und nachdem sie die Bürde der Temperaturregulation einmal abgeschüttelt haben, stehen ihnen womöglich ganz neue ökologische Nischen offen. Wer weiß, vielleicht werden die Nachfahren der Nacktmulle eines Tages das Reich der Finsternis verlassen, den oberirdisch lebenden Kaltblütern Konkurrenz machen und sie allmählich aus ihren angestammten Lebensräumen verdrängen. Die Evolution ist noch nicht zu Ende, und es sind schon die seltsamsten Dinge geschehen.

Eigentlich ist es ein Wunder, dass die warmblütigen Tiere den Weg zur Kaltblütigkeit im Laufe ihrer Evolution nicht häufiger eingeschlagen haben. Immerhin verbraucht der Unterhalt einer hohen Körpertemperatur sehr viel Energie, für die es in so ziemlich jeder denkbaren Umwelt bessere Verwendungsmöglichkeiten gäbe. Warum sind kaltblütige Säugetiere und Vögel so selten? Gegenwärtig kennen wir noch keine definitive Antwort auf diese Frage, aber es gibt eine Reihe von Faktoren, die hier hineinspielen könnten.

Nacktmulle sind die krasse Ausnahme der Regel, dass sich die Vierfüßer, die heute so zahlreich unsere Erde besiedeln, eindeutig den Warm- oder den Kaltblütern zuordnen lassen. Zu jener Zeit, in der sich dieser Unterschied gerade erst herausbildete, muss es auch »lauwarme« Tiere gegeben haben – in der fernen Vergangenheit können durchaus Arten mit ganz verschiedenen Temperaturniveaus Seite an Seite gelebt haben, aber heute fallen die meisten Vierfüßer eindeutig in eine der beiden verbliebenen Gruppen. Was uns Säuger angeht, mag das daran liegen, dass wir während der ersten zwei Drittel unserer Entwicklungsgeschichte ausschließlich kleine, Insekten fressende und wahrscheinlich nachtaktive Tiere waren. Für Tiere, die in der Nacht zum Vorschein kommen, bringt die Warmblütigkeit offenkundige Vorteile mit sich, also dürften die frühen Säugetiere für diese ökologische Nische ideal ausgestattet gewesen sein. Aber wenn eine Tierklasse 140 Millionen Jahre lang einer bestimmten Lebensweise gefolgt ist, dürfte es schwierig sein, dieses Erbe abzuschütteln. Ein gutes Beispiel dafür ist die Farbenblindheit. Sie ist unter Säugetieren sehr weit verbreitet, und viele Forscher meinen darin ein Überbleibsel der langen evolutionären Phase zu erblicken, in der unsere Vorfahren ausschließlich nachtaktiv lebten (denn nachts ist die Farbwahrnehmung überflüssig). Manche Säugetierordnungen haben inzwischen die Fähigkeit zur Farbunterscheidung entwickelt – naheliegenderweise fallen einem die Primaten ein, zu denen auch wir Menschen zählen –, aber diese Neuerung ist nicht sehr verbreitet. Analog dazu mag die lange Periode der durch Nachtaktivität erzwungenen Warmblütigkeit die Chancen der Säugetiere, sich nun wieder von dieser Art des Stoffwechsels zu verabschieden, stark eingeschränkt haben.[8] Selbst wenn das stimmt, ist dieses Argument auf die Vögel nicht anwendbar, denn sie haben von Beginn an vorwiegend

[8] Allerdings hat noch niemand eine grundsätzliche biologische Barriere identifiziert, die die heutigen, nicht mehr nachtaktiven Säuger am Übergang zur funktionalen Kaltblütigkeit hindert. Tatsächlich hat noch niemand überzeugend darlegen können, warum der Übergang von der ererbten Warmblütigkeit zur funktionalen Kaltblütigkeit auf der zellularen oder subzellularen Ebene auch nur schwierig sein sollte; der einzige Hinweis darauf, dass es solch eine Hemmschwelle gibt, ist eben die Seltenheit kaltblütiger Säugetiere und Vögel – und man hüte sich vor einem Zirkelschluss. Zwar können wir nicht erwarten, dass ein Säugetier auf dem Weg zur sekundären Kaltblütigkeit

tagaktiv gelebt. Allerdings ist eine hohe Muskeltemperatur unabdingbar, um den extremen energetischen Anforderungen des Fliegens gerecht zu werden, also ist das Festhalten dieser Klasse von Wirbeltieren an der Warmblütigkeit nicht gar so verwunderlich.

Es gibt auch eine Reihe von ökologischen Gründen, warum der Übergang von der Warmblütigkeit zur Kaltblütigkeit womöglich nicht ganz einfach ist. Jeder einzelne Schritt auf diesem evolutionären Pfad muss sich unter den harten Testbedingungen der ökologischen Arena bewähren. Am Ende dieses Weges müsste eine hypothetische kaltblütige Spitzmaus gegen alle Echsen, Schlangen und Frösche antreten, die diese Lebensweise seit Jahrmillionen erfolgreich pflegen, aber vielleicht hat sie gar keine Chance, dieses Wegende überhaupt zu erreichen. Die Evolution ist eine Kette vieler winziger Veränderungen, und jedes Tier, das sich zaghaft auf den Weg zur Kaltblütigkeit begibt, muss sich mit sehr nah verwandten Tieren messen, die mit ihm um dieselbe Nahrungsquelle, um Baue, Fortpflanzungspartner, Nistmaterial und so weiter konkurrieren. Mit anderen Worten, eine Energiespar-Spitzmaus müsste sich zunächst gegen ihre Anverwandten durchsetzen, die klassischen Hochleistungsmotor-Spitzmäuse. Zwar mag sie von ihrem niedrigeren Energieverbrauch in mancher Hinsicht profitieren, aber womöglich unterliegt sie im Nahrungswettbewerb (weil Hochenergie-Spitzmäuse aktivere Jäger sind) oder sie verliert zu viele Zweikämpfe um Baue und Partner oder sie fällt leichter einem Fressfeind zum Opfer. Wenn eine Spitzmaus-Mutante ihre Körpertemperatur auf 28°C einregelte, wäre sie anfälliger für Hitzestress, weil die Umgebungstemperatur relativ häufig oberhalb der 28°C, aber sehr selten über der Betriebstemperatur einer Standard-Spitzmaus liegt. Eine Spitzmaus mit einer niedrigen Körpertemperatur würde auch ihre

haargenau dasselbe Stoffwechselsystem herausbildet wie eine Eidechse oder ein Frosch, also die Evolution in jedem zellulären und biochemischen Detail wiederholt, aber was spräche gegen den Übergang von einer säugetiertypischen zu einer eidechsenähnlichen Stoffwechselmaschinerie? Zurzeit verfügen wir über keine empirisch gestützten Argumente für die Existenz – oder gar Hinweise auf die Natur – einer solch grundlegenden biologischen Barriere.

Nahrung langsamer verdauen; die Biochemie ihrer Zellen liefe mit niedrigeren Reaktionsraten ab. Säugetiere mit niedrigem Stoffwechselumsatz haben im Allgemeinen größere Generationsspannen und werfen weniger Junge, also könnten die Hochtemperatur-Spitzmäuse die neuartigen Niedertemperatur-Varianten einfach durch ihre zahlenmäßige Überlegenheit verdrängen. Alles in allem könnte es die Energiespar-Spitzmaus sehr schwer haben, sich auf dem Weg zur Kaltblütigkeit überhaupt so weit von ihrem Ausgangsort zu entfernen, dass sie der direkten Konkurrenz zu ihrer eigenen Ausgangsart sowie zu den Mäusen und Ratten entkommt und nicht gleich von Fressfeinden eliminiert wird, die sich auf kleine, pelzige Mahlzeiten spezialisiert haben – vor allem, da sie sich etwas langsamer fortbewegen dürfte als ihre Mitbewerber. Nur wenn die Vorteile ihres reduzierten Stoffumsatzes die Gesamtheit aller Nachteile überwiegen, besteht eine Chance, dass die natürliche Auslese die Tendenz zum Niederenergiestoffwechsel unterstützt. Vielleicht gab es im Laufe der Geschichte einfach zu wenige ökologische Konstellationen, in denen diese Bedingung für Säugetiere oder Vögel erfüllt war.

Welche Mechanismen auch immer dafür Sorge getragen haben mögen, dass die Säugetiere und die Vögel an ihrem verschwenderischen Stoffwechselsystem festhalten und daher nur ein begrenztes Größen- und Formenspektrum aufweisen: Auf den letzten vier Zentimetern unserer 100 Kilometer langen Straße findet sich kein einziges Hochenergie-Tier. Angesichts der spektakulären Vielfalt warmblütiger Lebensformen auf den ersten 99,99996 Kilometern fällt das auf den ersten Blick nicht weiter auf, aber das Bild ändert sich, wenn man sich vergegenwärtigt, dass mindestens 99,9 Prozent aller Tierarten auf Erden in diesem letzten, kurzen Streckenabschnitt zusammengepfercht sind. Allein die Klasse der Insekten umfasst bereits eine Million benannter und beschriebener Arten, und Jahr für Jahr kommen weitere 10 000 Spezies dazu. Großzügigen Schätzungen zufolge gibt es 30 bis 40 Millionen Insektenarten auf Erden. Hinzu kommen 70 000 Spinnentierarten (Spinnen, Skorpione, Weberknechte, Milben und Zecken), 65 000 Würmer, 60 000 Weichtiere, 42 000

Krebstiere und 11 000 Tausendfüßer, deren Vertreter sich auf den letzten vier Zentimetern unserer Straße zu einem kilometerhoch in den Himmel ragenden Gebilde auftürmen.

Die unübersehbare Allgegenwart der Insekten in diesem Gebirge der Kleinlebewesen wirft Fragen auf, denn schließlich befleißigen sich die meisten Insekten einer fliegenden – und daher sehr Energie heischenden – Lebensweise. Wir haben bereits erfahren, dass kleine Säugetiere und Vögel ihre liebe Not haben, den Stoffwechsel so weit hochzufahren, dass das Körpergewebe ausreichend mit Sauerstoff versorgt wird. Schwärmer zum Beispiel wiegen nur ein Gramm, fliegen aber dennoch hervorragend. Vor dem Abheben müssen sie ihre Flugmuskulatur auf 35°C anwärmen, indem sie zittern. Aus einem ein Gramm leichten Schwärmer entweicht die Wärme noch schneller als aus einer zwei Gramm leichten Spitzmaus; wie also schafft er es, genug Sauerstoff heranzuschaffen, um seinen winzigen Körper auf eine derart hohe Temperatur aufzuheizen? Die Antwort liegt im Atmungsorgan der Insekten, das sich radikal von den Lungen und Kiemen der Wirbeltiere unterscheidet. Letztere lösen den Sauerstoff im Blut und pumpen dieses durch ihr Gefäßsystem, ein Adernetzwerk, das alle Körperregionen durchzieht. Zunächst muss der Sauerstoff in das Blut hineindiffundieren, und dann dauert es noch eine Weile, bis er seinen Bestimmungsort erreicht: Bei der Spitzmaus dauert es etwa vier Sekunden, bis das Blut einmal den ganzen Kreislauf hinter sich gebracht hat, beim Elefanten zweieinhalb Minuten. Die Insekten hingegen pumpen die Luft in einem eigenen Gefäßsystem durch den Körper, und von diesen Röhren tritt der Sauerstoff direkt ins Gewebe über. Diese Einrichtung ist einfach effizienter, was die Sauerstoffversorgung kleiner Körper betrifft, und ermöglicht so auch winzigen Insekten das Fliegen.

Durch die Regulation der Wärme, die von ihrer Flugmuskulatur freigesetzt wird, können einige Nachtfalter eine Körpertemperatur von 35°C bis 40°C halten, obwohl sie nur 0,2 Gramm wiegen, also ein Zehntel dessen, was die kleinsten Fledermäuse und Vögel auf die Waage bringen. Aber ein derart leichtes Insekt hat bereits große Schwierigkeiten, Wärme überhaupt zu speichern, da sie über die relativ große Körperoberfläche sehr schnell in die Umgebung entweicht. Bei einem Körpergewicht von weniger als 0,2 Gramm wird die Temperaturregulation praktisch unmöglich, also müssen ganz kleine Insekten mit einer Muskeltemperatur vorlieb nehmen, die der Umgebungstemperatur entspricht. Zwergwespen und Federflügler (Zwergkäfer mit gefransten Hinterflügeln) von einem Millionstel Gramm Gewicht behalten zwangsläufig auch beim Fliegen die Umgebungstemperatur bei, aber für diese Nano-Kreaturen ist es ohnehin schwieriger, sich irgendwo festzusetzen, als in der Luft zu bleiben. Der leiseste Windhauch trägt sie – zusammen mit Staub, Pollen und dem sonstigen Luftplankton, das ständig um den Globus weht – unweigerlich davon.

Mit den Zwergwespen haben wir das Ende unserer Tierparade erreicht. Hundert Kilometer mögen als seltsames Maß erscheinen, als Willkürakt, aber ich habe diese Strecke gewählt, damit die Etrusker-Spitzmaus gerade so auf die letzten vier Zentimeter passt (auch wenn sie sich ein wenig zusammenkauern und ihren Schwanz um den Körper wickeln muss). Auch bei der Auswahl der Tiere, denen wir unterwegs begegnet sind und die an den Endpunkten Posten bezogen haben, habe ich mir Beschränkungen auferlegt. Ein Blauwal ist 20-mal so schwer wie ein Elefant, und der zu den Bakterien zählende Organismus *Mycoplasma* wiegt weniger als 0,0000000000001 Gramm, aber bei dieser Spannweite wäre dem Leser nicht nur die Straße, sondern auch dieses Kapitel unerträglich lang geworden.

Die Lebewesen, denen wir in diesen ersten beiden Kapiteln begegnet sind, haben uns Einblicke in einige der vielfältigen Methoden ermöglicht, mit denen Tiere ihre Motoren betreiben, und uns gezeigt, wie der Treibstoffbedarf mit der Körpergröße zusammenhängt. Die ökologischen, biogeografischen und evolutionären Verästelungen der so umrissenen Problematik sollen im Rest dieses Buches zur Sprache kommen.

Unser Bummel auf der Straße des Lebens hat vor allem eine Besonderheit der Säugetiere und Vögel beleuchtet: Die Angehörigen dieser beiden großen Klassen sind die einzigen Tiere, die ihre Körper ausschließlich durch Stoffwechselaktivität wärmen können. Echsen sind zwar während der meisten Tagesstunden im Inneren ebenso warm wie Ratten, aber diese Temperaturkonstanz verdanken sie größtenteils der aus der Umgebung absorbierten Wärme und nur zum kleineren Teil ihrem sparsamen Stoffwechsel. In einigen Fällen – wie den Insekten fressenden Fledermäusen und den Nacktmullen – hat die Evolution das Standarddesign der Säugetiermotoren so weit modifiziert, dass sie ihren außergewöhnlichen Umweltanforderungen entsprechen können. Warmblütige Winterschläfer sind mit Drehzahlbegrenzern ausgestattet, dank derer ihre Maschinen, wenn nötig, im Leerlauf weiterbetrieben werden können, ohne ganz abzusaufen. Pythons wärmen sich manchmal aktiv auf, indem sie ihre Skelettmuskulatur rhythmisch kontrahieren. Sogar ein paar Pflanzen (wie der Stinkende Zehrwurz, ein nordamerikanisches Aronstabgewächs) können einen Teil ihrer Stoffwechselwärme speichern und so ihre Temperatur etwas über dem Umweltniveau halten. All diese Ausnahmen sind interessant, aber kein Biologe würde ihretwegen die Unterscheidung zwischen Warm- und Kaltblütern aufgeben. Die funktionale Warmblütigkeit einer Python oder eines Schwärmers hat mit den Energie verschlingenden Stoffwechselsystemen der Säugetiere und Vögel wenig gemeinsam. Die originäre Warmblütigkeit ist eine grundlegende evolutionäre Errungenschaft dieser letztgenannten Klassen.

Es ist an der Zeit, den Stier bei den Hörnern zu packen: Wie hat sich diese große metabolische Zweiteilung vollzogen?

3. Das Leben heizt sich auf

Einem menschlichen Zeitreisenden, der die Erde vor 400 Millionen Jahren besucht hätte, wäre sie als trostloser, zutiefst unwirtlicher Ort erschienen. Die riesigen Festlandmassen waren ausschließlich von Wirbellosen bevölkert, von Hundertfüßern zum Beispiel, von Tausendfüßern, Skorpionen, Springschwänzen, Milben und Spinnen. Die einzigen Wirbeltiere weit und breit waren die Fische. Erst während des Karbon (Abb. 3.1) – jener erdgeschichtlichen Periode vor 360 bis 290 Millionen Jahren, in der wiederholt Wälder entstanden und vernichtet wurden, aus deren Biomasse später die Steinkohle wurde – begannen die Vierfüßer das Festland zu erobern. Amphibienähnliche Geschöpfe waren die Ersten, die das reiche Nahrungsangebot am Ufer nutzten, aber zumindest ihre Eier mussten sie – wie alle Amphibien bis heute – im Wasser legen. In der Mitte des Karbon tauchten die ersten Tiere auf, die den Dreh heraushatten, ihre Gelege an Land zu lassen. Diese Geschöpfe entwickelten sich rasch in verschiedene Richtungen und bildeten den Grundbestand an Klassen, aus denen alle späteren Reptilien, Säugetiere und Vögel hervorgingen. Die Vorfahren der Säuger waren die synapsiden Reptilien, deren Schädel je ein Schläfenfenster hinter den Augenöffnungen aufwiesen. Aus den Anapsiden, deren Schädel hinter den Augen keine weiteren Öffnungen hatten, sind die Schildkröten hervorgegangen. Und die Diapsiden, bei denen hinter jedem Augenloch gleich zwei Schläfenfenster saßen, spalteten sich zu zwei Hauptästen auf, an deren Enden zum einen die Echsen und Schlangen, zum anderen die Krokodile und Vögel stehen.

Die Paläontologen sind sich einig, dass der letzte gemeinsame Vorfahr der Säugetiere und der Vögel ein kaltblütiges, reptilienartiges Tier gewesen sein muss. Daraus folgt, dass sich die echte Warmblütigkeit auf den beiden aus ihm hervorgegangenen Evolutionslinien unabhängig entwickelt haben muss. Die Art und Weise sowie der Zeitpunkt des Übergangs vom Reptil zum ersten Vogel sind zurzeit wieder einmal Gegenstand einer wissenschaftlichen Kontroverse. Die jüngere Forschung zur Entstehung der Warmblütigkeit in der Stammesgeschichte der Säugetiere hat jedoch ein paar aufregende Hinweise nicht nur auf den Zeitpunkt, sondern auch auf die Ursache dieses Übergangs geliefert. Der Kerngedanke soll hier anhand eines menschlichen Produkts veranschaulicht werden, das den meisten Leuten vertraut sein dürfte.

Verbrennungsmaschinen arbeiten im Prinzip ganz ähnlich, ob sie nun aus Metall oder aus organischem Gewebe bestehen: Ein Treibstoff auf Kohlenstoffbasis reagiert chemisch mit Sauerstoff aus der Luft. In beiden Fällen handelt es sich um Verbrennungsreaktionen, und ihre Produkte sind im Wesentlichen Wasser, Kohlenstoffoxide (Kohlenmonoxid und/oder Kohlendioxid) sowie Energie. In einem Auto kommt der Treibstoff auf Kohlenstoffbasis aus dem Benzintank, und der Sauerstoff wird durch den Luftfilter angesaugt. Im Vergaser vermischen sich die beiden Reaktionsteilnehmer, dann werden sie in den Brennraum eingespritzt. Beim Säugetier stammt der Treibstoff – organische Verbindungen aus der Nahrung – aus dem Verdauungssystem, der Sauerstoff aus dem Atmungs-, dann aus dem Gefäßsystem, und die Mischung wird innerhalb der Zellen verbrannt. Wenn sich die Abfallprodukte dieser Verbrennungsreaktionen einfach ansammeln würden, kämen beide Arten von Maschinen bald zum Stillstand; also muss ein Entsorgungssystem her. Im Auto werden die Abgase durch die Kolbenbewegung aus der Brennkammer gepumpt und dann durch das Auspuffrohr ausgestoßen. Beim Säugetier werden die Reaktionsprodukte über die Blutbahn zu den Lungen transportiert und durch Mund und Nase ausgeatmet.

Die bei der Verbrennungsreaktion freigesetzte Energie besteht zum größten Teil aus Wärme: Darum heizen sich sowohl Autos als auch Säugetiere auf. Die restliche Energie wird zur Arbeit genutzt: zur Fortbewegung (also zum Antrieb der Räder oder zur

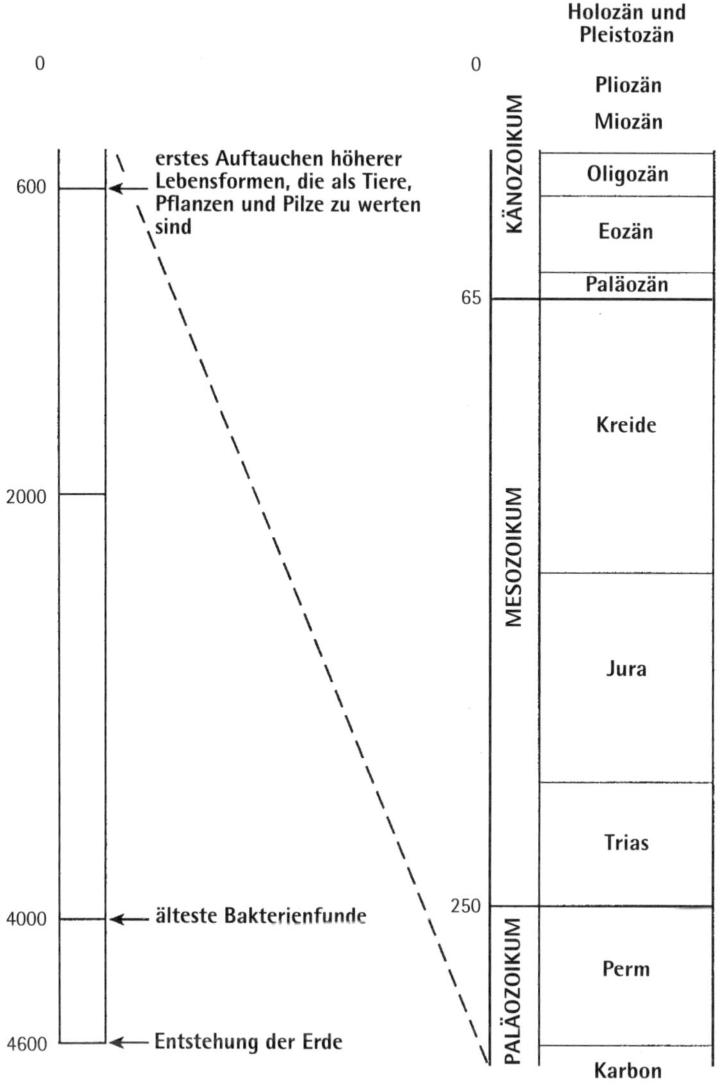

3.1 Die Erdzeitalter. Die Zahlen zeigen Jahrmillionen vor der Gegenwart an. Die Säule rechts ist ein vergrößerter Ausschnitt der jüngeren Erdgeschichte.

Kontraktion der Beinmuskulatur) oder – in den organischen Maschinen – zur Synthese der im Körper benötigten Verbindungen. In Tieren ist vor allem ein Molekül wichtig, das in den Zellen entsteht: das Adenosin-Triphosphat, das ein paar sehr energiereiche Bindungen enthält und daher als Energiespeicher dient. Diese kleinen Batterien werden überallhin transportiert, wo freie Energie vonnöten ist, um eine andere chemische Reaktion anzutreiben oder Muskeln in Bewegung zu setzen, und am Zielort wird das Molekül an der Stelle der energiereichen Bindung gespalten.

Sowohl mechanische als auch organische Motoren müssen ständig mit Sauerstoff versorgt werden, damit die wichtigsten Reaktionen im Verbrennungsvorgang nicht zum Erliegen kommen; daher nennt man diese Reaktionswege »aerob« oder »oxidativ«, die Sauerstoffzufuhr »Ansaugen« (beim Auto) bzw. »Atmung« (beim Tier). Solange reichlich Brennstoff zur Verfügung steht, hängt die Höchstgeschwindigkeit, mit der die Maschine arbeiten kann, von der Effektivität der Sauerstoffzufuhr ab. Wenn der Motor mit zu hoher Drehzahl läuft, kann nicht ausreichend Sauerstoff herangeschafft werden, und der Verbrennungsprozess kommt zum Erliegen. Eine Lösungsmöglichkeit für dieses Problem liegt in der Ergänzung der Maschine um eine Reserveanlage, die keinen Sauerstoff braucht und einspringt, sobald eine Leistungssteigerung benötigt wird, der Motor aber nicht noch mehr Sauerstoff ansaugen kann. Dieses Reservesystem wird beim Automobil als Beschleunigungspumpe bezeichnet. Aus kleinen Zusatzkammern wird, wenn man diese Pumpe betätigt, weiterer Kraftstoff in den Brennraum eingespritzt, wodurch sich der Kolbendruck erhöht. Der Nachteil einer Beschleunigungspumpe ist die Anhäufung besonders hartnäckiger und schädlicher Abfallprodukte, die vom Auspuffsystem gar nicht so schnell abgeführt werden können, wie sie entstehen. Dieser Rückstau behindert die gleichmäßige Treibstoffverteilung in der Kammer und kann im Extremfall den Verbrennungsvorgang zum Erliegen bringen. Ein umsichtiger Fahrer wird daher die Beschleunigungspumpe immer nur für einige wenige Sekunden betätigen, wenn es wirklich auf eine rasche Geschwindigkeitserhöhung ankommt, und danach dem Auspuffsystem die nötige Zeit geben, die Schadstoffe gründlich zu entfernen.

Tiere haben ganz ähnliche Höchstleistungsmaschinen entwickelt, die auch dieselben Vor- und Nachteile mit sich bringen. Die aerobe Energiegewinnung funktioniert nur so gut wie die Sauerstoffversorgung der Zellen. Wenn es ausnahmsweise einmal schneller gehen muss, werden zusätzliche Stoffwechselwege freigeschaltet, die ebenfalls die für die Muskelkontraktion benötigte Energie liefern können, aber ohne Sauerstoff auskommen. Der Nachteil dieser organischen Beschleunigungspumpe (der so genannten anaeroben Glykolyse) ist die Ansammlung einer Substanz namens Milchsäure, die nur langsam aus den Muskelzellen entsorgt werden kann. Die Folge: der berüchtigte Muskelkater.

Sprinter nutzen beim Hundertmeterlauf fast ausschließlich diese Beschleunigungspumpen, da die aerobe Energiefreisetzung für die kurzfristig benötigte, immense Energiemenge bei weitem nicht ausreicht. Sie können sich diese Beschleunigung leisten, ohne ihre Gesundheit zu ruinieren, weil sie ihren Muskelzellen diesen Betriebsmodus nur ein paar Sekunden lang zumuten; danach können sie sich hinsetzen und verschnaufen. Marathonläufer setzen hingegen ausschließlich auf den aeroben Stoffwechsel, weil sie nur so schnell laufen, wie sie es lange durchhalten. Der Vergleich der mittleren Laufgeschwindigkeiten von Lang- und Kurzstreckenläufern verdeutlicht sehr schön den himmelweiten Unterschied zwischen der Dauerleistung, die durch die aerobe Atmung erbracht wird, und der Ausnahmebeschleunigung, die kurzfristig durch den anaeroben Stoffwechsel ermöglicht wird.[9]

Wie fügt sich nun das Stoffwechselsystem der warm- und der kaltblütigen Tiere in die Motorenanalogie? Man stelle sich eine

[9] Aerobe und anaerobe Stoffwechselreaktionen liefern die Energie für die Aktivität verschiedener Muskeltypen. Die Kontraktion der Dauerbelastungsmuskulatur wird auf aerobem Wege betrieben; ihre Zellen werden durch die Blutgefäße mit viel Sauerstoff versorgt, daher ist dieses Gewebe normalerweise rot. Diejenigen Muskelfasern hingegen, die kurzfristig Höchstleistungen erbringen müssen und daher den anaeroben Stoffwechselweg einschlagen,

Echse und eine Ratte vor: Beide wiegen etwa gleich viel, beide sitzen ruhig – sozusagen im Leerlauf – unter einem Baum. Während die aerobe Maschinerie der Echse bei, sagen wir, etwa 100 Umdrehungen pro Minute vor sich hin trödelt, leistet der aerobe Motor der Ratte etwa 1000 Umdrehungen pro Minute. Der Leerlauf eines Motors entspricht der Ruhestoffwechselrate eines Tieres, also dem physiologischen Grundumsatz, der den Organismus am Leben und einsatzbereit erhält. Säugetiere verbrauchen dabei etwa zehnmal so viel Treibstoff wie gleich große Reptilien. Ein Umsatz von 100 Umdrehungen pro Minute ist sehr langsam. Bei einem Automotor mit dieser Leerlaufdrehzahl könnte das menschliche Auge die Bewegung der Kolben und des Schwungrades noch klar erkennen, und man könnte die Drehzahl ziemlich genau durch Mitzählen abschätzen. Die Maschine würde zwar eine gewisse Wärme produzieren, aber diese würde so schnell in die Umgebungsluft abgeführt, dass man die unbeweglichen Motorteile berühren könnte, ohne sich die Finger zu verbrennen. Bei einer Echse ist die Fähigkeit zur Wärmeproduktion ähnlich beschränkt, und da sie zudem schlecht isoliert ist, entweicht ihre Wärme schnell in die Umwelt. Solange die Echse sich nicht in der Sonne aufgeheizt oder sich durch Bewegung warm gelaufen hat, wird ihre Körpertemperatur also nur unwesentlich über der Umgebungstemperatur liegen. Die Maschinerie der Ratte ist von ganz anderem Kaliber. Eintausend Umdrehungen pro Minute, das ist ungefähr die Leerlaufdrehzahl eines Kleinwagens. Kein Mensch könnte die Umdrehungen eines derart schnell rotierenden Schwungrades zählen, und kein vernünftiger Mensch würde einen solchen Motor anfassen, ohne die Temperatur des Metalls vorher vorsichtig mit einer Fingerspitze zu testen. Schnelle Mo-

brauchen weniger Sauerstoff und bilden weißes Gewebe. Hühnerschenkel sind rot, weil die Muskulatur beim Herumlaufen der Tiere ständig in Aktion ist. Hühnerbrustfilets sind weiß, weil das Muskelgewebe nur selten und kurzfristig Leistung erbringen muss, nämlich wenn die Tiere auf der Flucht aufflattern. Das Fleisch der Taubenbrust ist hingegen dunkelrot, weil diese Vögel Vielflieger sind. Ein Fischfilet besteht größtenteils aus weißer Muskulatur, aber an den Flanken, dicht unter der Haut, stößt man oft auf rote Streifen: Die roten Muskeln werden beim Schwimmen ständig strapaziert, die weißen nur beim raketenartigen Davonschnellen.

toren werden heißer als langsame Motoren derselben Größe, und dank dieser hohen Leerlaufgeschwindigkeit sowie dank des gut isolierenden Fells bleibt die Ratte warm.

Die Motoren der Tiere sitzen in ihren Zellen, und der Drehzahl entspricht die Umsatzgeschwindigkeit der Wärme freisetzenden Stoffwechselreaktionen, die im Zellinneren ablaufen. Diese Reaktionen finden in kleinen, ovalen Gebilden namens Mitochondrien statt, die bei der Ratte – im Vergleich zur Echse – entweder in größerer Stückzahl pro Zelle vorliegen (zum Beispiel im Herzen, in der Leber oder im Gehirn) oder mit spezifischen Enzymen angereichert sind, also mit kompliziert gebauten Molekülen, die Stoffwechselreaktionen beschleunigen, ohne dabei selbst umgesetzt zu werden (zum Beispiel im Muskelgewebe). Wie wir noch sehen werden, hat ein hoher Grundumsatz eine Reihe physiologischer und ökologischer Vorteile, die aber teuer erkauft werden: Die Ratte verbraucht zehnmal mehr Kraftstoff und Sauerstoff als die Echse, und zwar auch dann, wenn sie einfach nur herumsitzt und nichts tut. Die Bedeutung dieses gewaltigen Unterschiedes bei den laufenden Kosten der Warm- bzw. Kaltblütermaschinerie lässt sich kaum überschätzen, und in den späteren Kapiteln wird uns dieses Wissen helfen, einige grundlegende ökologische und biogeografische Verteilungsmuster auf der Erde zu verstehen.

Was geschieht nun in den beiden Motoren, wenn ein Gang eingelegt wird? Die Echse erhebt sich und beschließt, zu einem Baum zu laufen, der einen Kilometer entfernt steht. Diese Entfernung ohne Zwischenstopp zu überwinden, ist eindeutig eine Ausdaueraufgabe, also muss die Echse ihren aeroben Stoffwechsel ankurbeln, wenn sie unterwegs keine Pausen einlegen will. Die höchste Drehzahl, die der Motor der Echse als Dauerbelastung durchhält, ohne dass ihm der Sauerstoff ausgeht, liegt bei 1000 Umdrehungen pro Minute, also dem Zehnfachen der Leerlaufdrehzahl. Die Motoren der Echse, die sich auf und davon macht, und der Ratte, die still sitzen bleibt und ihr hinterhersieht, laufen jetzt mit derselben Geschwindigkeit.

Die Ratte beschließt, der Echse mit der höchsten dauerhaft

durchzuhaltenden Geschwindigkeit zu folgen. Aufgrund der relativ großen Entfernung des Ziels muss auch sie sich ganz auf den aeroben Stoffwechselweg verlassen, genau wie die Echse. Die höchste Drehzahl, die der Motor der Ratte leisten kann, ohne dass es ihm an Sauerstoff mangelt, beträgt etwa 10 000 Umdrehungen pro Minute, also ebenfalls zehnmal so viel wie im Leerlauf. Aber da dieser Höchstumsatz bei der Ratte zehnmal so schnell abläuft wie bei der Echse, ist auch die höchste Laufgeschwindigkeit, die sie dauerhaft durchhält, deutlich höher. Angenommen, die Ratte und die Echse wiegen je 100 Gramm und haben beide eine Körpertemperatur von 38°C, dann liegt ihre Dauerlaufhöchstgeschwindigkeit bei 88 bzw. 13 Metern pro Minute.

Nach dem Lauf sitzen beide Tiere in aller Ruhe unter dem neuen Baum; die Echse gönnt sich ein Sonnenbad, und die Körpertemperatur beträgt bei beiden wieder 38°C. Plötzlich bewegt sich etwas im Gras, nur wenige Meter von ihnen entfernt. Raschelndes Gras verrät oft die Gegenwart eines geeigneten Beutetieres, und so merken beide Tiere sofort auf. Im selben Augenblick stürzen die Ratte und die Echse los, um einen Blick auf die potenzielle Mahlzeit zu werfen. Wer macht wohl das Rennen? Die meisten Leute tippen spontan auf die Ratte, aber die Situation ist alles andere als einfach. Hier geht es nicht um einen Langstreckenlauf über einen Kilometer, sondern um eine Blitzattacke. Die Energie für kurze Sprints wird von den anaeroben Beschleunigungspumpen geliefert, und die Echse ist in dieser Hinsicht besser ausgestattet: Der Rattenmotor kann seine Geschwindigkeit durch zusätzliche Treibstoffeinspritzung in etwa verdoppeln, die Echse kann hingegen etwa 20-mal so schnell über den Boden flitzen wie im Normalbetrieb. Im Endeffekt nehmen sich die höchstmöglichen Kurzzeit-Laufgeschwindigkeiten eines Reptils und eines gleich schweren Säugetiers nicht viel; bei 100 Gramm schweren, 38°C warmen Tieren liegt dieses Höchsttempo bei etwa 240 Metern pro Minute. Auf den Ausgang des Spurts zum potenziellen Beutetier lässt sich also keine sichere Wette abschließen.

Eine Theorie, die den Anspruch erhebt, die Evolution der Warmblütigkeit zu erklären, muss diesem grundlegenden Unterschied im Aufbau und in der Leistungsfähigkeit der Warm- und der Kaltblütermaschinen gerecht werden. Zu irgendeinem längst vergangenen Zeitpunkt in der Entwicklungsgeschichte muss die natürliche Auslese den Prototypen der Tiere mit Motoren des Rattentyps eine Chance gegeben haben, sich gegen die Tiere mit herkömmlich-echsenähnlichen Motoren durchzusetzen. Außerdem ist die natürliche Auslese ein Vorgang in kleinen Schritten, der nur so lange in eine Richtung verläuft, wie die Vorzüge die Nachteile überwiegen – also muss eine plausible Theorie auch erklären, über welche Zwischenformen dieser Übergang vom Echsen- zum Rattenmotor verlaufen ist und welchen Fortschritt jeder der vielen Zwischenschritte mit sich brachte. Dieser Vorbehalt ist so wichtig, dass ich wieder eine Analogie bemühen möchte, um ihn zu veranschaulichen.

Stellen Sie sich die Kaltblütigkeit und die Warmblütigkeit als zwei Bergdörfer vor, K und W, die über eine Reihe von Pfaden miteinander verbunden sind. Die natürliche Auslese, die von K nach W will, kann nur solchen Wegen folgen, die auf ganzer Länge bergauf führen (also von den schlechter zu den besser angepassten Individuen). Einen Pfad, der zunächst einen Hügel hinaufführt, aber dann auf der anderen Seite nach W hin abfällt, kann die Evolution nicht zur Gänze beschreiten, da die bestangepassten Individuen auf der Hügelkuppe hocken bleiben, weil jede weitere Entwicklung in Richtung W nachteilig wäre. Auch alle Wege, die von K aus zunächst in eine Talsenke führen, bevor sie in Richtung W ansteigen, scheiden aus, da die Individuen im Dorf K besser angepasst sind als jene auf dem abfallenden Wegstück; ebenso wenig könnte dieser Weg von W nach K beschritten werden. An diesem harten Kriterium des konstanten Anstiegs sind schon viele spezielle Evolutionstheorien gescheitert. Die Bedingung ermahnt die Wissenschaftler, sich nicht von den oft offensichtlichen Vorteilen des Zielzustandes – perfekte Flügel zum Beispiel – ablenken zu lassen, und verlangt von ihnen nachvollziehbare Erklärungen für die Vorteile *aller* Entwicklungsphasen – inklusive etwa der ersten Flügelstummel, die zu klein und zu schlecht befiedert sind, um ihren Träger in der Luft zu halten. Um die Plausibilität der verschiedenen Theorien einzuschätzen, die zur Entwicklung der Warmblütigkeit aufgestellt worden sind, ist das Bild vom stetig aufwärts führenden Pfad eine unschätzbare Hilfe.

Wie sehen diese Theorien nun aus? Die nächstliegende, vermeintlich selbstverständliche Idee besagt einfach, dass sich kräftige Stoffwechselmotoren herausgebildet haben, da sie das Tier warm halten und Wärme immer eine gute Sache ist. In der Ordnung der Kloakentiere, zu der nur die beiden Familien der Ameisenigel und der Schnabeltiere zählen, herrschen Körpertemperaturen zwischen 30°C und 32°C vor; Beuteltiere wie die Kängurus halten ihre Körper bei 34°C bis 36°C, höhere Säugetiere und Laufvögel (Strauße, Kasuare, Kiwis und Nandus) zwischen 36°C und 39°C, Sperlingsvögel zwischen 40°C und 42°C. Die bevorzugte Körpertemperatur der aktivsten Echsen, Schlangen und großen Fluginsekten liegt normalerweise ebenfalls zwischen 35°C und 40°C. Also scheint Wärme tatsächlich für allerlei verschiedenes Getier eine nützliche Sache zu sein, und das aus guten Gründen.

Erstens laufen die meisten physiologischen Prozesse bei höheren Temperaturen schneller ab. Die Faustregel besagt, dass eine Temperaturerhöhung um 10°C eine Verdoppelung der Reaktionsgeschwindigkeit bewirkt; demnach liefe also zum Beispiel die Verdauung in einer 38°C warmen Echse doppelt so schnell ab wie in einem 28°C kühlen Artgenossen. Ein Tier, das seine Nahrung schneller in Wachstum, Nachwuchs oder Bewegungsenergie umsetzen kann als seine Konkurrenten, ist diesen im Kampf ums Dasein unter Umständen einen entscheidenden Schritt voraus. Zweitens kontrahieren sich Muskeln bei hoher Temperatur schneller und energischer, was sich unmittelbar vorteilhaft auf die Fortbewegung auswirkt. Besonders augenfällig wird dieses Phänomen bei Lebensformen, die so klein sind, dass eine Veränderung der Umwelttemperatur sich fast ohne Zeitverzögerung auf sie auswirkt. Ameisen zum Beispiel laufen auf den sonnenbeschienenen Streckenabschnitten ihrer Straßen sichtbar schneller als auf schattigen Wegpartien, und man kann ihre Laufgeschwindigkeit experimentell recht genau steuern, indem man die Temperatur ihrer Wege variiert. Andere Tiere, die ihre Fortbewegung stärker selbst steuern, können so langsam laufen, wie sie wollen, aber eine hohe Körpertemperatur eröffnet ihnen die Möglichkeit, hochaktiv zu werden, wenn es darauf ankommt. Drittens hilft eine hohe Eigentemperatur den Säugetieren und Vögeln, die potenziell gefährlichen Phasen der Verdunstungskühlung zu minimieren: Wenn warmblütige Tiere ihre Körper auf 28°C einregeln würden, müssten sie viel häufiger schwitzen oder hecheln, da die Umgebung oft wärmer wäre als sie selbst.[10]

Die Warm-gleich-gut-Theorie der Evolution der Warmblütigkeit hat eine offensichtliche Weiterung: Da eine hohe Körpertemperatur aus einer Vielzahl von Gründen von Vorteil ist, müsste es sich für ein Tier lohnen, rund um die Uhr warm zu bleiben. Jeder, der einmal versucht hat, im Winter ein störrisches Auto zu starten, und jeder, dem schon einmal im Stau das Kühlwasser verkocht ist, kann bestätigen, dass Motoren nur innerhalb eines relativ engen Temperaturspektrums anstandslos funktionieren. Automobile, die mit einem Choke ausgestattet sind, wärmen den Motor in der Startphase durch ein fetteres Luft-Treibstoff-Gemisch im Vergaser an, und allerlei Wärmeabfuhrsysteme (Kühlwasserleitungen, Ventilatoren) sollen die Überhitzung verhindern. Dank dieser Steuermechanismen werden Personenkraftwagen mit norwegischen Wintern und spanischen Sommern fertig und sind bei Regen oder Schnee, bei Tag und Nacht einsatzbereit, weil ihre Temperaturanforderungen stets erfüllt werden. Ganz ähnlich halten Säugetiere ihre Körper nicht nur durch die Umsatzrate der Wärme freisetzenden Stoffwechselreaktionen bei 38°C, sondern haben zusätzlich ein steuerbares Flüssigkeitsumwälzsystem entwickelt, das je nach Bedarf mehr oder weniger Wärme durch die hautnahen Gefäße leitet; zum Aufwärmen kann die Muskulatur zittern, zum Abkühlen kann Feuchtigkeit

[10] Tatsächlich können nur Säugetiere oberhalb einer gewissen Mindestgröße schwitzen und hecheln. Kleine Tiere haben – in Relation zur Wassermenge, die dem Körpervolumen proportional ist – große Oberflächen und liefen beim Schwitzen Gefahr, in kürzester Zeit auszutrocknen. Wie die Kaltblüter ziehen sich kleine Warmblüter bei Hitze einfach an kühle Orte zurück.

von der Haut verdunsten. Gut isoliert können auch Säugetiere jederzeit und in nahezu allen Umwelten, die die Erde zu bieten hat, höchst effizient agieren.

Tiere mit konstanter Körpertemperatur, ganz gleich auf welches Niveau sie sich einregeln, kommen auch auf der biochemischen Ebene in den Genuss einiger Vorteile. Enzyme sind zwar von ihrer chemischen Zusammensetzung und Struktur her sehr inhomogen, aber eines ist ihnen gemein: Jedes Enzym arbeitet nur in einem relativ engen Temperaturbereich wirklich gut. Manche dieser Molekülkomplexe erreichen ihr Optimum bei 10°C, andere bei 35°C, aber man wird keines finden, das im ganzen durch diese Werte abgesteckten Bereich effizient Reaktionen katalysiert. Die innere Temperatur eines kaltblütigen Tieres, das in einem wechselhaften Klima lebt, kann durchaus über eine solche Spannbreite schwanken, wodurch die Enzyme in seinen Zellen mal schnell, mal langsam arbeiten. Die Enzyme in einem Körper von konstanter Temperatur finden hingegen 24 Stunden am Tag optimale Bedingungen vor. Und besonders empfindliche Enzyme, die bei zu hohen oder zu niedrigen Temperaturen zerfielen, werden im Körperinneren eines Warmblüters von diesen Extremen abgeschirmt, sodass sie bestimmte Reaktionsschritte katalysieren können, auf die Kaltblüter verzichten müssen.

Alles in allem, so besagt diese Theorie, dürften die Segnungen einer hohen, konstanten Körpertemperatur zu einer Reihe ökologischer und biogeografischer Überlebensvorteile geführt haben, die die Evolution der Warmblütigkeit vorangetrieben haben könnten. Tiere mit konstant warmen Körpern könnten ihre Umgebung auch nachts durchstreift und genutzt haben, wenn ihre kaltblütigen Konkurrenten vor der Kälte Schutz suchen mussten. Sie könnten sich in hochwirksame Dämmschichten gehüllt und so Weltgegenden erobert haben, die für Tiere mit Niederenergiemotoren viel zu kalt waren. Die Möglichkeit, über ihre Haut Wasser verdunsten zu lassen und so Wärme abzuführen, eröffnete ihnen auch heiße Umwelten, in denen ihre kaltblütigen Mitbewerber es bestenfalls im Schatten unter Steinen aushielten. Tiere mit steuerbaren Bordheizungssystemen mussten sich nicht zurückziehen, sobald die Außentemperatur stark anstieg oder absank, und mussten von daher auch nicht felsspaltenkompatibel geformt, also klein und länglich sein. Sie konnten es sich leisten, groß und gedrungen gebaut und ständig unterwegs zu sein, wann immer eine solche Gestalt und Verhaltensweise in irgendeiner Umweltnische Vorteile versprach. In den Jahrmillionen, bevor die Warmblütigkeit entstand, hatten bereits viele Pflanzen und Wirbellose extreme Umwelten erobert und die nächtliche Lebensweise entdeckt, sodass der Tisch für die nun nachfolgenden warmblütigen Pflanzen- und Fleischfresser reich gedeckt war. Da sie nur von Kaltblütern umgeben waren, dürften die Protowarmblüter kaum Konkurrenz um die neue Lebensweise erfahren haben, und peu à peu könnte die natürliche Auslese immer höhere, konstante Körpertemperaturen unterstützt haben, bis sich die Warmblütigkeit im engeren Sinne schließlich etabliert hatte.

Die Warm-gleich-gut-Theorie der Entstehung der Warmblütigkeit erscheint ungemein einleuchtend. Tatsächlich sind die Vorteile einer hohen, konstanten Körpertemperatur in manchen ökologischen Situationen so offensichtlich, dass man diesem Gedankengang kaum widerstehen kann. Zu irgendeinem Zeitpunkt in der Stammesgeschichte der Säuger und Vögel muss es eine Auslese zugunsten einer stabilen Körpertemperatur gegeben haben: Wie sollten die ausgefeilten Regelsysteme, die wir heute in diesen Klassen vorfinden, sonst entstanden sein? Aber im Augenblick geht es uns weniger um den heutigen Stand der Dinge als vielmehr um seine Ursprünge, und dabei tauchen ein paar Schwierigkeiten auf, die die Vorstellung erheblich ins Wanken bringen, die Warmblütigkeit sei einzig zu dem Zweck entstanden, Tiere zu wärmen.

Erstens ist der Nutzen einer beliebigen Anpassung irrelevant, wenn die Kosten der Neuerung schwerer wiegen, und Warmblütermotoren sind ausgesprochen kostenintensiv. Säugetiere müssen nicht nur das Mehr an Nahrung und Sauerstoff auftreiben, das von ihren Maschinen gebraucht wird, sondern sie müssen außerdem noch ein aufwändiges Treibstoff-Pipelinesystem (Herz,

Lunge, dickwandige Arterien) sowie eine Dämmschicht aufbauen und unterhalten. All dieser zusätzliche Konstruktions- und Wartungsaufwand kostet Energie, die man sonst anderen wichtigen Aktivitäten hätte zukommen lassen können, zum Beispiel der Erzeugung von Nachwuchs. Warmblütige Tiere atmen auch schneller als gleich große Kaltblüter, was zu erheblichen Problemen führen kann. Lungen sind feuchte Gebilde, die einem Luftstrom ausgesetzt sind, der normalerweise recht trocken ist. Feuchtigkeit bewegt sich von feuchteren in trockenere Bereiche, ganz ähnlich wie Wärmeenergie aus wärmeren Bereichen in kältere abfließt. Daher laufen die schneller atmenden Warmblüter stärker als die ruhigeren Kaltblüter Gefahr, beim Atmen auszutrocknen.

Versucht man diese Plus- und Minuspunkte, den Nutzen und die Kosten der Ansätze zur Warmblütigkeit, bei den frühen Vierfüßern gegeneinander abzuwägen, so stellt sich heraus, dass diese Rechnung extrem schwierig aufzumachen ist. Wenn man die einzelnen Posten überhaupt klar benennen und verrechnen könnte, würde man zweifellos feststellen, dass die Bilanz ganz stark von den jeweiligen Umweltbedingungen abhängt.

Eine weitere Schwäche der Warm-gleich-gut-Theorie tritt zutage, sobald man die Forderung des beständig ansteigenden Entwicklungspfades erhebt. Erinnern Sie sich daran, dass die natürliche Auslese den Bauplan eines Tieres nur dann von hier nach dort weiterentwickeln kann, wenn die Veränderung in kleinen Schritten geschieht, von denen jeder eine Verbesserung darstellt: Das Tier, das die Veränderung trägt, muss eine höhere Chance haben, zu überleben und Nachwuchs in die Welt zu setzen. Für unser Problem heißt das, dass die thermalen Vorteile eines ursprünglich winzigen Anstiegs der Stoffwechselrate all die damit verbundenen Kosten überwiegen müssen, und was das angeht, melden viele Wissenschaftler erhebliche Bedenken an. Ein kleiner Anstieg der Stoffwechselrate erzwingt entweder eine erhöhte Nahrungszufuhr oder eine Umverteilung der gleich bleibenden Ressourcen: Der zusätzlich verfeuerte Treibstoff fehlt dann beim Wachstum oder bei der Reproduktion. Die Kosten liegen also auf der Hand, aber worin bestünde der thermoregulatorische Nutzen? Die meisten Forscher sind sich einig, dass er – wenn überhaupt – vernachlässigbar klein wäre. Der Grundumsatz des Ruhestoffwechsels liegt bei den Säugetieren und Vögeln sechs- bis zehnmal so hoch wie bei gleich großen Reptilien mit derselben Körpertemperatur, und der Unterschied ist noch drastischer, wenn die Temperatur der Umwelt und damit auch die Stoffwechselrate der Reptilien absinkt. Eine bloße Verdoppelung der Stoffwechselwärmeproduktion einer Echse würde aus diesem Tier noch lange keinen Warmblüter machen, aber die laufenden Kosten – gemessen als Energieverbrauch – hätten sich verdoppelt. Es ist kaum vorstellbar, dass die natürliche Auslese eine solche Erhöhung der Stoffwechselrate belohnt haben soll, wo doch in der Gesamtrechnung kein Überwiegen des Nutzens über die Kosten erkennbar ist.

Was wäre denn mit einer besonders gut isolierten kleinen Echse? Könnte eine verdoppelte Stoffwechselrate dann genug Wärme freisetzen, um ihre Körpertemperatur in etwa auf dem Säugetierniveau zu halten? Das ist zwar prinzipiell möglich, aber die Dämmschicht müsste schon von herausragender Effizienz sein, und eine exzellente Isolierschicht ist ein zweischneidiges Schwert. Fell und Federn hindern die Wärme zwar am Entweichen, ebenso aber am Eindringen in den Körper. Eine Eidechse im Pelzmantel wäre daher weitgehend von der Sonne als Energiequelle abgeschnitten und hätte gegen ihre nackten Verwandten und Konkurrenten wohl keine guten Karten.

Damit scheint das Los der Warm-gleich-gut-Theorie besiegelt. In den Anfangsstadien des evolutionären Aufwärmprozesses müssen, so hat man den Eindruck, die Kosten der erhöhten Stoffwechselrate den Nutzen überwogen haben. Ist die Theorie noch irgendwie zu retten? Vielleicht gibt es einen Weg. Brian McNab, ein Biologe, dem die guten Ideen nur so zuzufliegen scheinen, schlug 1978 eine bestechende Variante der Warm-gleich-gut-Theorie vor. Ihm war aufgefallen, dass die überwiegende Mehrheit aller Säugetiere, die zur Zeit der Dinosaurier gelebt haben, nicht größer als Meerschweinchen waren, also viel kleiner als die meisten ihrer Vorfahren, die »säugetierähnlichen Reptilien«[11] (Abb. 3.2 bis 3.4). Zwar war die Schrumpfungstendenz in der Abstammungslinie von den säugetierähnlichen Reptilien zu den frühen Säugetieren schon lange bekannt, aber erst McNab dachte laut über einen möglichen Zusammenhang mit der Entwicklung der Warmblütigkeit nach.

Wie wir schon anführten, nimmt die Erwärmung bzw. Abkühlung eines großen Tieres mehr Zeit in Anspruch als die eines kleinen, da es eine relativ kleine Oberfläche hat. Wenn ein kaltblütiges Tier nur groß genug wäre, könnte es eine kühle Nacht ohne ein deutliches Absinken seiner Körpertemperatur durchstehen. Wenn es außerdem in den Tropen lebte, wo die insgesamt hohen Temperaturen im Jahresverlauf wenig variieren, dürfte es ihm nicht schwer fallen, seine Körpertemperatur über den größten Teil seines Lebens konstant hoch zu halten. Der Biophysiker Jim Spotilla hat einmal berechnet, dass eine in Südflorida lebende, zwei Tonnen schwere Echse mit einer reptilientypischen Stoffwechselrate ihre Körpertemperatur fast das ganze Jahr über bei 30°C bis 38°C halten könnte und vermutlich weder an Überhitzung noch an Unterkühlung litte. Gegen Temperaturschwankungen wäre sie sowohl durch das Klima als auch durch ihre enorme thermische Trägheit ausreichend abgeschirmt. Hypothetische Großkaltblüter wie Spotillas Echse werden von den Fachleuten »Massen-Homoiotherme« genannt, wobei »homoiotherm« (gleich warm) anzeigt, dass das Tier in der Lage ist, seine Körperinnentemperatur einigermaßen konstant einzuregeln – auf welchem Niveau auch immer. Die Innentemperatur eines zwei Tonnen schweren Massen-Homoiothermen würde stärker schwanken als die eines Säugetieres, aber die Temperaturspanne wäre deutlich kleiner als bei einer 20 Gramm leichten Echse in derselben Umgebung. Man denke sich ein Fell hinzu, und die Temperatur des Massen-Homoiothermen wäre noch stabiler. Wahrscheinlich würden die Nachfahren eines dicht behaarten Massen-Homoio-

[11] Dieser Begriff wird von vielen taxonomischen Schulen als veraltet abgelehnt, aber für unsere Zwecke ist er wegen seiner Bildhaftigkeit gut geeignet.

3.2 Der Perm-Pelycosaurier *Dimetrodon*, Länge etwa 3,5 Meter.

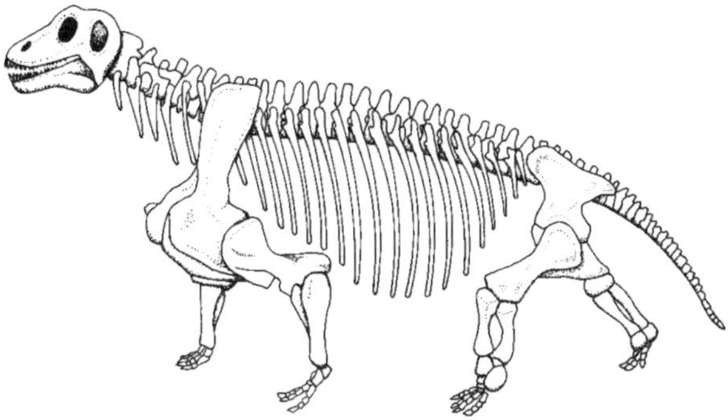

3.3 Das Skelett des riesigen Pflanzenfressers *Moschops*, eines Dinocephaliers des mittleren Perm; Länge etwa fünf Meter.

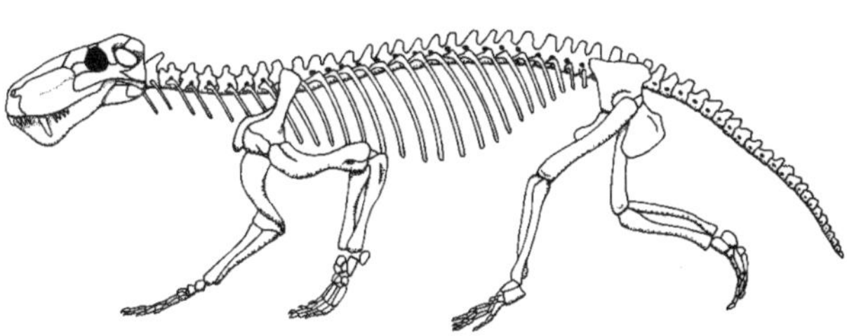

3.4 Skelett des Fleisch fressenden Gorgonopsiden *Lycaenops*, Länge etwa 1,4 Meter.

thermen irgendwann auch ihre Biochemie auf die fast konstanten Temperaturverhältnisse in ihren Zellen zuschneiden. Damit würden sie sich, wie McNab es nannte, einer homoiothermen oder temperaturstabilen Lebensweise »verschreiben«.

Wie soll uns dieser Exkurs zu den hohen Stoffwechselraten der Säugetiere führen? Schließlich hätten unsere hypothetischen Massen-Homoiothermen immer noch eindeutig einen Reptilienstoffwechsel. Und alles spricht dagegen, dass Massen-Homoiotherme in einem stabil-warmen Klima je eine säugetiertypisch hohe Wärmeproduktion entwickeln würden: Warum sollten sie auch, da sie doch ohnehin schon hohe und relativ schwankungsarme Innentemperaturen hätten? Hier kommt nun McNabs Theorie ins Spiel. Wenn die natürliche Auslese, aus welchen Gründen auch immer, irgendwann die Entwicklung von Arten mit kleinen Körpern vorantriebe, stünden verschiedene Möglichkeiten offen. Zum einen könnten die Tiere ihre niedrige Stoffwechselrate und damit einen geringen Energieverbrauch beibehalten, während sie schrumpfen, aber dann würden sie die Vorteile der Massen-Homoiothermie allmählich einbüßen, und irgendwann wäre ihre Körpertemperatur wieder ganz durch die Umwelt gesteuert. Sie würden sich also letztlich wieder in kleine Echsen verwandeln. Alternativ könnte aber auch die Miniaturisierung Schritt für Schritt von einer Erhöhung der Stoffwechselwärmeproduktion begleitet werden, sodass die Innentemperatur auf dem Niveau bliebe, auf das die biochemische Maschinerie mittlerweile optimal zugeschnitten wäre. McNab vertrat die Ansicht, dass dieses Szenario – Erhöhung der Stoffwechselrate bei gleichzeitiger Reduzierung der Körpergröße – im Laufe der Evolution durchaus habe auftreten können. Wenn die massen-homoiothermen Ahnen der Säugetiere ihre internen physiologischen Prozesse bereits auf eine relativ stabile Körpertemperatur hin optimiert hatten, dann wären die Kosten der Rückkehr zu einer temperaturschwankungstoleranten Physiologie vielleicht höher gewesen als die erhöhten Energiekosten, die bei einer Anhebung des Ruhestoffwechselniveaus fällig wurden. Vielleicht ist ein einmal eingeschlagener Weg zur Temperaturstabilität sehr schwer wieder zu verlassen.

Außerdem könnte die ständige Konkurrenz mit den Dinosauriern bzw. deren Vorfahren den Tieren, aus denen schließlich die modernen Säugetiere hervorgehen sollten, eine vorwiegend nachtaktive Lebensweise aufgezwungen haben. Vielleicht waren die nächtens zugänglichen Nahrungsquellen damals weitgehend ungenutzt, und ein sich selbst wärmender, rund um die Uhr beweglicher Körper könnte unseren Urahnen die nächtliche Jagd und Futtersuche ermöglicht haben. Wenn man McNabs Argument um diesen Aspekt erweitert, erscheint es durchaus plausibel, dass der Evolutionspfad von der Massen-Homoiothermie zur vollendeten Warmblütigkeit über die Reduktion der Körpergröße verlaufen ist und ständig aufwärts geführt hat.

McNabs Theorie enthält ein paar bloße Vermutungen, ist aber originell und wird, was die abnehmende Körpergröße angeht, durch die meisten Fossilienfunde aus der betreffenden Zeit gestützt. Seine wissenschaftlichen Kollegen haben ihr viel zu wenig Beachtung geschenkt. Zum Teil liegt das daran, dass sie im Detail ziemlich kompliziert ist; vor allem aber hat eine 1979, also nur ein Jahr später, aufgestellte, radikal andere Theorie zum selben Thema ihr die Schau gestohlen. Die meisten Evolutionsforscher sahen in der neuen Theorie eine erschöpfende Erklärung der Warmblütigkeit sowohl der Säugetiere als auch der Vögel.

Albert Bennett und John Ruben schlugen einen Entstehungsweg der Warmblütigkeit vor, bei dem es primär gar nicht um die Temperatur geht – zumindest nicht in der ursprünglichen Fassung ihrer Theorie. Ihre Argumentation verläuft ungefähr so: Mechanische Maschinen von Menschenhand erzeugen Wärme, manche werden sogar unglaublich heiß, aber niemand käme auf die Idee, das für ihre eigentliche Aufgabe zu halten. Die Wärme ist eine – mal angenehme, mal schädliche – Nebenerscheinung ihrer eigentlichen Funktion, nämlich der Umwandlung der im Kraftstoff gespeicherten chemischen Energie in Bewegungsenergie. Diese Bewegungsenergie wird entweder weiterverwandelt, zum Beispiel indem sie einen Stromgenerator betreibt, und dann andernorts genutzt, oder sie dient der Fortbewegung der Maschine selbst (zum Beispiel eines Autos). Der Vergleich mit dem

Auto hilft uns am besten weiter, da auch Tiere ihre Motoren mit sich herumtragen. Was die Entstehung der aeroben Säugetiermaschinerie angeht, so lenken Bennett und Ruben unseren Blick von der (immerhin beachtlichen) Wärmeproduktion fort und hin zur Bewegungsfähigkeit ihrer Träger: Säugetiere können sich dauerhaft mit einer Geschwindigkeit durch ihre Umwelt bewegen, bei der Echsen in kürzester Zeit erschöpft wären. Die potenziellen Vorteile größerer Belastbarkeit – im Fachjargon: größerer aerobischer Kapazität – liegen auf der Hand; das ist wohl der Hauptgrund für den Erfolg der Theorie von Bennett und Ruben. Einzelne Tiere, die eine höhere Daueraktivität entfalten können, sollten in der Lage sein, sich pro Zeiteinheit mehr Nahrung zu verschaffen, auf der Jagd nach Beute sowie auf der Flucht vor Verfolgung länger durchzuhalten, ihre weniger aktiven Mitbewerber im Kampf um Futter, Raum, Unterschlupf und Paarungspartner auszustechen, über längere Zeit Paarungsbereitschaft zu signalisieren, größere Territorien zu verteidigen und so weiter. Es leuchtet unmittelbar ein, dass diese mit Hochleistungs-Verbrennungsmotoren ausgestatteten Tiere dadurch im Mittel mehr Nachwuchs in die Welt setzen, sodass sich die nötigen Modifikationen an der Stoffwechselmaschinerie langfristig durchsetzen. Der wichtigste Vorzug von Bennetts und Rubens Theorie: Sie hat keine Probleme mit dem Kriterium des stetig ansteigenden Evolutionspfades. Sicher, jede kleine Steigerung der Ausdauer ist durch einen leicht erhöhten Energieverbrauch erkauft worden, aber da sich die Vorteile stets unmittelbar aufs Überleben ausgewirkt haben dürften, könnten sie entlang des gesamten Weges von der Kalt- zur Warmblütigkeit die Kosten überwogen haben. Weder mussten Täler durchquert noch Hügel überschritten werden; der Weg führte einfach sanft bergauf.

Ist das Rätsel damit gelöst? Nicht ganz. Die Theorie von Bennett und Ruben hat ein Loch, das bislang niemand zu stopfen vermochte. Nicht die Physiologie der Aktivität bereitet ihr Schwierigkeiten, sondern die Physiologie der *In*aktivität. Bei höchster Beanspruchung leisten die Verbrennungsmotoren der Echsen und der Ratten, bildlich gesprochen, 1000 bzw. 10 000 Umdrehungen pro Minute. Wenn Echsen und Ratten hingegen nichts tun, befinden sich ihre Maschinen mit 100 bzw. 1000 Umdrehungen pro Minute im Leerlauf: zwar deutlich langsamer, aber immer noch um den Faktor zehn verschieden. Um einfach nur da zu sein, ohne irgendetwas Besonderes zu leisten, muss die Ratte zehnmal so viel Nahrung und Sauerstoff aufbringen wie die Echse. Eine hypothetische Energiespar-Höchstleistungs-Ratte müsste eine sehr hohe maximale Drehzahl für die Dauerbelastung in Phasen höchster Aktivität mit einer Treibstoff sparenden, echsentypischen Stoffwechselrate für die Ruhephasen in sich vereinen. Bennetts und Rubens Theorie vermag nicht zu erklären, was ein potenziell hochaktives Tier dazu zwingt, auch während des Müßiggangs eine hohe Stoffwechselrate und damit einen warmen Körper zu unterhalten.

Man mag einwenden, die erhöhte Wärmeproduktion sei eine notwendige Folge des natürlichen Auslesevorgangs, in dessen Verlauf die Zellen mit immer mehr oder immer kräftigeren Mitochondrien ausgestattet worden sind. Diese sind für eine erhöhte Maximalleistung unentbehrlich, produzieren aber rund um die Uhr Wärme. In Säugetieren ist eine höhere Mitochondrien-Aktivität zu verzeichnen als in Reptilien, und das Niveau des Ruhestoffwechsels hängt offenbar unauflöslich mit der maximalen Leistungsfähigkeit des Stoffwechsels zusammen. Der Wärmeüberschuss könnte zunächst einfach eine unvermeidliche Nebenwirkung der Auslese auf höhere Aktivität gewesen sein; durch die Entwicklung eines dichten Fells haben die Säugetiere dieses Abfallprodukt dann nutzen können, um sich warm zu halten.

Wenn das Leben doch nur so einfach wäre! Die Lage ist viel komplizierter und verlangt Bennett und Ruben noch einige Zusatzerklärungen ab. Wir Säugetiere bleiben in unseren Ruhezeiten vor allem deshalb warm, weil die Wärme in unseren inneren Organen produziert wird, größtenteils im Herzen, den Nieren, dem Gehirn, der Leber und dem Darm. Diese machen beim Menschen zusammen nur sieben Prozent des Körpergewichts aus, setzen aber 70 Prozent der Ruhewärme frei. Die viel größere Wärmemenge beim Laufen stammt hingegen größtenteils aus den Stoffwechselreaktionen im Muskelgewebe. Mit anderen Worten, Säugetiere haben im Grunde eine zweigeteilte aerobe Maschinerie: das viszerale (die Eingeweide betreffende) Subsystem, das uns warm hält, und das muskuläre Subsystem, das die Aktivitätsenergie liefert. Die nahezu vollständige Entkoppelung der zwei Systeme lässt die Annahme, die Selektion auf hohe Leistungsfähigkeit habe einen verschwenderischen Ruhestoffwechsel erzwungen, fragwürdig erscheinen. Wieder stellt sich die Frage, warum es keine Säugetiere gibt, die eine hohe Maximalleistung für Phasen großer Aktivität mit einer niedrigen, energiesparenden Ruhestoffwechselrate in sich vereinen.

Zurzeit kennen wir keine überzeugende Antwort auf diese Frage. Bennett und Ruben behaupten, Maximal- und Ruhestoffwechselrate *seien* aneinander gekoppelt, sodass die Auslese in Hinsicht auf Ausdauer und Höchstleistung zugleich die Ruhestoffwechselrate angehoben habe, aber welcherart diese Koppelung sein sollte, bleibt unklar. Was käme infrage? Ruben hat eine Möglichkeit zur Diskussion gestellt. Die wichtigsten inneren Organe, vor allem Nieren, Leber, Herz und Hirn, sind bei Säugetieren viel größer als bei gleich großen Reptilien. Außerdem laufen die Stoffwechselreaktionen in diesen Organen bei Ratten etwa viermal (Leber, Niere) bzw. anderthalbmal (Gehirn) schneller ab als bei Echsen. Das größere Volumen und die gesteigerte Arbeitsintensität dieser Organe könnten, so Ruben, durch die Zulieferungs- und Verwaltungsaufgaben erzwungen sein, die mit einer hochaktiven Lebensweise einhergehen. Das Gehirn muss die Aktivität koordinieren; die Verdauungsorgane müssen mehr Nahrung umsetzen; größere Futtermengen führen zu mehr Abfällen (Kot und Urin), die behandelt und entsorgt werden müssen; auch müssen größere Mengen an chemischen Bausteinen synthetisiert werden, und so weiter. Auf diese Weise könnte die Maximal- mit der Ruhestoffwechselrate gekoppelt sein. Der gesamte Stoffwechsel der inneren Organe musste angekurbelt werden, um den Härten einer aktiven Lebensweise zu begegnen, und statt die dabei zwangsläufig freigesetzte Wärme nutzlos verpuffen zu lassen, nutzten die Tiere sie zur Thermoregulation. Dieser Gedankengang ist zwar hochgradig spekulativ, aber zumindest durch und durch plausibel.

Wir kennen nun die beiden wichtigsten Grundgedanken zur Entstehung der Warmblütigkeit der Säugetiere. Der eine fußt auf den mutmaßlichen Überlebensvorteilen des warmen Körpers, der andere konzentriert sich auf die Vorzüge hoher mechanischer Leistungsfähigkeit. Beide Ideen sind interessant, einnehmend und zugleich problematisch. Bennetts und Rubens Theorie hat im Augenblick weitaus mehr Anhänger, aber kann sie sich auch auf die besseren empirischen Befunde stützen? Als sichere Belege können eigentlich nur aussagekräftige Fossilienfunde herhalten, aber da stehen die Chancen schlecht: Die in dieser Frage interessantesten Organe – Herz und Lunge – versteinern so gut wie nie. Körperfossilien, in denen sich auch Weichteile erhalten haben, findet man sehr selten, und noch nie hat jemand auch nur einen Blick auf das Herz oder die Lunge eines frühen Säugetieres werfen können. Also müssen wir unsere spärlichen Indizien zum Übergang von der Kalt- zur Warmblütigkeit mühsam aus einem Knochenhaufen zusammensuchen – und zwar aus einem ziemlich kleinen Haufen. Bei der Bewältigung dieser Aufgabe haben die Paläontologen bereits beachtliche Erfolge aufzuweisen. Die wichtigsten Indizien und die darauf basierenden Beweisketten drehen sich um die Nasen der Tiere, genauer: um das Innenleben ihrer Nasen.

Wer den Film *Jurassic Park* gesehen hat, erinnert sich vielleicht noch an die Szene, in der ein *Velociraptor* gegen eine Scheibe atmet und sein Hauch sich auf dem Glas niederschlägt. Die Drehbuchschreiber hätten keinen deutlicheren Hinweis darauf geben können, dass sie ihre computeranimierten Darsteller als Warmblüter angesehen haben (ob zu Recht oder zu Unrecht, sei zunächst dahingestellt und soll uns erst im nächsten Kapitel interessieren). Warmblütige Tiere sind innen warm, sie atmen vier- bis fünfmal so oft wie Kaltblüter derselben Größe und scheiden dabei große Mengen Wasserdampf aus. Dieses Wasser fällt uns nur auf, wenn wir dicht vor einer Glasscheibe stehen oder wenn sich an einem kalten Morgen vor unseren Gesichtern

Kondensatwolken bilden. Aber auch wenn es meist unsichtbar bleibt, scheiden warmblütige Tiere über ihr Atemsystem ständig große Mengen Wasser aus – so viel, dass es zum lebensbedrohlichen Problem werden kann: Dehydration kann ein Tier rasch schwächen oder gar töten, und da Warmblüter eine hohe Atemfrequenz haben, sind sie besonders gefährdet.

Die Säugetiere haben dieses Problem zum Teil durch eine wirklich raffinierte Einrichtung gelöst, die sie in ihren Nasen tragen: Die Nasenmuscheln (beim Menschen) oder Turbinalia (beim Tier) sind feuchte, oft aufgerollte, knochige oder knorpelige Gebilde, die in die Nasenhöhle ragen. Wenn Säuger einatmen, streicht die Luft über diese warmen Lamellen, bevor sie in die Lungen gelangt. Wärme tritt über: Die Luft wird vorgewärmt, die Turbinalia kühlen sich ab. Beim Ausatmen übernehmen die Turbinalia die Rolle der Glasscheibe: Sie kühlen die austretende Luft, sodass sich Feuchtigkeit auf ihnen niederschlägt. Im Endeffekt wird so Wärme und – wahrscheinlich noch wichtiger – Wasser gespart. Neunundneunzig Prozent aller heute lebenden Vögel und Säuger haben Turbinalia, aber kein einziger Kaltblüter: eine angesichts der sehr verschiedenen Atemfrequenzen einleuchtende Zweiteilung. Wenn wir also einen Blick ins Naseninnere der säugetierähnlichen Reptilien und der frühen Säugetiere werfen könnten, um das Vorhandensein von Turbinalia zu prüfen, wären wir nicht nur bei der Bestimmung des Zeitpunktes, zu dem sich der Übergang von der Kalt- zur Warmblütigkeit vollzogen hat, ein großes Stück vorangekommen: Wir fänden auch Hinweise auf die Gestalt dieser Übergangstiere, auf ihre Größe, ihren Lebensraum, ihre Ernährung und so fort. Im Idealfall sind versteinerte Nasen sozusagen die Zeitmaschinen der Paläophysiologen.

Nun sind die Turbinalia der Säugetiere zwar knöchern, aber extrem fein strukturiert, sodass sie den Vorgang der Versteinerung ebenso wenig überstehen wie Herzen und Lungen. Im Unterschied zu diesen inneren Organen zweigen die filigranen Knochenlamellen jedoch zum Teil von stabileren Knochen ab, sodass man zumindest die Ansatzstellen ausmachen kann. Die Turbinalia der Säugetiere sind Auswüchse einiger Knochen, die die Na-

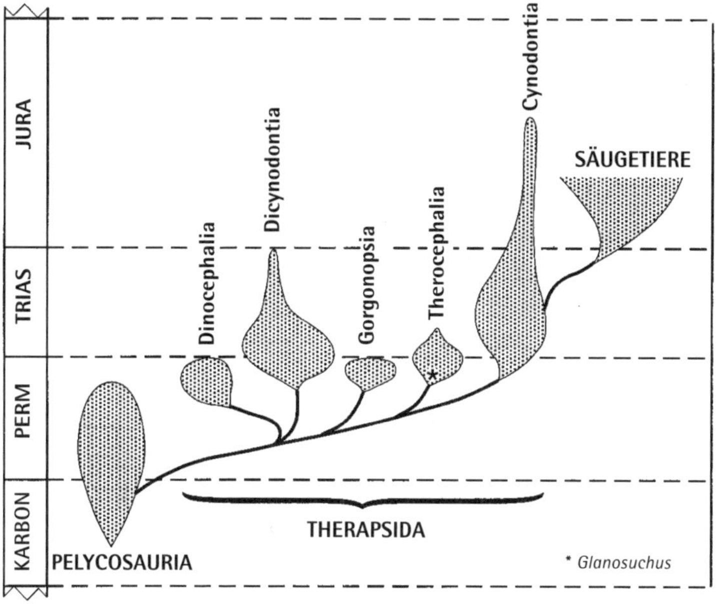

3.5 Die geologischen Perioden und die mutmaßlichen entwicklungsgeschichtlichen Zusammenhänge der Pelycosauria, Therapsida und Säugetiere; nach Hillenius (1994).

senhöhle begrenzen, und verraten ihre ehemalige Existenz durch leicht erhöhte Wülste oder Kämme in den Schädelfossilien. Willem Hillenius hat kürzlich die Schädel vieler säugetierähnlicher Reptilien und früherer Säugetiere auf Turbinalia-Überreste hin untersucht und konnte einige aufschlussreiche Befunde vorlegen. Abbildung 3.5 stellt die zeitliche Abfolge der Hauptgruppen der säugetierähnlichen Reptilien und der Säugetiere dar. An der Wurzel des Stammbaums steht die Ordnung der Pelycosauria, die im Karbon entstand. Von ihr leiten sich vermutlich die Therapsiden des Perm ab. Die Therapsiden kann man in fünf Hauptlinien unterteilen, die in der Mitte des Diagramms stehen (Dinocephalia bis Cynodontia). Irgendwann während der Trias spalteten sich dann die Säugetiere von den cynodontischen Vorfahren ab. Was die Turbinalia in den Schädeln dieser Tiere angeht, fand Hillenius bei den Pelycosauria, den Dinocephalia und den Gorgo-

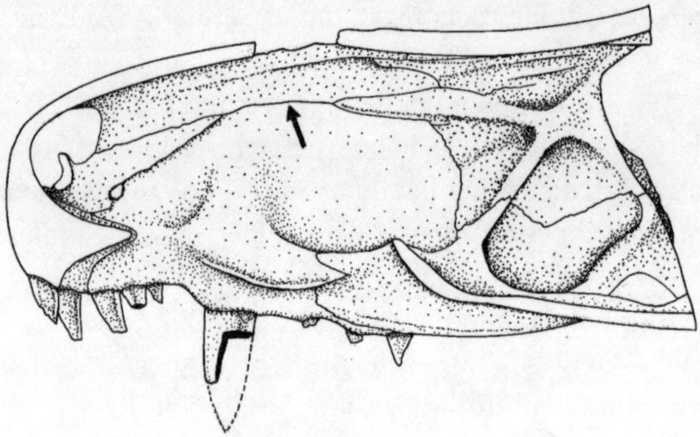

3.6 Querschnitt durch die Nase von *Glanosuchus*, einem wolfähnlichen Therocephalier des späten Perm. Der Pfeil zeigt den Kamm an, an dem die Turbinalia angesetzt haben können. Länge des dargestellten Schädelteils 15 Zentimeter; nach Hillenius (1994).

nopsia keine Überreste; die Therocephalia, die Cynodontia und die Säugetiere hatten bzw. haben hingegen Knochenlamellen in der Nase.[12]

Zwar fußt diese Kategorisierung auf einer relativ kleinen Zahl geeigneter (und geeignet präparierter) Schädel – solcher, die nicht allzu stark zermalmt, nicht irreführend verzerrt oder mit Stein gefüllt sind –, aber das Muster leuchtet ein. Der Therocephalier, bei dem man einen mutmaßlichen Ansatzkamm für Turbinalia fand, ist *Glanosuchus*, ein wolfgroßer Fleischfresser aus dem späten Perm, 40 bis 50 Millionen Jahre vor dem Auftreten der echten Säugetiere (Abb. 3.6). Die Turbinalia von *Glanosuchus* waren vermutlich klein, weil seine ganze Nasenhöhle nicht sehr groß war, und einige weitere Besonderheiten am Deckknochen seines Oberkiefers weisen darauf hin, dass er vermutlich langsamer atmete als die heutigen Säugetiere. Im weiteren Verlauf der Therocephalia-Evolution wurde die Nasenhöhle, die sich

[12] Hier gebe ich die Befunde von Hillenius (1994) wieder. Es mehren sich jedoch die Anzeichen für die Existenz von Turbinalia in einigen Gorgonopsia (Kemp 1969, s. auch Laurin 1998), und gegenwärtig arbeiten rund um den Globus etliche Leute an dieser Fragestellung. Es ist nicht auszuschließen, dass auch frühere säugetierähnliche Reptilien bereits Turbinalia oder ähnliche Strukturen hatten.

oberhalb des Gaumens erstreckt, immer säugetierähnlicher, woraus man ableitet, dass wahrscheinlich die Atemfrequenz allmählich anstieg. Die Cynodontier der unteren und mittleren Trias und die allerersten Säugetiere haben bereits Turbinaliakämme, die sich kaum von denen der heutigen Säugetiere unterscheiden, also wird auch ihr Stoffwechsel bereits in etwa so leistungsfähig gewesen sein wie heute.

Die Turbinaliakämme von *Glanosuchus* sind besonders faszinierend, weil dieses Tier – wie viele Therocephalia – kräftig gebaut war und in subtropischen bzw. tropischen Regionen lebte. Nicht nur hätte das vorherrschende Klima *Glanosuchus* einigermaßen warm gehalten, das Tier hätte auch von der Temperaturstabilität profitiert, die jeder große Körper automatisch gewährleistet. Mit anderen Worten: Wenn diese großen Tiere des späten Perm bereits wichtige Entwicklungsschritte in Richtung Warmblütigkeit vollzogen hatten, dann diente ihr erhöhter Stoffwechselumsatz wohl kaum vorrangig der Körpererwärmung. Vielmehr dürften diese großen, durch die Umwelt warm gehaltenen, massen-homoiothermen Raubtiere von einer gesteigerten Höchstleistungsfähigkeit profitiert haben. Die wenigen harten Fakten, auf die wir uns heute berufen können, unterstützen also eher die These von Bennett und Ruben, dass das säugetiertypische Stoffwechselsystem zumindest anfangs nicht der konstanten Wärmung gedient, sondern sich aufgrund der gesteigerten Dauerbelastbarkeit solcher Tiere herausgebildet hat.

Immer noch bleiben viele Fragen um die Evolution der Warmblütigkeit unbeantwortet, aber wenigstens tauchen allmählich die groben Konturen dieser Entwicklung aus dem Nebel auf. Als die Wirbeltiere das Land eroberten, brachten sie Stoffwechselmaschinen mit, die auf eine schwimmende Lebensweise hin optimiert waren – was auch sonst? Die Fortbewegung an Land ist wegen der Schwerkraft etwa zehnmal so Energie heischend wie das Schwimmen im Wasser, also dürften die ersten landbewohnenden Vierfüßer schneller ermüdet sein als die Fische. Ihre Beschleunigungspumpen konnten jedoch genug Energie für kurze, heftige Aktivitätsausbrüche freisetzen, so wie bei den heutigen Reptilien.

Im späten Perm begann die natürliche Auslese, die Stoffwechselmotoren einiger therapsider Reptilien zu frisieren. Soweit wir wissen, dürfte diese Entwicklung von relativ großen, Fleisch fressenden, säugetierähnlichen Reptilien (Therocephalia) ausgegangen sein, die in subtropischen oder tropischen Gegenden heimisch waren. Diese ersten Schritte wurden von der natürlichen Auslese vermutlich deshalb unterstützt, weil die erhöhte Umsatzgeschwindigkeit der sauerstoffabhängigen Stoffwechselreaktionen mehr Energie freisetzte, mit der dauerhafte Hochleistungen möglich wurden. Ursprünglich ging es wahrscheinlich gar nicht um die Regulation der Körpertemperatur. Die aktivere Lebensweise zog jedoch Konsequenzen nach sich: eine gesteigerte Nahrungszufuhr, eine raschere Verdauung, eine beschleunigte Weiterverarbeitung und Ausscheidung der Abfallstoffe und eine erhöhte Syntheserate in den Zellen. Damit mag der Ruheumsatz des Stoffwechsels zwangsläufig angestiegen sein. Die Leistungssteigerung dieses Zuliefer- und Verwaltungsstoffwechsels wurde teils durch eine Vergrößerung der wichtigsten Wärme produzierenden Organe bewerkstelligt, also des Herzens, der Nieren, der Leber und des Gehirns, teils durch eine Beschleunigung der Stoffwechselreaktionen in den einzelnen Zellen. Als irgendwann ein dichtes Haarkleid und weitere Kontrollmechanismen hinzukamen, konnten die Tiere ihre Körperinnentemperatur relativ konstant halten, aber wir wissen nicht, wann dies geschah. Unsere besten Indizien – die allmähliche Vergrößerung der Nasen säugetierähnlicher Reptilien – weisen darauf hin, dass der Übergang zur Warmblütigkeit im engeren Sinne mindestens 50 Millionen Jahre vor dem Auftreten der ersten Säugetiere einsetzte. Abgeschlossen wurde diese Entwicklung vielleicht erst mit den Säugetieren.

Also hatte die Evolution der Warmblütigkeit, zumindest am Anfang, wenig mit den Segnungen der Wärme an sich zu tun; sie war bereits in den Reptilien in Gang gekommen, die lange vor dem Erscheinen warmblütiger Tiere im heutigen Sinne auf der Erde lebten. Die Umrüstung der reptilientypischen Standardverbrennungsmotoren zu Höchstleistungsmaschinen, mit denen auch langfristig ein hohes Aktivitätsniveau gehalten werden konnte, ist sicher eines der wichtigsten Ereignisse in der Geschichte der Vierfüßer, aber seine Bedeutung wird leider oft missverstanden: Die Annahme, das Stoffwechselsystem der Warmblüter sei dem ihrer kaltblütigen Vorfahren grundsätzlich überlegen, lässt sich so nicht aufrechterhalten. Sowohl warmblütige als auch kaltblütige Stoffwechselmaschinen haben ihre spezifischen Vor- und Nachteile, und die ökologische Nützlichkeit der verschiedenen Motortypen hängt von der Größe des Tieres und den Eigenschaften der Umwelt ab, in der es lebt. Ginge die Warmblütigkeit im Kampf ums Dasein immer und überall mit einem Überlebensvorteil einher, dann wäre längst alles, was da auf Erden kreucht und fleucht, mit diesem System ausgestattet. Die Wirklichkeit sieht anders aus: Echsen, Frösche, Schlangen, Spinnen und Käfer dominieren nach wie vor das Feld. Selbst im späten Perm und zu Beginn des Mesozoikum, als die anderen Lebensformen sich auf ihr Erscheinen noch nicht hatten einstellen können, fegten die Säugetiere und ihre Vorfahren keineswegs mit großer Geste ihre vermeintlich unterlegenen Konkurrenten vom Feld – ganz im Gegenteil: Alle Pelycosauria, Dinocephalia und Gorgonopsia waren bereits am Ende des Perm wieder von der Bühne abgetreten. In der Mitte der Trias waren auch *Glanosuchus* und seine gesamte (warmblütige?) Therocephalia-Verwandtschaft ausgestorben. Nur zwei Äste unseres ehemals so weit ausgreifenden Stammbaums ragten bis in den Jura hinein: die vielseitigen, haarigen Cynodontier und die winzigen frühen Säugetiere. Die Cynodontier fanden nie wieder zu ihrer alten Pracht zurück, büßten im Laufe des Jura viel von ihrer Artenvielfalt ein und starben noch vor dem Ende dieser Periode aus. Und dann waren die Säugetiere allein.

Allein in einer Welt voller Dinosaurier.

4. Dinos: Kaltblüter oder Heißsporne?

Dinosaurier haben in mir als Kind zugleich naturwissenschaftliche Neugier wie auch schaudernde Ehrfurcht geweckt. Ich erinnere mich noch gut an die Bücher, die mir meine Eltern, meiner ewigen Fragerei leid, schenkten: Darin waren Riesenreptilien dargestellt, wie etwa ein *Brachiosaurus*, der sein Kinn auf einen Stapel von Doppeldeckerbussen stützte, ein furchteinflößender *Tyrannosaurus*, dessen Zähne so lang waren wie die Hand eines Menschen, und ein mächtiger *Stegosaurus* mit seinem Stachelrücken, der eine Spur aus umgeknickten Bäumen durch die mesozoische Landschaft zog – gelenkt von einem gerade mal walnussgroßen Gehirn. Narnia und Wunderland waren eindeutig von Erwachsenen für Kinder erdachte Welten, während es das Mesozoikum mit seinen Drachen und Monstern, das selbst die Kinderfantasie überstieg, wirklich gegeben hatte.

Ich verbrachte viele Stunden mit den Büchern, die es mir ermöglichten, am Leben dieser uralten und faszinierenden Geschöpfe teilzuhaben, und eines davon ist mir besonders gut im Gedächtnis geblieben: Auf der linken Seite war jeweils ein Dinosaurier in seiner natürlichen Umgebung dargestellt, und auf der rechten Seite waren seine Besonderheiten in Wort und Zahl aufgelistet, ergänzt um ein paar Spekulationen über seine Lebensweise. Mit sieben galt mein Interesse viel mehr den Bildern als den Texten, also ignorierte ich – außer den Namen der Tiere – fast alles, was auf den rechten Seiten stand. Dass ich mich an dieses Buch so gut erinnere, liegt an einer speziellen Abbildung: ein *Brontosaurus*[13] (Abb. 4.1), der bis zu seinen Schultern im

[13] Der *Brontosaurus* heißt offiziell *Apatosaurus*, und in der wissenschaftlichen Literatur findet man ihn meist unter diesem Namen.

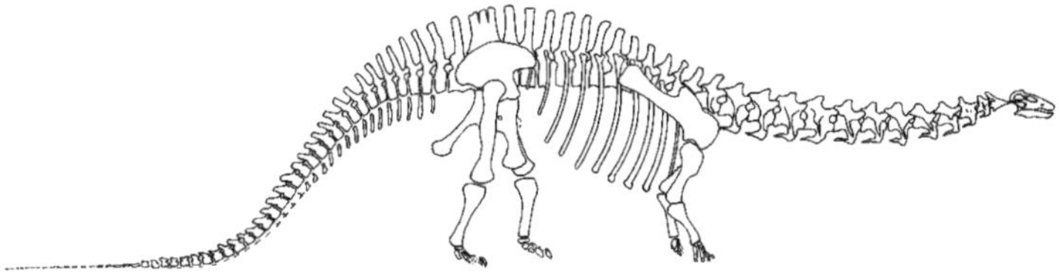

4.1 Skelett des Pflanzenfressers *Apatosaurus* (gemeinhin als *Brontosaurus* bekannt), eines Dinosauriers des späten Jura; Länge etwa 20 Meter.

Wasser eines kleinen, von Pflanzen überwucherten Sees stand. Am Ufer wuchsen verschiedene Morastpflanzen, und seltsame Bäume, von deren Ästen Wasser troff, beugten sich vor einem strahlend blauen Himmel über den Teich. Libellen schossen dicht über der Oberfläche hin und her. Offensichtlich war es hier heiß und feucht, ein idealer Ort für Insekten, vielleicht ein Dschungel oder ein Sumpfgebiet, und für mich lag es auf der Hand, dass der *Brontosaurus* in einer misslichen Lage steckte: Ein derart großes Tier musste sehr schwer sein – viel schwerer als ein Elefant, wenn man sich die Sache mit dem Omnibusstapel vergegenwärtigte –, und trotzdem hatte es relativ schlanke Beine und ruhte auf Füßen, die nicht viel breiter waren als die Knie. Das arme Geschöpf war wohl aus Unachtsamkeit in diesen übel riechenden Pfuhl getaumelt, und sobald erst einmal ein Fuß im Morast feststeckte, konnte es sich nicht mehr befreien. Vielleicht hatte es versucht, sein Hinterende hin und her zu schwingen, um sich loszureißen, war dabei aber nur noch tiefer eingesunken. Vielleicht hatte es sich bemüht, das gegenüberliegende Ufer zu erreichen, oder es hatte den Kampf bereits aufgegeben und sich ins tiefere Wasser gewälzt. Wie auch immer es in diese Patsche geraten sein mochte, jetzt steckte das unglückliche Tier einsam und hilflos in der Mitte eines Sees fest und sah seinem jämmerlichen Ende entgegen: Es würde entweder im stinkenden, unerbittlichen Schlamm versinken oder langsam verhungern.

Wie hatte man bloß ein derart grausames Bild in ein Kinderbuch aufnehmen können! Lange Zeit überblätterte ich die ganze Doppelseite. Ich weiß nicht mehr genau, wie lange es dauerte, bis ich es über mich brachte, den Text zu lesen – Jahre, fürchte ich. Als es schließlich so weit war, erlebte ich eine Offenbarung. »*Brontosaurus*«, verkündete die rechte Seite, »ist mit 35 Tonnen eines der größten Lebewesen, die je auf Erden wandelten. Da sie zu schwer waren, um sich auf dem Land fortzubewegen, lebten diese Tiere im Wasser. Sie ernährten sich von den weichen, nahrhaften Pflanzen, die im Uferbereich gediehen ...« Natürlich! Der Brontosaurier saß im Sumpf nicht in der Falle; er war dort zu Hause. Das Wasser verlieh seiner immensen Masse den nötigen Auftrieb, und ringsum gab es reichlich zu fressen. Vielleicht hatte er deshalb einen derart langen Hals: um sowohl die Pflanzen am anderen Ufer als auch die Blätter der über ihm hängenden Zweige erreichen zu können. Allerdings erschien mir der See für so ein riesiges Geschöpf ziemlich klein, und es gab keine Möglichkeit, ihn zu verlassen, ohne im Sumpfbewuchs ringsum zu versinken, und außerdem gab es hier keine Artgenossen, mit denen sich das Tier paaren konnte – aber vielleicht hatte die begrenzte Seitengröße dem Künstler Beschränkungen auferlegt. Womöglich hatte er den See deshalb so klein gemacht und auf einen zweiten Brontosaurier verzichtet; und überhaupt: Die Wissenschaftler würden solche Texte doch nicht verfassen, wenn sie sich ihrer Sache nicht ganz sicher wären, oder?

Der Witz an der Sache: Meine kindliche Intuition erwies sich als zutreffend, und zwar aus den richtigen Gründen – mehr oder weniger. Die Beine von Tieren, die sich regelmäßig über einen nachgiebigen Untergrund bewegen müssen, laufen für gewöhnlich unten breit aus. Bläss- und Teichhühner leben auf enorm großem Fuß, Kamele haben Hautlappen zwischen den spreizbaren Zehen, und Kanadier ziehen sich Schneeschuhe an, wenn sie im Winter vor die Tür treten. Ein 35 Tonnen schwerer *Brontosaurus* musste mit einer Gesamtfußfläche von 1,2 Quadratmetern auskommen, das heißt, die Belastung betrug 29 Tonnen pro Quadratmeter. Elefantenfüße tragen bis zu 7,5 Tonnen pro Quadratmeter, bei Rindern sind es 15 Tonnen, beim Tyrannosaurier zwölf und beim Menschen zwei Tonnen. Versteinerte Fußspuren belegen, dass zumindest einige Brontosaurier es fertig brachten,

4.2 Der Pflanzen fressende *Brachiosaurus*, ein Dinosaurier des späten Jura; Höhe etwa 13 Meter.

über einen weichen Boden zu schreiten, ähnlich wie heutzutage die Elefanten, aber von allen Tieren, die es jemals gegeben hat, wäre *Brontosaurus* in einem Sumpf am schlechtesten aufgehoben gewesen.

In den siebziger Jahren war das Bild vom Brontosaurier im Schlammbad reif für eine Revision, und nicht nur dies: Die meisten der Dinosaurier aus meinem Kinderbuch werden heute ganz anders gesehen als noch vor 30 Jahren. *Brontosaurus* und *Brachiosaurus* (Abb. 4.2) haben sich aus dem Morast freigekämpft und das Revier zurückerobert, das ihnen zusteht: Sie ziehen übers Festland und fressen Blätter von den Bäumen. Auch die

Entenschnabel-Echsen (Abb. 4.3) sind dem Wasser entstiegen und weiden sich am Bodenbewuchs: gewissermaßen die Büffel der Kreidezeit. *Stegosaurus* (Abb. 4.4), der massig-gedrungene, stachelschwänzige Vegetarier mit den markanten, dreieckigen bis rautenförmigen Knochenplatten auf dem Rücken, hat sich aufgerichtet und erntet nun das Blattwerk der Baumkronen ab, wobei er auf mächtigen Hinterbeinen vorwärts schwankt und bei Bedarf seinen morgensternartigen Schwanz drohend hin und her schwingt, um Fressfeinde auf Abstand zu halten. *Tyrannosaurus* (Abb. 1.6), den man früher zumeist für einen eher trägen, kaltblütigen, womöglich Aas fressenden Behemoth gehalten hat, der sich vielleicht um die Beseitigung der riesigen Kadaver verdient gemacht habe, welche die mesozoische Landschaft verunreinigten, ist aus seinem Halbschlaf erwacht und gibt nun einen blutdürstigen Kinostar ab: das schrecklichste Raubtier, das je auf Erden lebte. Der dreihörnige *Triceratops* (Abb. 1.5), einst als behäbiger kreidezeitlicher Panzerwagen interpretiert, entflieht nun seinen Widersachern im Galopp oder – schlimmer noch – rast mit gesenkten Schädelwaffen kampfesmutig auf sie zu. Nach ihrer Wiedergeburt erscheinen uns die Dinosaurier nun als ideal an ihre Umwelt angepasste Bewohner des Erdmittelalters, als souveräne Herrscher über eine faszinierende versunkene Welt.

Der Architekt dieser Revolution unseres Dinosaurierbildes war ein begnadeter und ziemlich exzentrischer Ausnahme-Paläontologe: Robert Bakker. In den sechziger Jahren hatte er die fixe Idee entwickelt, dass die Koryphäen und Leithammel der Paläontologie in Bezug auf die Dinosaurier völlig falsch lagen, und widmete sich fortan der Suche nach Beweisen für seine These. Er stellte selbst Untersuchungen an, sammelte und sichtete das Datenmaterial anderer Paläontologen, fügte Einsichten aus der Biologie und der Ökologie hinzu und präsentierte seinen Kollegen schließlich eine umfassende Neuinterpretation der mesozoischen Welt. Zweifellos ist Bakker ebenso sehr Advokat wie Naturwissenschaftler, eine Zwitterrolle, die ihm nicht nur Freunde geschaffen hat, aber da er in beiden Künsten brilliert, konnte die Fachwelt unmöglich über sein Ansinnen hinwegsehen.

4.3 Die spätkreidezeitliche, Pflanzen fressende Entenschnabel-Echse *Edmontosaurus* (früher *Anatosaurus*); Länge etwa 13 Meter.

4.4 Der Pflanzen fressende *Stegosaurus*, ein Dinosaurier des späten Jura; Länge etwa acht Meter.

Unter all den neuen Dinosaurierkonzepten Bakkers hat insbesondere eine Idee heftige Auseinandersetzungen ausgelöst: In den frühen siebziger Jahren stellte er die kühne Behauptung auf, die Dinosaurier seien Warmblüter gewesen, genau wie die Säugetiere und die Vögel. Nun ist ein richtig warmblütiges Reptil ein Widerspruch in sich, und Bakker, dem Halbheiten wesensfremd waren, zog daraus die Konsequenz, gemeinsam mit einem Kollegen (Peter Galton) eine umfassende Neugestaltung des Vierfüßerstammbaums vorzuschlagen. In ihrem neuen Verwandtschaftsschema standen alle Dinosaurier gemeinsam in einer taxonomischen Kategorie, die von den Reptilien ebenso weit entfernt war wie die Säugetiere. (Zuvor hatte man geglaubt, Dinosaurier gehörten zwei ganz verschiedenen Reptilienordnungen an.) Kaum dass Bakker und Galton alle Dinosaurier in einer eigenen taxonomischen Gruppe zusammengefasst hatten, gingen sie einen Schritt weiter und bestritten, dass sie ausgestorben seien! Auf den älteren Arbeiten und Ansätzen des Paläontologen John Ostrom aufbauend, verwiesen sie auf die anatomischen Ähnlichkeiten zwischen Vögeln und Dinosauriern, um so zu rechtfertigen, dass Erstere lediglich eine Untergruppierung der Letzteren seien. Vögel sind demnach in demselben Sinne Dinosaurier, wie wir Säugetiere sind, und solange Menschen und Vögel die Erde bevölkern, sind weder die Säugetiere noch die Dinosaurier ausgestorben.

Was hatte Bakker zu diesen verwegenen Annahmen über den Stoffwechsel der Dinosaurier bewogen? Immerhin standen alle bekannten Dinosaurier (außer den Vögeln) der Wissenschaft nur in Form von Überresten zur Verfügung, die seit mindestens 65 Millionen Jahren in Stein versiegelt waren. Bakker war sich bewusst, dass er mehrgleisig fahren musste, wollte er seinen Kollegen diese These schmackhaft machen, und so entwickelte er viele Argumentationsstränge, aber sein Hauptgedanke fußte auf der Betrachtung der heutigen Lebenswelt. Man erinnere sich an unsere 100 Kilometer lange Parade der rezenten Tiere, an deren Enden der fünf Tonnen schwere Elefant und die 0,000001 Gramm leichte Zwergwespe stehen. Schreitet man diese Parade vom Elefantenende her ab, so wird man entlang der ersten 80 Kilometer ausschließlich Säugetieren begegnen. Das erste richtige Reptil unter den Landlebewesen ist eine Riesenschildkröte, die nur 250 Kilogramm wiegt. Alle wirklich großen Landtiere sind heutzutage Warmblüter, und wir haben guten Grund zu der Annahme, dass nur gut beheizte Körper diese Größe erreichen können (was in Kapitel 6 ausführlich begründet wird). Große Tiere können sich kaum an geschützte Orte zurückziehen, um Wind und Wetter, Konkurrenten und Fressfeinden zu entgehen. Kleine Echsen können sich, wenn es ihnen zu heiß oder zu kalt wird oder sie unbemerkt bleiben wollen, unter einen Stein oder in eine Höhle verkriechen; einem nashorngroßen Tier stehen diese Optionen nicht offen. Dass die Erde heutzutage dennoch von warmblütigen Riesen besiedelt ist, dürfte zu einem guten Teil an deren Fähigkeit liegen, ihre Körpertemperatur unabhängig von der Wetterlage, der Jahreszeit und dem Klima konstant zu halten und sich in Auseinandersetzungen mit der Konkurrenz hochaktiv zu verhalten.

Säugetiere und Dinosaurier traten ungefähr zur selben Zeit in die Erdgeschichte ein, aber über 140 Millionen Jahre hinweg dominierten große Saurier das Festland, während winzige Säuger vorsichtig zwischen ihren Füßen herumflitzten. Die traditionelle Auffassung, dass Dinosaurier wechselwarm gewesen seien, entwirft also ein Bild von der Vergangenheit, das den heutigen Verhältnissen zuwiderläuft: eine Welt der großen Kaltblüter und der kleinen Warmblüter. Bakker stellte diese auffällige Umkehr der ökologischen Verhältnisse in die Mitte seiner Argumentation und versuchte so, die Beweislast auf die Gegner seiner Hypothese abzuwälzen. »Die Gegenwart ist der Schlüssel zur Vergangenheit«, besagt eine altbewährte Maxime der Geowissenschaften. Sie zwingt die Geologen, die Vergangenheit im Licht der heutigen Verhältnisse zu deuten, solange sie keine guten Gründe für ein abweichendes Vorgehen vorbringen können. Bakker wies darauf hin, dass alle großen Tiere heutzutage Warmblüter sind, und forderte seine Gegenspieler auf, ihm gute Gründe zu nennen, warum es im Mesozoikum anders gewesen sein sollte. Diese Taktik war mehr als ein bloßer rhetorischer Trick, denn Bakker wusste, dass die Dinosaurier vor allem deshalb stets als Wechselwarme angesehen worden waren, weil man sie für Reptilien hielt. Die Behauptung, Dinosaurier seien kaltblütig gewesen, stand und fiel mit der Annahme, sie seien den rezenten Reptilien so ähnlich, dass man sie ohne weiteres als Reptilien klassifizieren könne. Und diese Einschätzung war, wie Bakker wusste, durchaus fragwürdig.

Selbst dem ungeübten Auge drängen sich Unterschiede zwischen Dinosauriern und heute lebenden Reptilien auf. Reptilien werden durchaus treffend auch Kriechtiere genannt; sie halten den Körper dicht am Boden, spreizen die Beine seitlich ab und tragen den Kopf mehr oder weniger auf Körperhöhe. Ob Schildkröten, Eidechsen oder Krokodile, alle haben quasi tief liegende

Karossen. (Krokodile können sich zum Gehen mehr oder weniger mit den Beinen hochstemmen, die Chamäleons haben sich durch leichte Abweichungen von der üblichen Beinhaltung an ihr Leben auf dünnen Ästen angepasst, Schlangen und Schleichen – beinlose Eidechsen – haben überhaupt keine Beine mehr, aber bei all diesen Ausnahmefällen lässt sich der zugrunde liegende Reptilienbauplan noch erkennen.) Die Dinosaurier standen und gingen hingegen ähnlich wie die Säugetiere: Ihre Beine befanden sich *unterhalb* ihrer Körper, und viele Arten hielten den Kopf hoch in die Luft (Abb. 4.2). Die Aussagekraft gerader, säulenartiger Saurierbeine ist nach wie vor umstritten,[14] aber dass viele Dinosaurier den Kopf hoch über dem Körperniveau halten konnten, steht fest und verrät uns Wichtiges über die Funktionsweise dieser Tiere.

Stellen Sie sich bitte einen Gartenschlauch vor, der mit einem Ende an einem Wasserhahn steckt. Hält man den Schlauch in Bodennähe und dreht den Hahn auf, so ergießt sich schwungvoll Wasser über den Rasen. Hält man das freie Ende hingegen hoch, so lässt die Kraft, mit der das Wasser heraussprudelt, nach. Befestigt man das Ende gar an einer Stange und hält diese hoch, so wird das Gewicht des Wassers im Schlauch schließlich dem Wasserdruck am Hahn die Waage halten, und der Fluss versiegt. Der Schlauch entspricht einer Schlagader, der Wasserhahn dem Herzen eines Tieres. Ein Krokodil, das sich flach über dem Boden hält, muss wenig Kraft aufwenden, um Blut vom Herzen in den Kopf zu pumpen. Reptilien pumpen ihr Blut mit einem Druck aus

[14] Der Paläontologe Gregory Paul vertritt, auf den bahnbrechenden Ideen Bakkers aufbauend, den Standpunkt, seitlich abgespreizte Beine sorgten für kurze Schrittweiten und eine stabile Gangart und seien somit für eine langsame Fortbewegung genau das Richtige. Wenn sich wechselwarme, vierfüßige Landlebewesen über lange Zeit kontinuierlich fortbewegen, müssen sie das relativ langsam tun, um ihre aerobe Leistungsfähigkeit nicht übermäßig zu strapazieren (s. Kap. 3). Die senkrecht ausgerichteten Beine der Säugetiere und Dinosaurier ermöglichen größere Schrittweiten, raschere Schrittfolgen und folglich eine höhere mittlere Laufgeschwindigkeit. Wenn sich Dinosaurier normalerweise mit einem ähnlichen Tempo bewegt haben wie Säugetiere – und versteinerte Fußabdrücke weisen darauf hin –, dann ist das ein starkes Indiz für eine aerobe Leistungsfähigkeit weit oberhalb des für heutige Reptilien typischen Wertes.

dem Herzen, der 35 bis 75 Millimeter Quecksilbersäule (mm Hg) über dem Gewebedruck liegt. Dieses Druckgefälle ist größtenteils dazu nötig, um das Blut durch die engen Kapillargefäße in der Körperperipherie zu pressen. Menschen sind, vereinfacht gesprochen, auf die Spitze gestellte Krokodile und benötigen kräftigere Herzen, um das Blut aufwärts zu pumpen; daher liegt der typische Blutdruck eines Menschen bei 100 bis 150 mm Hg. Um Blut in den Kopf einer Giraffe zu befördern, ist ein Druck von atemberaubenden 300 mm Hg vonnöten. Setzt man diese Reihe logisch fort und bedenkt, dass der Kopf eines *Brachiosaurus* 13 Meter über dem Boden und acht Meter über dem Rest des Körpers schwebte, so kommt man zu dem Schluss, dass sein Herz zu den kräftigsten Pumpen der gesamten tierischen Entwicklungsgeschichte gehört haben muss und mit den Herzen heutiger Reptilien wenig Ähnlichkeit hatte. Ein Paläontologe hat sich sogar zu einer Überschlagsrechnung hinreißen lassen, der zufolge das Herz des *Brachiosaurus*, um das Blut durch diesen riesigen Körper pumpen zu können, etwa anderthalb Tonnen gewogen haben muss!

Und wir können diesen Argumentationsstrang noch ein bisschen weiter spinnen. Das Herz eines Tieres muss das Blut nicht nur bis zum Kopf und zu den Füßen pressen, sondern auch durch seine Lungen, wo es Sauerstoff aufnimmt und Kohlendioxid loswird. Lungen sind filigrane Organe mit dünnwandigen Kapillaren, die sehr dicht unter der Oberfläche der Lungenbläschen verlaufen, um den Gasaustausch zu erleichtern. Wenn das Blut einer Giraffe mit 300 mm Hg in die Lunge schösse, würden die Blutgefäße an der Gewebeoberfläche auf der Stelle zerplatzen. Um dieses tödliche Problem zu vermeiden, haben Säugetiere und Vögel Herzen mit zwei getrennten Kammern; die linke Seite versorgt andere Körperteile mit Blut als die rechte. Das Blut, das in die rechte Herzhälfte hineinfließt, wird mit geringem Druck in die Lungen gepumpt. Dort nimmt es Sauerstoff auf und gibt Kohlendioxid ab; anschließend kehrt es ins Herz zurück, allerdings in die linke Kammer, die viel dickere Muskelwände hat. Wenn sich dieser Muskel zusammenzieht, schießt das Blut mit Hochdruck hinaus, um den Kopf, die Arme, Beine und inneren

Organe zu versorgen. Dann strömt es wieder in die rechte Herzkammer ein, und der Zyklus beginnt von vorn. Die beiden Kammern des Reptilienherzens sind hingegen nicht vollständig voneinander getrennt. (Die Scheidewand zwischen den Kammern ist beispielsweise bei Krokodilen und Eidechsen unterschiedlich stark entwickelt, aber bei allen Reptilien bleibt eine Lücke.) Dieses System eröffnet den Reptilien eine Reihe von Optionen zur Kreislaufsteuerung. So können Echsen, die ein Sonnenbad nehmen, zum Beispiel Blut vom Lungen- in den Körperkreislauf umlenken, sodass es sich schneller aufwärmt. Auch kann das Blut beim Tauchen in den Körperkreislauf umgelenkt werden, sobald der Sauerstoffvorrat in den Lungen erschöpft ist; nach dem Auftauchen wird hingegen vermehrt Blut durch die Lunge gepumpt, um es rasch wieder mit Sauerstoff aufzuladen. Das Reptilienherz ist zwar nicht besonders kräftig, aber dafür bewundernswert flexibel.

Wie sah wohl das Herz des *Brontosaurus* aus? Es muss zu gewaltigen Kontraktionen imstande gewesen sein, um das Blut bis in den weit entfernten Kopf zu pressen, aber zugleich muss es so ausgestattet gewesen sein, dass der Lungen- und der Körperkreislauf getrennt und mit krass unterschiedlichem Druckgefälle betrieben werden konnten. Niemand weiß genau, wie dieses Herz aufgebaut war, aber wir kennen die wichtigsten Konstruktionskriterien: die Fähigkeit zur Freisetzung enormer Muskelkraft und zum Aufbau großer Druckdifferenzen. Vermutlich unterschieden sich die Brachiosaurier-Herzen nicht grundlegend von den Herzen der Säugetiere und Vögel. Und damit nicht genug.

Wie stand es um das Atmungssystem der Dinosaurier? Auch in diesem Punkt sah Bakker Indizien für größere Gemeinsamkeiten mit den Vögeln als mit den Reptilien. Vogel-Lungen sind aus einer Reihe parallel angeordneter Röhren aufgebaut, die von der Luft kontinuierlich in immer derselben Richtung durchströmt werden, gleich, ob der Vogel gerade ein- oder ausatmet. Die Luft strömt nicht nur durch das Röhrensystem, sondern auch durch ein komplexes Netzwerk von Luftsäcken, die große Teile der Leibeshöhle einnehmen und sich sogar bis ins Skelett der

Vögel erstrecken. Dass die Hohlräume in den Knochen mit dem Atmungssystem in enger Verbindung stehen, hat John Hunter bereits 1758 in einem heute unzumutbar grausam erscheinenden Experiment nachgewiesen: Er verstopfte Hühnern und Falken die Luftröhren und schnitt ihnen dann die Flügel durch. Danach stellte er fest, dass die Lungen der Vögel immer noch mit Luft versorgt wurden: Sie atmeten durch ihre hohlen, zerbrochenen Flügelknochen. Bakker hatte bemerkt, dass die Wirbelknochen der Brontosaurier sowie mancher Fleisch fressender Saurier gleichfalls Hohlräume enthalten, die denen der Vögel ähneln, und zog daraus den Schluss, dass die Dinosaurier womöglich vogelähnliche Atmungssysteme hatten.

Und mit der teils ähnlichen Knochenstruktur sind die Parallelen zwischen den Dinosauriern und den Vögeln noch lange nicht erschöpft. Die Streitfrage, ob sich die Vögel direkt aus den Dinosauriern entwickelt haben oder ob beide auf einen gemeinsamen, keiner der beiden Tiergruppierungen eindeutig zuzuordnenden Vorfahren zurückgehen, treibt die Wissenschaftlergemeinde seit vielen Jahren um – im Grunde seit Thomas Huxleys Beiträgen, die Ende des 19. Jahrhunderts erschienen. Die Verfechter der Dinosaurier-zu-Vögeln-Hypothese haben seit einiger Zeit die Oberhand gewonnen, und dank der jüngsten Fossilfunde in China haben sie ihre Position weiter ausbauen können. 1998 erschienen zwei Fachartikel, in denen kleine, Fleisch fressende Dinosaurier beschrieben wurden, bei denen man offenbar federähnliche Strukturen nachweisen konnte. Die eine Art wurde *Sinosauropteryx prima* getauft (also »erste chinesische Drachenfeder«; Abb. 4.5). Der Körper des *Sinosauropteryx* war mit daunenartigen Strukturen überzogen; zugleich handelte es sich bei diesem Tier eindeutig nicht um einen Vogel, und ebenso eindeutig konnte es nicht fliegen. Auf diese Veröffentlichung folgten rasch weitere Fossilfundbeschreibungen: *Protarchaeopteryx* und *Caudipteryx*, die beide – wie *Sinosauropteryx* – mit einer Art Daunen bedeckt waren und darüber hinaus an ihren Schwänzen und Vorderbeinen große, stabile Federn (so genannte Konturfedern) trugen. Obwohl die Federn von *Protarchaeopteryx* und *Caudipteryx* denen heutiger

4.5 Rekonstruktionsversuch des *Sinosauropteryx prima*, eines Theropoden. Kürzlich in China gefundene Fossilien deuten darauf hin, dass diese und weitere Dinosaurier daunen- und/oder deckfederähnliche Strukturen trugen. Die Zeichnung basiert auf dem fotografierten *Sinosauropteryx*-Modell in Ackerman (1998).

Vögel ähneln, konnten sie vermutlich nicht fliegen, sondern lebten als Lauftiere am Boden.

Welchen Vorteil sollte ein flugunfähiger Dinosaurier aus einer Befiederung ziehen? Außer zur Wärmeisolation könnten die Federn der Tarnung oder der Werbung gedient haben.[15] Wenn das Gefieder der Isolation diente, so wäre dies ein weiteres Indiz für die Warmblütigkeit zumindest dieser Dinosaurierarten. (Die einzigen heute lebenden Warmblüter, die ohne aufwändige Körperbedeckung – Fell oder Federn – auskommen, sind sehr groß, wie die Elefanten, oder dick, wie die Schweine, oder sie leben im Wasser, wie die Wale; die Ausnahme: Nacktmulle.) Selbst wenn die Federn nicht der Wärmedämmung dienten, zeigen sie doch, wie brüchig die Trennmauer zwischen Dinosauriern und Vögeln mittlerweile ist. Und da die Dinosaurier offenbar nahe Verwandte dieser Tiere sind, von denen wir definitiv wissen, dass sie Warm-

[15] Etliche Paläontologen geben jedoch einer einfacheren Erklärung für die Federn des *Protarchaeopteryx* und des *Caudipteryx* den Vorzug: Diese Dinosaurier könnten sekundär flugunfähig gewesen sein, das heißt, ihre Vorfahren konnten fliegen, aber im Laufe ihrer Entwicklungsgeschichte büßten sie diese Fähigkeit ein. Alle heutigen flugunfähigen Vögel haben entweder richtige Federn oder zumindest Federüberbleibsel, sodass es uns nicht wundern sollte, bei sekundär flugunfähigen Dinosauriern Federn zu finden.

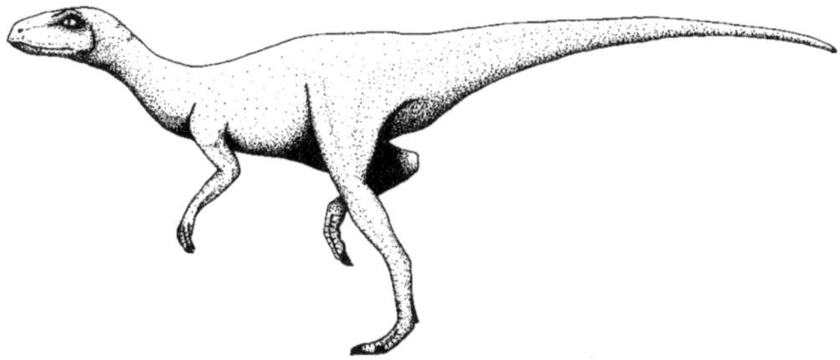

4.6 *Hypsilophodon*, einer der straußenähnlichen Pflanzenfresser, die vom mittleren Jura bis zur späten Kreidezeit lebten; 90 Zentimeter bis zweieinhalb Meter lang.

blüter sind, erscheint die Möglichkeit eines vogelähnlichen Dinosaurierstoffwechsels nun gar nicht mehr so abwegig.

Diese anatomischen Charakteristika und entwicklungsgeschichtlichen Zusammenhänge sind gute Gründe für eine klassifikatorische Abgrenzung der Dinosaurier von den rezenten Reptilien. Allerdings belegt keines der bisher vorgebrachten Argumente eindeutig, dass sie Warmblüter waren. Ihre anatomische und physiologische Ausstattung mag ihnen den Betrieb einer Hochenergie-Stoffwechselmaschinerie durchaus ermöglicht haben, aber ob sie *wirklich* wie Säugetiere und Vögel funktionierten, hatte Bakker damit noch nicht nachgewiesen. Weitere Belege und Argumentationsstränge waren vonnöten – und ließen nicht lange auf sich warten. Bakker stellte fest, dass große Dinosaurier wie der *Brontosaurus*, dass die Entenschnabel-Echsen, der *Stegosaurus* und gehörnte Dinosaurier relativ lange Beine hatten, deren Gelenke denen der Nashörner und Elefanten ähnelten, und schloss daraus, dass sie vermutlich vergleichbar schnell gehen und laufen konnten. Saurier wie *Hypsilophodon* (Abb. 4.6) mit ihren überlangen, schlanken Gliedmaßen, die eindeutig zum schnellen Rennen geeignet scheinen, erinnern an Strauße. Bakker schätzte die maximale Langzeit-Laufgeschwindigkeit eines kaltblütigen, 100 Kilogramm schweren *Hypsilophodon* auf drei Kilometer pro Stunde. Warum sollte ein Dinosaurier wie ein Strauß gebaut sein, wenn er sich doch nur im Schneckentempo durch die Gegend schleppen konnte? Die Körper dieser Dinosaurier, so meinte Bakker, waren auf ein hohes Ausdauertempo ausgelegt, und dazu müssen sie über einen hochtourigen Stoffwechselmotor verfügt haben, wie ihn Säugetiere und Vögel besitzen.

Aus einer völlig unvermuteten Richtung kam weitere Unterstützung. In den sechziger Jahren waren Geologen, die im Norden Alaskas nach Ölvorkommen suchten, auf Fossilien von Ceratopsia (Fleisch fressenden Dinosauriern, mit dem dreihornigen *Triceratops* verwandt), Hadrosauriern (Entenschnabel-Echsen) und Hypsilophodons gestoßen. Die Kontinentalplatten sind im Laufe der Erdgeschichte hin und her getrieben, aber dieser Teil Alaskas hatte selbst in der Kreidezeit immer nördlich des Polarkreises gelegen. Seit diesen frühen Funden hat man auch in anderen Teilen Alaskas, in Nordkanada (so auf Bylot Island), auf Svalbard und in den nordeurasischen Kreidezeitsedimenten Überreste von Dinosauriern gefunden. Am überraschendsten waren die Dinosaurierfunde in den Jura- und Kreidezeitfelsen der Antarktis und des südaustralischen Bundeslandes Victoria, Gegenden, die zu Lebzeiten der Tiere weit jenseits des südlichen Polarkreises gelegen hatten. Polar-Dinosaurier? Nun gut. Aber *kaltblütige* Polar-Dinosaurier? Wie sollten sie dort überleben, ohne Wärme in großen Mengen zu produzieren? Um Nahrung zu verdauen, ist eine Mindesttemperatur von ungefähr 20°C nötig. Bakker und seine Mitstreiter deuteten diese biogeografischen Belege als weiteren Sargnagel für die alte Idee, die Dinosaurier hätten reptilienähnliche Stoffwechselmotoren gehabt.

Weitere Indizien förderte die mikroskopische Untersuchung von Dinosaurierknochen zutage, die eine Feinstruktur enthüllte, die sehr stark an Säugetierknochen erinnerte. Reptilienknochen sind meist kompakt gebaut, während Säuger- und Vogelknochen normalerweise faserig aussehen, wie gewoben: Das Knochenmaterial wird stellenweise absorbiert, lagert sich dann leicht verändert wieder ab und wird erneut absorbiert; so entsteht allmählich ein dichtes Netzwerk von Kanälen. Diese Struktur ist typisch für schnell wachsende Tiere, und wir wissen, dass rasches Wachstum meist mit einer hohen Stoffwechselrate einhergeht. Ein Hund kann in einem Jahr von zwei Kilogramm auf 60 Kilogramm anwachsen. Löwen brauchen etwa zwei Jahre, um 100 Kilogramm Körpergewicht zu erreichen; bei den Straußen geht es noch schneller: vom Ei zum 70 Kilogramm schweren, ausgewachsenen Vogel in nur neun Monaten. Andererseits brauchen Mississippi-Alligatoren in freier Natur zehn bis 20 Jahre, bis sie 100 Kilogramm wiegen, und eine Netzpython wächst selbst im Zoo so langsam, dass sie nach einer ähnlichen Zeitspanne erst 55 Kilo auf die Waage bringt. Dinosaurier haben faserige Knochen, also dürften sie schnell gewachsen sein. Die schnell wachsenden Tiere unserer heutigen Welt, so argumentiert die Bakker-Fraktion, sind normalerweise Warmblüter, also waren es die Dinosaurier vermutlich auch.

Ein besonders einleuchtendes Argument ergab sich aus der chemischen Analyse von Dinosaurierknochen. Reese Barrick und seine Mitarbeiter maßen das Mengenverhältnis der verschiedenen Sauerstoffisotope in den Knochen eines Echsenskeletts und vierer Dinosaurierfossilien, die aus spätkreidezeitlichen Felsen in Montana stammten. Sauerstoffisotope haben unterschiedliche spezifische Gewichte, da die Atomkerne unterschiedlich viele Neutronen enthalten. Das Mengenverhältnis zwischen schwerem und leichtem Sauerstoff in den Knochen hängt von der Temperatur zur Zeit seiner Bindung ab. Da die chemische Zusammensetzung ihrer Körperflüssigkeiten unbekannt ist, konnte Barrick die absolute Körperinnentemperatur seiner Dinosaurier nicht bestimmen – aber er konnte die *Schwankungen* der Körpertemperatur abschätzen, indem er die Wechsel der Isotopenverhältnisse in den Knochen maß. Ein paar Jahre zuvor hatte eine andere Forschergruppe ein Modell für die Auswirkungen des jahreszeitlichen Klimawandels auf die Körpertemperatur einer fünf Tonnen schweren Entenschnabel-Echse aufgestellt, deren Fossilien aus derselben Gesteinsformation stammten wie die Barrick-Knochenproben. Man ging davon aus, dass diese Sedimente aus einer ursprünglich subtropischen oder warmgemäßigten Klimazone stammten, und unter der Annahme, die Entenschnabel-Echse sei wechselwarm gewesen, ergab sich eine stark schwankende

Körperkerntemperatur von 34°C im Juli und 12°C im Dezember. Ein warmblütiger Dinosaurier hätte seine Temperatur hingegen das ganze Jahr über konstant halten können. Wenn eine wechselwarme Entenschnabel-Echse ganzjährig Knochenmaterial abgelagert hätte, so argumentierte Barrick, dann müsste die Isotopenzusammensetzung ihrer Knochen die starken Schwankungen der Körpertemperatur widerspiegeln. Wenn sie hingegen ein Warmblüter war, sollte das Mengenverhältnis der Isotopen nur schwach variieren.

Die Analyse der etwa einen Meter langen Kreidezeit-Echse wies auf eine jahreszeitliche Körpertemperaturschwankung von 10 bis 15°C hin, also ungefähr das, was man bei einem wechselwarmen Tier erwarten würde, das ganzjährig Knochengewebe bildet. Bei einem ebenso langen, jung verstorbenen *Hypsilophodon* waren die Abweichungen im Isotopenverhältnis ungefähr halb so groß, und bei den anderen drei Tieren – die zwei (*Ceratops*) bis acht Meter (Entenschnabel-Echse) lang waren – lag die Schwankung bei etwa einem Viertel des Reptilienwertes. Die Autoren schlossen daraus, dass alle ihre Dinosaurier höhere Stoffwechselraten hatten als damals oder heute lebende Reptilien und dass sie ihre Körpertemperatur aktiv innerhalb recht enger Grenzen halten konnten, worin sie den Säugetieren ähnlicher waren als den Reptilien.

Bakker selbst brachte ein besonders raffiniertes Argument ins Spiel, das auf den ökologischen Konsequenzen unterschiedlicher Stoffwechselraten und der Mengenbeziehung zwischen Jägern und ihren Beutetieren basiert: Man stelle sich eine Herde von 700 Antilopen vor, die je 50 Kilogramm wiegen. Dieser wandelnde Fleischvorrat von 35 000 Kilogramm mag 300 Jagdechsen versorgen, die ebenfalls je 50 Kilo wiegen. Das Räuber-Beute-Verhältnis dieses Systems beträgt demnach 0,3 oder 30 Gewichtsprozent (15 000/50 000; im Nenner wird die Summe der Räuber- und der Beutegewichte eingesetzt, da die verendeten Echsen als Aas von ihren Artgenossen vertilgt werden können). Aufgrund ihrer hohen Stoffwechselrate haben Säugetiere einen größeren Appetit als Echsen, daher könnte dieselbe Antilopenherde nur etwa 40 gleich große Raubkatzen ernähren, was einem Räuber-Beute-Verhältnis von gut 0,05 oder rund 5 Prozent (2000/37 000) entspricht. Wenn wir also, so Bakker, sämtliche Individuen in einem Räuber-Beute-System zählen könnten, sollte sich zeigen, dass der Mengenanteil der Fleischfresser höher liegt, wenn diese wechselwarm sind, als wenn es sich um Warmblüter handelt. Dies gilt nicht nur für heutige Ökosysteme aus Antilopen und ihren Jägern, sondern genauso für prähistorische Ökosysteme aus Pflanzen fressenden und Fleisch fressenden Dinosauriern. Natürlich kann man in der Praxis kein komplettes Räuber-Beute-System auswiegen, und sogar Überschlagsrechnungen sind mit großen Unsicherheiten behaftet, aber die zwingende Logik dieses Zusammenhangs zwischen Stoffwechselrate und Raubtierhäufigkeit war so bestechend, dass der Enthusiast Bakker sich zumindest daran versuchen wollte.

Seine umfangreichen Recherchen zu diesem Thema erbrachten hochinteressante Ergebnisse. Bei den heute lebenden Fleisch fressenden Kaltblütern (29 Untersuchungen an Wirbellosen, sieben an Wirbeltieren) liegen die Quotienten[16] stets über zehn Prozent (also zehn Kilogramm Jäger pro 100 Kilogramm Beutetier), manchmal sogar bei satten 60 Prozent, während sie bei den warmblütigen Jägern (18 Untersuchungen an Säugetieren) immer unter zehn Prozent blieben – ein ähnlich deutlicher Unterschied wie im obigen Antilopen-Beispiel. Im frühen Perm (Abb. 3.1) wurde das Festland von kaltblütigen Reptilien und Amphibien beherrscht, deren bekanntestes der Pelycosaurier *Dimetrodon* (Abb. 3.2) mit dem markanten Hautsegel auf dem Rücken ist. Das Räuber-Beute-Verhältnis, das man aus den Versteinerungen des frühen Perm ermittelte, war hoch: typischerweise über 40 Prozent. Auf dieselbe Weise durchforstete Bakker amerikanische

[16] Bei den rezenten Arten rechnete Bakker mit den Produktivitätseffizienzen, also der Gesamtenergie, die im Gewebe aller Tiere der Population zum Wachstum und zur Reproduktion genutzt wird, geteilt durch die mit der Nahrung aufgenommene Gesamtenergie abzüglich der Verluste durch Auswürgen und Koten. Nach Bakkers Ansicht sollten sich die beiden Maße, also die Produktivitätseffizienzen (in Prozent ausgedrückt) und die aus Fossilfunden abgeschätzten Räuber-Beute-Verhältnisse (ebenfalls in Prozent), nicht viel nehmen.

Säugetierfossilien aus dem Känozoikum (jünger als 65 Millionen Jahre) und erhielt stets Räuber-Beute-Verhältnisse von unter fünf Prozent. So weit, so gut. Aber wie stand es mit den Dinosauriern? Bakker wertete fossilienhaltige Gesteinsformationen aus China, Europa, Afrika und Amerika aus und stellte fest, dass räuberische Dinosaurier ausgesprochen rar waren. Die Mengenverhältnisse lagen zwischen zwei und sechs Prozent und damit im selben Spektrum wie für fossile und für rezente Säugetiere. Bakker erklärte, da die Dinosaurier den Säugern in ihrem Räuber-Beute-Verhältnis glichen, müssen sie ihnen auch physiologisch sehr ähnlich gewesen sein.

Betrachtet man die Gesamtheit der von Bakker und seinen Mitstreitern zusammengetragenen Belege, so ergibt sich ein stimmiges, triftiges und empirisch gut untermauertes Bild. Die Skelettanatomie der Dinosaurier deutet darauf hin, dass diese Tiere kräftig und aktiv waren. Was Körperhaltung, Gangart und Herztätigkeit angeht, hatten sie mit Reptilien nicht viel gemein; sie erinnern vielmehr stark an heutige große Säugetiere. Die Knochen der Dinosaurier weisen auf ein schnelles Wachstum und in etwa konstante Körpertemperaturen hin. Man hat Dinosaurierfossilien in polaren Gegenden gefunden, in denen kein wechselwarmer Vierfüßer es lange ausgehalten hätte, und die Räuber-Beute-Verhältnisse zwischen Fleisch und Pflanzen fressenden Dinosauriern liegen in derselben Größenordnung wie die der Säuger – sowohl der lebenden als auch der ausgestorbenen Arten. Bakker hatte bestimmt Recht: Die Dinosaurier müssen Warmblüter gewesen sein.

Überzeugt? Ich war es jedenfalls, als ich im Studium davon hörte. Aber die paläontologischen Profis sind ein skeptischer Haufen. Paläophysiologische Schlussfolgerungen beruhen auf vielen, vielen Schichten von kleinsten Indizien, und man muss jede Schicht für sich sorgfältig unter die Lupe nehmen. Theorien über das Innenleben ausgestorbener Lebewesen sind per se komplex und gelten so lange als suspekt, bis sie ihre Unschuld unter Beweis gestellt haben. Um die kollektive Meinung einer Gemeinde notorischer Zweifler zu untergraben, muss man schon mehr auffahren als bloß Triftigkeit, innere Konsistenz und einen Haufen empirischer Indizien.

Bald schon wurden kritische Stimmen laut. Zum Beispiel war das Klima im Erdmittelalter im Durchschnitt deutlich wärmer als heute; die tropische und subtropische Zone reichten viel näher an die Pole, also hätte die Warmblütigkeit möglicherweise gar keine echten Vorteile mit sich gebracht. Ja, im Grunde hätten wechselwarme Tiere es sogar besser haben können. Ihre schiere Masse[17] und das günstige Klima hätten ausgereicht, um die Dinosaurier warm zu halten, sodass es Verschwendung gewesen wäre, viel Energie in eine aufwändige Thermoregulation zu investieren. Um dieses Argument zu entkräften, stellte Bakker klar, dass ein massen-homoiothermer Dinosaurier in einem warmen Klima zwar weniger starken Körpertemperaturschwankungen ausgesetzt gewesen wäre als eine 20 Gramm leichte Echse, gleichwohl hätte er nicht ständig eine gleichmäßig hohe Temperatur halten können wie ein Säugetier. Schon ein Körpertemperaturabfall von 38°C auf 30°C hätte die Rate der physiologischen Vorgänge um ungefähr 40 Prozent reduziert. Nach Bakkers Überzeugung hätten Massen-Homoiotherme der warmblütigen Konkurrenz in den Disziplinen Verdauen, Wachsen, Rennen, Paaren und Kämpfen langfristig nicht das Wasser reichen können.

Andererseits *gab* es im Mesozoikum gar keine großen, warmblütigen Konkurrenten. Aus irgendwelchen Gründen war es den Dinosauriern gelungen, sich zu enormer Größe aufzuschwingen, während die Säugetiere klein blieben. Dass große Säuger die Massen-Homoiothermen in direkter Konkurrenz ausgestochen hätten, mag wohl sein. Doch zunächst einmal hätten aus den mäusekleinen, Insekten fressenden Säugetieren jener Zeit Pflanzenfresser von Elefantengröße werden müssen, während hinter jedem Busch ein fleischhungriger, zähnefletschender Massen-Homoiothermer lauerte, der beachtliche Geschwindigkeiten er-

[17] Die meisten Dinosaurier, von denen wir Überreste gefunden haben, waren groß; *Compsognathus*, nicht viel größer als ein Hühnchen, ist eher ein Ausnahmefall. Vielleicht hat es aber viel mehr kleine Arten gegeben, deren zarte Knochen sich einfach viel schlechter erhalten haben als zum Beispiel die massigen Skelette von Riesen wie *Brontosaurus*.

reichen konnte. In seinem Buch *The Dinosaur Heresies* bringt Bakker in Bezug auf den Komodowaran (den die Einheimischen Ora nennen; Abb. 4.7) einen ähnlichen Einwand vor: Wie konnte ein derart großes und furchteinflößendes, zugleich immer noch wechselwarmes Raubtier überhaupt entstehen? »Der Waran kann nur da überleben, wo ihm keine großen, Fleisch fressenden Säugetiere in die Quere kommen ... Auf der Insel Komodo hat es in der freien Natur niemals große, Fleisch fressende Säugetiere gegeben. (Die Einheimischen halten sich Hunde, aber diese bedauernswert kümmerlichen Geschöpfe stellen für den Ora keine ernste Bedrohung dar.)«

Die großen, wehrhaften Komodowarane haben von Hunden nichts zu befürchten. Warum hätten die massen-homoiothermen Dinosaurier sich damals vor nachtaktiven, Insekten vertilgenden Säugetieren von Mäusegröße in Acht nehmen sollen? Andererseits: Können massen-homoiotherme Dinosaurier das Festland wirklich über 140 Millionen Jahre hinweg derart unangefochten dominiert haben? Hätten die Säugetiere wirklich *keinerlei* Chance gehabt, sich zu großen Tieren zu entwickeln? Bakker sagt nein. Andere sagen ja. Es scheint sich um eine Glaubensfrage zu handeln.

Das zeitweise milde Klima des Mesozoikum könnte auch die Existenz der Polarkreis-Dinosaurier erklären, meinten Bakkers Kritiker. Aus der Entstehungszeit der Dinosaurierfossilien gibt es an den Polen kaum Belege für Eis und Schnee, also lagen die Temperaturen womöglich oberhalb der Toleranzgrenze kaltblütiger Tiere. Die kühlen, dunklen Winter waren sicher lebensfeindlich, aber viele Tiere unternehmen lange Wanderungen, um den Übeln dieser Jahreszeit zu entfliehen, und vielleicht hielten es die Dinosaurier genauso. Wanderdinosaurier hätten ihre Körpertemperatur ganzjährig mehr oder weniger stabil halten können, womit sich Bakkers Isotopenbefunde erklären ließen. Dinosaurier hätten sich wie (zugegebenermaßen sehr langsame) Karibus verhalten können: im Sommer nach Norden ziehen, um sich an der üppigen Vegetation zu laben, und sich zu Beginn des Winters nach Süden absetzen.

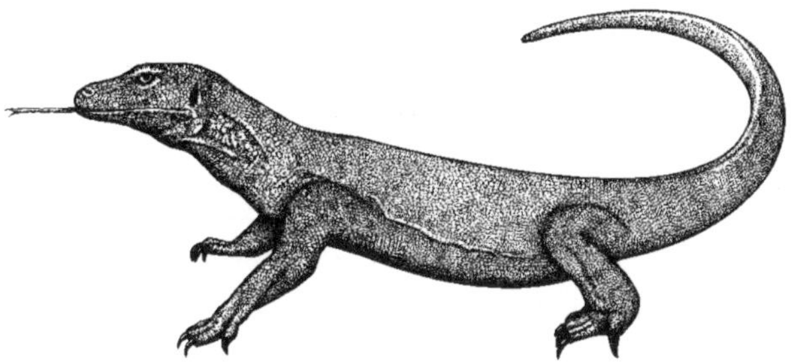

4.7 Die Männchen des furchteinflößenden Komodowarans können über drei Meter lang werden.

Bakkers Gegner wiesen auch darauf hin, dass niedrige Aktivitätsniveaus und Kaltblütigkeit nicht zwingend gekoppelt sind, obwohl beides bei den rezenten Wirbeltieren stark miteinander korreliert. Unter Laborbedingungen verhalten sich einige kleine Eidechsen ebenso aktiv wie kleine Säuger. Fische können sehr agil sein, ebenso Moskitos und Stubenfliegen. Jeder, der schon einmal Zeuge einer Klapperschlangenattacke war oder mit einem Krokodil an Land konfrontiert wurde, wird einräumen, dass kaltblütige Tiere sich ausgesprochen schnell bewegen können, wenn es darauf ankommt. Sicher, die heute lebenden Reptilien halten hohe Aktivität nicht so lange durch wie Säugetiere, aber wie lange braucht man schon, um sich bei Gefahr ins Dickicht zu schlagen? Und wie weit müsste ein kaltblütiger Pflanzenfresser überhaupt fliehen, dem ein ebenfalls kaltblütiger Beutegreifer auf den Fersen ist? Das Ausdauerproblem hätte Jäger und Gejagte gleichermaßen betroffen. Dinosaurier-Verfolgungsjagden könnten ziemlich kurze, aber heftige Angelegenheiten gewesen sein. Kurzfristige körperliche Höchstleistungen können für das Überleben der Arten (sowohl der Raub- als auch der Beutetiere) ebenso ausschlaggebend sein wie Ausdauer. Zwar scheinen die Körper einiger Dinosaurier für Hochgeschwindigkeit konzipiert zu sein, aber Bakkers Annahme, dass sie auf *ausdauerndes* Rennen hin optimiert waren, steht auf wackeligen Füßen.

Als Nächstes nahm man die Schlussfolgerungen aus den Knochenstruktur-Untersuchungen unter Beschuss. Tomasz Owerkowicz verglich aktivere und trägere Echsenarten und stellte fest, dass die Knochenstruktur der sportlicheren Echsen genau die Eigenheiten aufwies, die man für einen Indikator schnellen Wachstums gehalten hatte. Demnach zeigt diese Textur eher eine aktive Lebensweise als Warmblütigkeit an. Auch findet man in vielen kleinen Vögeln und Säugetieren keine faserige Knochentextur, was darauf hindeutet, dass die Größe oder die Lebensdauer des Tieres eine Rolle spielen könnte. Der Zusammenhang zwischen Knochenstruktur und Warmblütigkeit ist also alles andere als eindeutig: Vermutlich hängt die Struktur irgendwie mit der Wachstumsgeschwindigkeit, dem Stoffwechsel, der Körpergröße, dem Aktivitätsniveau, der Knochendicke oder einer Kombination mehrerer dieser Faktoren zusammen.

Andere Knochenstruktur-Analysen sind sogar als Belege für die Kaltblütigkeit der Dinosaurier ins Feld geführt worden. Bei einer Reihe von Dinosaurierfossilien hat man geringelte Knochen gefunden: Helle Zonen mit normal abgelagertem Knochenmaterial wechseln sich mit dunkleren Ringen ab, die man als Wachstumsstillstandslinien bezeichnet. Sie könnten auf jahreszeitliche Wachstumsschwankungen hindeuten, wie man sie von vielen heutigen wechselwarmen Tieren kennt, die im Winter – wenn überhaupt – nur langsam wachsen. Da Warmblüter sommers wie winters ungefähr dieselbe Körpertemperatur halten, ist ihre Wachstumsrate ganzjährig mehr oder weniger gleichmäßig. Doch auch hier kennt man Ausnahmen. Auch die Knochen mancher warmblütiger Tiere weisen Wachstumsstillstandslinien auf, weil sie zu bestimmten Jahreszeiten hungern müssen; außerdem verändert sich die Wachstumsrate, wenn die Tiere erwachsen werden. Und bei manchen wechselwarmen Tieren sucht man die »Jahresringe« in den Knochen vergebens. Wir wissen einfach nicht genug über die Ursachen der Knochentexturmuster, um die Bedeutung solcher Unterschiede richtig einschätzen zu können.

Wie steht es um die Verwandtschaft zwischen Dinosauriern und Vögeln? Die Mehrheit der Paläontologen vermutet, dass die unmittelbaren Vorfahren der Vögel Fleisch fressende Dinosaurier waren, die so genannten Theropoden. In diesem Fall muss die Warmblütigkeit irgendwo in dieser Entwicklungslinie – von den Ahnen der Dinosaurier über die Dinosaurier bis zu den Vögeln – entstanden sein, aber die große Frage ist: Wann? Selbst wenn die vogelähnlichen Dinosaurier wie *Caudipteryx* und *Protarchaeopteryx* warmblütig waren, verrät uns das noch nichts über *Triceratops*, *Brontosaurus*, *Stegosaurus* und andere weit entfernte Äste des stark verzweigten Dinosaurierstammbaums. Der Nachweis der Warmblütigkeit einzelner Dinosaurierarten steht auf einem ganz anderen Blatt als der Nachweis, dass alle oder die meisten oder zumindest irgendwelche Arten außerhalb dieser speziellen Auswahl warmblütig waren.

Und die Räuber-Beute-Mengenverhältnisse? Die Paläontologen erkannten Bakkers Scharfblick und Datensammelfleiß an, was sie aber nicht davon abhielt, Einwände gegen seine Untersuchungen vorzubringen. In der Paläontologie hat man tagein, tagaus mit den Mängeln der lückenhaften, schwer zu deutenden Chronik zu kämpfen, die sich aus den raren Fossilienfunden zusammenfügt, und alle Beteiligten sind sich der Unsicherheiten paläontologischer Rekonstruktionsversuche nur zu bewusst. Verglichen mit der Zahl der Tiere, die damals die Erde bevölkert haben, ist der Anteil der Körper, die versteinert sind und gefunden wurden, unglaublich klein. Woher wollen wir wissen, ob die Tiere, deren Überreste man gefunden hat, wirklich vor Ort gestorben sind? Vielleicht ist ein Fluss über die Ufer getreten und hat die Kadaver mit sich fortgetragen. Vielleicht haben Aasfresser ihr Futter an einen sicheren Ort geschleppt. Vielleicht hatten Fleisch fressende Dinosaurier eine viel längere Lebensspanne als Pflanzen fressende und sind nur deshalb so selten bei den Knochenfunden vertreten. Auch hatten solche Jäger im Allgemeinen schlankere, fragilere Knochen als die großen Pflanzenfresser, von denen sie lebten; vielleicht haben sich ihre Überreste deshalb schlechter gehalten. Wissen wir überhaupt genug über die durchschnittliche Lebensdauer großer Landlebewesen und über ihre räumliche Verteilung, um aussagekräftige Räuber-Beute-Verhältnisse aufzustellen? Nach Ansicht der Kritiker enthält diese Rechnung einfach zu viele Unbekannte, um sie als schlüssigen Beleg für was auch immer gelten zu lassen.

Inzwischen sind Sie vielleicht zu der Einsicht gelangt, dass die Verfechter der Kaltblut-Dinosaurier-Hypothese nicht bloß schlecht gelaunte Spielverderber waren. Sicher, Bakker und seine Mitstreiter waren ziemlich lange diejenigen, die die Dinge aktiv vorantrieben, während sich das Kaltblüterlager lediglich passiv damit zufrieden gab, Lücken in der Warmblüterargumentation ausfindig zu machen. Kritische Fragestellungen bilden das Rückgrat der Naturwissenschaften, daher ist an dieser Taktik nichts auszusetzen. Dennoch wären eindeutige Belege für die Kaltblütigkeit viel überzeugender und befriedigender gewesen als das Herumhacken auf Bakkers Indizienketten. Solche Belege ließen in der Tat lange auf sich warten, aber jetzt liegen sie vor. Sie drehen sich – wieder einmal – um jene filigranen Gebilde, die manche Tiere in der Nase tragen: die Turbinalia.

John Ruben und seine Mitarbeiter schoben die Schädel zweier Fleisch fressender Dinosaurier und einer Entenschnabel-Echse in einen axialen Computertomographen, der sonst zu medizinischen Zwecken eingesetzt wird. So konnten sie die Innenstrukturen der Schädel dreidimensional erfassen und als Computergrafik betrachten. Von Turbinalia oder Nasenmuscheln fanden sie keine Spur. Das ist nicht sonderlich überraschend, da diese hauchfeinen Gebilde während der Versteinerung leicht abhanden gekommen sein können. Jedoch ist der Nasengang bei denjenigen Säugetieren und Vögeln, die Turbinalia besitzen, im Querschnitt normalerweise etwa viermal so groß wie bei den heutigen Reptilien. Anhand der Computertomographien konnte Ruben die Querschnittsfläche der Dinosauriernasengänge ausmessen, und seine Ergebnisse waren eindeutig: Dinosauriernasen sind – relativ zur Körpergröße – in etwa so geräumig wie Eidechsen- und Krokodilnasen und deutlich enger als Säugetier- und Vogelnasen. Das deutet nach Ansicht dieser Forschergruppe darauf hin, dass Dinosaurier wechselwarm waren.

Ein Jahr darauf veröffentlichten Ruben und seine Kollegen eine weitere Arbeit, die der Vorstellung von warmblütigen Dinosauriern endgültig den Todesstoß zu versetzen schien. Darin ging es um unseren alten Bekannten *Sinosauropteryx*, jenen rätselhaften, Fleisch fressenden Dinosaurier aus China, der eng mit den Vögeln verwandt zu sein scheint. Ruben fühlte sich beim Anblick dieses Fossils jedoch eher an ein Krokodil erinnert. Sowohl Säugetiere als auch Krokodile haben eine deckenartige Muskelwand in der Leibeshöhle, die das Herz und die Lunge (also den Bereich der Brusthöhle) von der Leber und den restlichen inneren Organen (der Bauchhöhle) trennt. Diese Scheidewand, das Zwerchfell, ist bei Säugern und Krokodilen verschiedenartig aufgebaut, erfüllt jedoch in beiden denselben Zweck: Die Rückwärts- (beim Krokodil) oder Abwärtsbewegung (beim stehenden Menschen) des Zwerchfells dehnt die Brusthöhle aus und saugt damit Luft in die Lungen.[18] Wie bereits erwähnt, haben Vögel ein ganz anderes Atmungssystem und, ganz wichtig, überhaupt kein Zwerchfell. Als Ruben das *Sinosauropteryx*-Fossil aus China betrachtete, stach ihm eine Eigenheit sofort ins Auge: Dieser vogelähnliche Dinosaurier hatte eine Leibeshöhle, in der sich deutlich eine Vorder- und eine Hinterhälfte unterscheiden ließen, genau wie bei einem Krokodil. Wenn die Lungen des *Sinosauropteryx* einfach zwerchfellgesteuerte Blasebälge waren wie beim Krokodil, dann lag die Schlussfolgerung nahe,

[18] Die Lungen der Säugetiere bestehen aus Millionen winziger Bläschen (Alveolen), die dicht mit Blutgefäßen ausgekleidet sind. Wenn das Zwerchfell eines Säugers sich zusammenzieht und der Lungenhohlraum sich vergrößert, dehnen sich alle Alveolen wie Miniaturblasebälge aus. Das Ausatmen wird vor allem durch das elastische Zurückschnellen dieser Gebilde bewerkstelligt. Diese Art der Atmung, im Verbund mit einer reichen Blutzufuhr und einer sehr dünnen Blut-Luft-Schranke, ermöglicht den Säugetieren eine effektive Sauerstoffversorgung des Gewebes, die für ihre hohe Aktivität vonnöten ist. Die Reptilienlunge ist hingegen wie eine einzelne, übergroße Säugetieralveole aufgebaut und wird durch Einwüchse (Septen) in mehrere Kompartimente aufgeteilt; im Querschnitt sieht sie ein bisschen wie ein Wagenrad aus. Der Gasaustausch spielt sich vor allem an den Septen ab. Die Reptiliensepten sind weniger dicht mit Blutgefäßen durchzogen als die Lungenbläschen der Säugetiere; ein Großteil der Flächen ist kaum durchblutet und trägt lediglich zur Luftströmung durch die Lunge bei. Obwohl Säuger- und Reptilienlungen im Prinzip beide wie Blasebälge funktionieren, die die Luft erst ansaugen und dann in entgegengesetzter Richtung wieder ausstoßen, arbeitet das Atmungsorgan der Säugetiere aufgrund seines anders gearteten Aufbaus beim Gasaustausch viel effektiver.

dass diese Tiere den hohen Gasaustausch, der zum Beispiel den Vögeln ihre hohen körperlichen Leistungen ermöglicht, womöglich gar nicht zuwege brachten. Anders ausgedrückt: Ein krokodilähnlicher innerer Aufbau des *Sinosauropteryx* passt am besten zu einem krokodilähnlichen Stoffwechsel.

Wie reagierten die Befürworter der Warmblut-Dinosaurier-Hypothese auf diese neuen Indizien? Nun, in etwa so wie kurz zuvor die Gegenseite: Sie witterten eine Gelegenheit, die Schwachstellen in der Interpretation der neuen Befunde aufzuspüren, und hatten wenig Skrupel, ihre Finger in die Wunden zu legen. Zunächst einmal ist die Tatsache, dass man in einem Fossil keine Turbinalia gefunden hat, noch kein Beweis, dass das Tier keine Turbinalia hatte. Organische Substanzen lassen sich nur schwer in Stein verwandeln. Die Entwicklungsgeschichte der Säugetiere ist beispielsweise größtenteils aufgrund von Zahnfunden rekonstruiert worden, denn Zähne haben von allen Körperbestandteilen noch die besten Chancen, zu Fossilien zu werden. Wenn schon Schädel und Schenkelknochen den langwierigen Versteinerungsprozess höchst selten überstehen, wie gering ist dann die Wahrscheinlichkeit bei zartesten Knochenblättchen! Und die Turbinalia der Vögel – vielleicht auch die der Dinosaurier? – bestehen größtenteils aus Knorpel, der sich noch leichter zersetzt als Knochen. Außerdem scheinen Wale und Elefanten auch ohne Turbinalia sehr gut über die Runden zu kommen. Und Kiwis haben trotz ihrer Turbinalia extrem enge Nasengänge – viel enger als die von Rubens Dinosauriern. Vielleicht kannten die Dinosaurier auch andere Methoden, ihren Wasserverlust zu begrenzen. Vielleicht tranken sie mehr. Wir wissen, dass die Dinosaurier ein wassersparendes Exkretionssystem auf Harnsäurebasis betrieben, genau wie die meisten heutigen Reptilien, während die Säugetiere vornehmlich Harnstoff ausscheiden und dabei mehr Wasser einbüßen. Wenn die Dinosaurier ihren Wasserverlust auf anderen Wegen reduzieren konnten, dann hätten sie auf Turbinalia – und damit auf erweiterte Nasengänge – gut verzichten können. In Tieren mit großen Gehirnen (wie Vögeln und Säugern) können die Turbinalia auch deren Kühlung dienen, aber die Gehirne der Dinosaurier waren relativ klein und bedurften vielleicht keines Kühlsystems. Sind die Turbinalia in erster Linie zum Wasserrückhalt bei der Atmung oder zur Gehirnkühlung entstanden, oder war beides wichtig? Diese Einwände mögen vage und kleinlich erscheinen, aber nach einer Phase pedantischer Anwürfe ihrer Gegner zahlen die Warmblut-Advokaten es ihnen nun mit gleicher Münze heim.

Wie wir im letzten Kapitel gesehen haben, hatten einige der säugetierähnlichen Reptilien Turbinalia – zumindest deuten Ansatzstellen in manchen Schädeln darauf hin –, die auf eine Warmblütigkeit dieser Tiere verweisen. Wenn die Unterstützer der Kaltblut-Dinosaurier-Hypothese Recht haben, müsste die historische Abfolge der dominanten großen Landlebewesen also wie folgt ausgesehen haben: Zunächst gab es warmblütige, säugerähnliche Reptilien, dann herrschten wechselwarme, massenhomoiotherme Dinosaurier vor, und schließlich setzten sich die warmblütigen Säugetiere durch. Ist eine solche Sequenz plausibel? Die Verfechter der Warmblut-Hypothese sagen nein: Wenn sich die kaltblütigen Massen-Homoiothermen gegen ihre warmblütige Reptilienkonkurrenz durchsetzen konnten, warum haben sie dann später gegen andere Warmblüter den Kürzeren gezogen? Warum sind wir heute nicht von zwei Tonnen schweren Reptilien umgeben, zumindest in den Tropen? Andere Leute halten dieses Argument für schwachbrüstig, da die rezenten Reptilien kaum als Modelle für die Dinosaurier taugen. Und so dreht sich die Auseinandersetzung zurzeit im Kreis.

Wie steht es jetzt um den chinesischen *Sinosauropteryx* und sein vermeintlich krokodilähnliches Zwerchfell? Dieses Schlüsselindiz sollte der Warmblut-Front doch ein wenig Demut und Bescheidenheit eingebläut haben. Keineswegs! In Rubens Rekonstruktion sah das Kolbenatmungssystem des *Sinosauropteryx* in der Tat wie das eines Krokodils aus, aber damit ähnelte es zugleich der Säugetieratmung. Kein anderes Reptil hat eine kolbenartig verschiebbare Muskeldecke wie das Zwerchfell des Krokodils; die Eidechsen begnügen sich zum Beispiel damit, ihren Brustkorb auszudehnen, um Luft in ihre Lungen zu saugen. Man nimmt gemeinhin an, dass ihr zwerchfellgestütztes Atmungssystem den Säugetieren einen ausreichend hohen Gasaustausch für den Betrieb eines Warmblüter-Stoffwechselsystems ermöglicht. Der Kolbenhub des *Sinosauropteryx* könnte denselben Zweck erfüllt haben. Klarheit könnte uns nur ein Blick auf die Lungen des Tieres verschaffen, aber unglücklicherweise liegt die Wahrscheinlichkeit, dass wir irgendwo ein Dinosaurierfossil finden, in dem auch das äußerst empfindliche Lungengewebe versteinert ist, dicht bei null. Ohne Informationen über die Lungenstruktur lässt sich die Funktion des kolbenähnlichen *Sinosauropteryx*-Belüftungssystems unmöglich aufklären. Wahrnehmungsdifferenzen treten erschwerend hinzu: Während manche Paläontologen bei dem versteinerten *Sinosauropteryx*-Exemplar eine Scheidewand zwischen Brust- und Bauchhöhle zu erkennen meinen, sehen andere nur einen Sprung im Gestein, der von jenem Bauern verursacht wurde, der den Brocken gefunden und mit großem Enthusiasmus, aber wenig paläontologischem Sachverstand ausgegraben hat. Anschließend hat dieser gutmeinende Zeitgenosse den Riss zudem mit farbigem Zement und Klebstoff gekittet. Wer irrt? Keiner weiß es mit Sicherheit. Zum Glück tauchen in Chinas Gestein mehr und mehr Vogeldinosaurier auf, sodass wir vielleicht nur abwarten und Tee trinken müssen. Nicht alle Paläontologen sind so geduldig.

Wie lautet nun das vorläufige Endergebnis nach 30 Jahren voller Untersuchungen und heißer Debatten? Sicher ist nur, dass die Stoffwechsel-Paläontologie weiterhin ein fesselndes Gebiet ist, an dem sich einige der besten und begnadetsten Naturwissenschaftler unserer Zeit die Zähne ausbeißen. Ökologie, Paläontologie, Geologie, Histologie, Biogeografie, Paläoklimatologie, Evolutionsbiologie, Isotopen-Geochemie: Welches andere Fach verlangt seinen Experten ein derart breit gefächertes Wissen und Können ab? Die Diskussion war lang, anstrengend und manchmal voller Bitterkeit, aber für mich illustriert sie die Großartigkeit des wissenschaftlichen Strebens. Die Ursprungsfrage ist nach wie vor offen und wird vielleicht nie definitiv beantwortet werden, aber die Auseinandersetzung hat Angehörige vieler naturwissenschaftlicher Disziplinen dazu bewogen, einige der grundlegendsten Probleme der Biologie erneut und mit geschärfter Aufmerksamkeit zu durchdenken. Als die Paläontologen die Physiologen und Biochemiker mit ihren inquisitorischen Fragen bedrängten, mussten Letztere einräumen, dass sie im Grunde immer noch nicht wissen, was es mit der Warmblütigkeit auf sich hat. Die Histologen verstehen immer noch nicht richtig, warum Knochen so aussehen, wie sie aussehen. Die Evolutionsbiologen sind sich nicht sicher, wie und warum sich die Warmblütigkeit entwickelt hat. Die Ökologen und Biogeografen sahen sich gezwungen, erneut über den Einfluss des Stoffwechsels auf die Populationsgröße und das Wachstum nachzudenken, ebenso über Klimatoleranz, geografische Verbreitung, Habitatwechselwirkungen, Konkurrenzinteraktion, Räuber-Beute-Systeme, die Organisation von Lebensgemeinschaften, Reaktionen auf Umweltveränderungen und vieles mehr. Die meisten Naturwissenschaftler untersuchen das Jetzt, aber die Paläontologen haben, indem sie die Bilder seltsamer und großartiger Monster der fernen Erdvergangenheit heraufbeschworen, viele Naturwissenschaftler angeregt, über das Jetzt hinauszudenken und sich dem größeren Reich des Möglichen zuzuwenden, also den schmalen, nicht repräsentativen Zeitausschnitt namens Gegenwart wieder in den großen Zusammenhang der Geschichte einzufügen. Auf dieses Verdienst kann unsere Zunft stolz sein, auch wenn sich die Antwort auf unsere Ausgangsfrage immer noch jedem Zugriff entzieht.

Wie müssten die Belege zur endgültigen Klärung der Frage aussehen? Weitere Räuber-Beute-Untersuchungen und ein besseres Verständnis der Knochenstruktur wären hilfreich, aber angesichts ihrer immanenten Unsicherheiten erwarte ich aus diesen beiden Richtungen keine definitiven Durchbrüche. Wenn man Dinosaurier mit Turbinalia fände, würde das die Waage spürbar in Richtung Warmblütigkeit ausschlagen lassen, aber weitere Nachweise fehlender Turbinalia würden an unserer gegenwärtigen Unkenntnis des Wasserhaushalts der Dinosaurier nicht viel ändern. Sorgfältig durchgeführte Isotopenuntersuchungen an Reptilien-, Säugetier- und Dinosaurierknochen aus denselben

Fundstellen wären höchst informativ. Wenn das Sauerstoffisotop-Verhältnis der Dinosaurier beharrlich dem der Reptilien gliche und von dem der Säuger abwiche, wäre das ein herber Schlag für das Warmblüter-Szenario. Unzweifelhafte Befunde, denen zufolge *Sinosauropteryx* und seine Anverwandten reptilientypische Lungen gehabt haben, hätten dieselbe Wirkung. Die Situation ist faszinierend, die Waage derart in der Schwebe, dass sie weitere Forschungen und die Suche nach neuen Fossilien eindringlich herausfordert.

Die klare Warmblut-Kaltblut-Alternative hat die Diskussion über die Physiologie der Dinosaurier bislang dominiert, aber im Laufe des letzten Jahrzehnts hat sich eine dritte Möglichkeit herauskristallisiert, der immer mehr Paläontologen Aufmerksamkeit schenken. Vielleicht waren die Dinosaurier weder aufgepeppte Krokodile noch überdimensionale Vögel noch Säugetierverschnitte, sondern etwas Einzigartiges, mit keiner rezenten Lebensform Vergleichbares. Vielleicht lagen ihre Stoffwechselraten zwischen denen der Krokodile und der Säuger. Vielleicht unterschieden sich die Umsatzraten oder die Stoffwechselmechanismen von Ast zu Ast ihres weit ausladenden Stammbaums. Wie würde sich ein aktiver, zehn Tonnen schwerer, kaltblütiger Beutegreifer mit einem Hochdruckherzen und einer Vogel-Lunge in einem tropischen Umfeld machen? Wozu wäre ein solches Tier fähig? Wenn man einen ganzen Schwung von Dinosauriern mit einer solchen metabolischen Ausstattung in den afrikanischen Tropen aussetzte, wer würde das Rennen machen? Würden *Tyrannosaurus* und *Triceratops* von den gegenwärtigen Beherrschern der terrestrischen Lebensräume unseres Planeten verdrängt, oder wären diese schrecklichen Riesenechsen selbst für das mächtigste Säugetier einfach zu viel? Auch wenn wir nicht genau wissen, wie Dinosaurier die Verhältnisse in ihren Körpern gesteuert haben, eines ist klar: Sie waren allen anderen mesozoischen Tieren gegenüber so sehr im Vorteil, dass sie über mehr als 140 Millionen Jahre hinweg die Welt der großen Landlebewesen dominiert haben. Die Bedeutung dessen kann man gar nicht stark genug hervorheben: Im Mesozoikum haben die Dinosaurier bei der Aufgabe, an Land zu leben und dabei groß zu sein, am besten abgeschnitten. Diese Nische haben sie über eine unvorstellbar lange Zeit hinweg erfolgreich gegen alle Nicht-Dinosaurier-Reptilien verteidigt. Selbst die Säugetiere, die die Nische der terrestrischen Riesen heutzutage so eindrucksvoll besetzt halten, hatten damals keine Chance, die Dinosaurier vom Thron zu stoßen. In der gesamten Entwicklungsgeschichte der großen Landlebewesen gab es vermutlich keine anderen Geschöpfe, die eine so lange Blütezeit hatten.

Sowohl die Paläontologen als auch die Öffentlichkeit sind heute willens, den Dinosauriern den Respekt zu zollen, den sie sich mit 140 Millionen Jahren unangefochtener Hegemonie verdient haben. Aber wie ein Blick in die menschliche Geschichte so eindrucksvoll belegt, geht auch die mächtigste Dynastie irgendwann zugrunde. Der umwerfende Erfolg der Dinosaurier ist im öffentlichen Ansehen stets von einer hässlichen Kleinigkeit überschattet worden: von ihrem (beinahe – wenn man die Vögel ausnimmt) vollständigen Aussterben vor 65 Millionen Jahren. Die Dinosaurier starben aus, die Säugetiere überlebten; wenn das kein eindeutiger Beleg für die Überlegenheit unserer Urahnen ist! Für sich betrachtet, scheint diese unumstößliche Tatsache keinen anderen Schluss zuzulassen, aber wenn man die Ereignisse gegen Ende der Kreidezeit in ihrer Gesamtheit einbezieht, ergibt sich ein anderes Bild, in dem gerade der Erfolg der Dinosaurier zu ihrem Untergang beigetragen hat.

Die meisten Paläontologen gehen heute davon aus, dass die letzten Dinosaurier der Kreidezeit den Folgen eines Asteroiden- oder Kometeneinschlags bei der Yucatán-Halbinsel Mexikos zum Opfer gefallen sind. Die Erde wird ständig mit kleineren Objekten aus dem Weltraum bombardiert, aber dieses Ding war riesig. Mit schätzungsweise zehn Kilometern hatte das Geschoss etwa denselben Durchmesser wie San Francisco, und es raste mit 100 000 Kilometern pro Stunde durchs All. Beim Aufprall schlug es ein 40 Kilometer tiefes Loch in die Erdkruste und setzte dabei die Explosionsenergie von zirka 100 Millionen Wasserstoffbomben frei. Alle Tiere im Umkreis von 3000 bis 4000 Kilometern hatten noch Gelegenheit, einen blendenden Blitz wahrzunehmen, und nach ein paar letzten Augenblicken der Ruhe brach am Himmel ein Inferno los. Alles Leben innerhalb dieses Radius verkohlte. In ganz großem Stil fegten Waldbrände über die Kontinente. Der Ruß vermengte sich in der Atmosphäre mit Millionen Tonnen von Gas und aufgewirbeltem Staub. Bald schon legte sich ein schwarzes Leichentuch über den ganzen Planeten, das das Sonnenlicht vollständig verschluckte. Die Temperatur fiel folglich schlagartig ab, die Pflanzen stellten die Fotosynthese ein und starben. Die beim Einschlag freigesetzte Hitze riss Stickstoff- und Sauerstoffmoleküle auseinander, deren Atome sich zunächst zu giftigem Stickoxid zusammenfanden und dann als konzentrierte Salpetersäure niedergingen. Auf der ganzen Erde fiel saurer Regen. Der Staub setzte sich vielleicht schon nach wenigen Monaten ab, aber die immensen Gasmengen, die der Einschlag in die Atmosphäre geschleudert hatte, lösten vermutlich einen kurzen globalen Winter aus, dem ein sich selbst verstärkender Treibhauseffekt folgte. Die Erde war nicht wiederzuerkennen. Die vorherrschenden großen Tiere der alten Zeit waren stark, wendig, aggressiv und flink gewesen, aber der Yucatán-Einschlag hatte die Regeln des ökologischen Spiels komplett über den Haufen geworfen. Die Tiere, die künftig die Erde beherrschen sollten, zeichneten sich nicht durch Größe aus, sondern durch die Fähigkeit, geduckt durch die Hölle zu kriechen.

In Zeiten extremer ökologischer Krisen scheinen große Landlebewesen besonders hilflos zu sein. Während der Massensterben, die das Perm, die Trias, den Jura und die Kreidezeit beendeten und im Laufe des Känozoikum mehrfach auftraten, wurden die großen Arten ebenso sehr wie oder gar stärker als die kleinen dezimiert. Kleine Tiere brauchen weniger Nahrung, können sich in Höhlen und Nischen verbergen, um den Temperaturextremen oder Witterungswidrigkeiten zu entgehen, und leben oft in riesigen Populationen. Ihre große Individuenzahl ist vielleicht der wichtigste Überlebensfaktor: Zehntausend Elefanten töten ist eine Sache, aber zehn Millionen Ratten? Selbst bei einer »Erfolgsquote« von 99 Prozent würden sich noch 100 000 Nager retten und von vorne anfangen können, während 100 überlebende Elefanten wenig Chancen hätten. Während der Rattenbestand in wenigen Jahren wieder seine Ausgangsstärke erreichen könnte, bräuchten die Elefanten dazu Jahrhunderte, und wenn der kleinen Gründerpopulation in der Zwischenzeit andere Widrigkeiten begegnen, kann sie ganz aussterben. Große Festlandtiere sind auch durch ihre relativ kurze und unflexible Nahrungskette gefährdet: Pflanzenfresser vertilgen große Pflanzenmengen, Fleischfresser große Pflanzenfresser-Fleischmengen. Sobald die Fotosynthese nicht mehr funktioniert, wird dem ganzen System der Boden unter den Füßen weggezogen. Der Nachschub der gigantischen Vegetationsmengen versiegt, die Pflanzenfresser sterben, und bald folgen ihnen die Fleischfresser nach. Kleine Tiere können hingegen in den Ecken und Winkeln des Ökosystems noch genug Nahrung aufspüren, um die mageren Zeiten durchzustehen: Sie können zum Beispiel nach Samen, Wurzeln und Knollen graben. Kleine Insektenfresser haben das Glück, dass ihr Futter ausgesprochen robust und regenerationsfähig ist und nach einer Umweltkatastrophe schon bald wieder massenhaft zur Verfügung steht. Um eine Katastrophe aus dem All zu überleben, ist man am besten klein, zahlreich, kosmopolitisch und darauf eingerichtet, andere Überlebende aufzufressen.

Die Dinosaurier der späten Kreidezeit waren, verglichen mit Mäusen und Spitzmäusen, allesamt groß und – soweit wir das anhand ihrer Schädel- und Zahnfossilien rekonstruieren können – Glieder jener einfachen Nahrungskette, die bei einer Katastrophe leicht zusammenbricht. Die Pflanzen fressenden Dinosaurier waren von der einfach zugänglichen, oberirdischen Vegetation abhängig, von der sie enorme Mengen vertilgen mussten, und die Fleisch fressenden Dinosaurier konnten nur überleben, solange es diese Pflanzenfresser gab. Sobald die Vegetation einging, fiel das System wie ein Kartenhaus in sich zusammen. Warum sind die Dinosaurier am Ende der Kreidezeit ausgestorben? Wahrscheinlich aufgrund genau jener Eigenschaften, denen sie in den vorangegangenen 140 Millionen Jahren die unangefochtene Vorrangstellung in der Liga der großen Landtiere verdankten.

Aus geologischer Sicht ist die Erde alles andere als ein friedvoller, ausgeglichener Ort. Natürlich hat es immer wieder lange Phasen relativer Stabilität gegeben, aber von Zeit zu Zeit brechen heftige Krisen aus, und keine noch so exzellente Anpassung an ihre »normale« Umwelt garantiert einer Tierart, dass sie auch die anschließenden Turbulenzen überlebt, die unweigerlich auf jede Ruheperiode folgen. Diese Lektion sollten wir Menschen vielleicht endlich verinnerlichen.

Der Einschlag am Ende der Kreidezeit fegte die Dinosaurier von der Erde und ließ in erster Linie Tiere vom unteren Ende des Körpergrößenspektrums am Leben. Die Vogel- und Säugetierfossilienfunde aus jenen letzten Jahren der Kreidezeit sind zu mager, um detailliert Auskunft über das Schicksal dieser Tiere zu geben; sicher ist nur, dass einige von ihnen – anders als die Dinosaurier – das Desaster überlebt haben. Viele Eidechsen-, Schlangen- und Amphibienarten schafften es, und die meisten Krokodil- und Schildkrötenfamilien, die in der späten Kreidezeit weit verbreitet waren, durften auch das Heraufdämmern des Känozoikum noch erleben. Aber im Vergleich zur versunkenen alten Welt war diese neue Ära von Liliputanern bevölkert. Säugetiere wuselten durchs Unterholz oder klammerten sich ans Geäst der Bäume, Vögel flatterten durch die Luft, von Zeit zu Zeit schnellten Schlangen aus ihren Verstecken, um sich pelzige Mahlzeiten einzuverleiben, Eidechsen fuhren da fort, wo sie vor dem großen Knall aufgehört hatten: Sie vertilgten Unmengen von Wirbellosen. Die ökologische Bühne war bereit für die Eroberung der frei gewordenen Plätze durch die Überlebenden der Kreidezeit-Katastrophe. Die Biosphäre hat seither 65 Millionen Jahre Zeit gehabt, mit dem Untergang der mesozoischen Riesen zurechtzukommen. Es war eine spannende Zeit.

Nachtrag

Nach Abschluss dieses Kapitels ist ein weiterer Fachartikel über Dinosaurierphysiologie erschienen, der mir zu wichtig vorkommt, um ihn außen vor zu lassen. Schon seit einiger Zeit wissen die Paläontologen um die Existenz eines hervorragend erhaltenen Theropoden-Dinosaurier-Fossils der Art *Scipionyx samniticus*, das in Italien ans Licht kam. Das Skelett des *Scipionyx* ist weitestgehend komplett und gut in Schuss, mehr noch: Es sind auch Teile seines weichen Gewebes versteinert. John Ruben fuhr nach Italien, um das Exemplar mit einer für Paläontologen ungewöhnlichen Methode zu untersuchen: mit ultraviolettem Licht. Aufgrund der Fluoreszenzeigenschaften der Mineralien, die den *Scipionyx* peu à peu in Stein verwandelt haben, lassen sich die inneren Organe unter UV-Licht klarer ausmachen als bei normalem Tageslicht. Leider haben weder Herz noch Lunge den Versteinerungsvorgang vollständig durchlaufen, aber Ruben zufolge sind die Umrisse der Leber gut zu erkennen, vielleicht weil ein paar Pigmente aus der Gallenflüssigkeit erhalten blieben. Ruben kam zu dem Schluss, dass das Atmungssystem des *Scipionyx* – wie beim Krokodil – mit einer kolbenartigen Muskeldecke ausgestattet war, wie er sie auch bei dem beschädigten *Sinosauropteryx*-Fossil gesehen zu haben glaubte. Wenn Ruben richtig liegt, dann unterschied sich der innere Aufbau zumindest dieses Theropoden grundlegend von dem der Vögel. Noch herrscht keine Einigkeit darüber, was das für den Verwandtschaftsgrad zwischen Theropoden und Vögeln bedeutet; es wirft die Theorie von der Abstammung Letzterer von den Ersteren jedenfalls nicht über den Haufen. Nach der Überzeugung einer Mehrheit der Paläontologen sind die Belege, dass die Vögel aus irgendeinem Zweig des Theropoden-Stammbaums entsprungen sind, einfach erschlagend.

Interessanterweise hat Ruben seine Ansicht über die mögliche Bedeutung des kolbenartigen Atmungssystems für den Stoffwechsel dieser Dinosaurier inzwischen geändert. Zwar beharrt er nach wie vor darauf, dass die meisten Indizien – insbesondere das Fehlen der Turbinalia – auf niedrige Ruhestoffwechselraten der meisten oder aller Theropoden hindeuten. Aber angesichts der Tatsache, dass viele rezente Echsen und Schlangen sich mit einem Atmungssystem begnügen, das die Luft einfach durch Ausdehnung und Kontraktion des Brustkorbs ein- und auspumpt, räumt er ein, dass das Kolbensystem des

Scipionyx für höhere Sauerstoffumsatzraten und damit für ein reptilienuntypisch hohes Aktivitätsniveau gesorgt haben kann. Im *Scipionyx* könnten sich mit anderen Worten die besten Eigenschaften beider Welten vereinigt haben: eine niedrige Ruhestoffwechselrate und eine deutlich höhere Leistungsspitze, sodass das Tier womöglich wie eine Echse dösen und wie eine Gazelle laufen konnte.

Ein verlockender Gedanke, aber er hat zumindest einen Haken: Nach Rubens eigener Theorie zur Evolution der Warmblütigkeit in der Säugetier-Entwicklungslinie sind die Stoffwechselraten im Ruhezustand und bei hoher Aktivität aneinander gekoppelt, sodass jeder natürliche Auslesemechanismus, der den Hochleistungsstoffumsatz eines Tieres steigert, zugleich die Ruhestoffwechselrate anhebt. Diese Koppelung erklärte er damit, dass die gesteigerte aerobe Leistungsfähigkeit der Muskulatur eine gleichzeitige Stärkung der metabolischen Unterstützersysteme erzwinge, die wiederum automatisch zu einem Anstieg des Ruhestoffwechsels führe. Wenn *Scipionyx* einerseits eine reptilientypische Ruhestoffwechselrate hatte und andererseits säugetiertypische Höchstleistungen erbringen konnte, dann muss dieses Tier einen Weg gefunden haben, die Koppelung zu umgehen, die Ruben früher für unauflöslich hielt. Wie hat dieser Dinosaurier es geschafft, sich ein hochaktives Leben zu leisten, ohne die metabolischen Unterstützersysteme auszubauen, was ja zu einem aufwändigeren Ruhestoffwechsel geführt hätte? Beides unter einen Hut zu kriegen, erscheint schwierig, aber nicht unmöglich: Zwar liegt das Verhältnis der Höchst- zur Ruhestoffwechselrate bei den heutigen Vierfüßern fast immer zwischen zehn und 20, aber es gibt ein paar Säugetiere, bei denen es den Faktor 70 erreicht (s. Jones und Lindstedt 1993, Paul 1998). Rubens Einschätzung des *Scipionyx*-Stoffwechsels ist von daher nicht ohne empirische Parallelen, auch wenn sie in Bezug auf die Stoßrichtung seiner alten Theorie ziemlich quer schießt.

5. An den Rändern des Spektrums

Die Saat – das Erbgut der vierfüßigen Überlebenden des verheerenden Einschlags am Ende der Kreidezeit – ist auf das Prächtigste aufgegangen. Die überwältigende Artenvielfalt unter den Landlebewesen, an der wir uns heute erfreuen, stellt die Fähigkeit dieser wenigen Glücklichen unter Beweis, sich der nachmesozoischen Welt anzupassen und ihre Lebensbereiche zu erobern. Unter dem Anpassungsdruck verschiedenartigster Umgebungen bildeten alle möglichen Tiertypen teils erfolgreiche, teils nur sehr kurzlebige und örtlich begrenzte Varianten aus, und ob ihnen Erfolg oder Misserfolg beschieden war, hing zu einem Gutteil vom Kosten-Nutzen-Verhältnis der Stoffwechselmaschinen ab, die sie unterhielten. In späteren Kapiteln werden wir erkunden, wie die Kreidezeit-Überlebenden die verschiedenen Lebensräume eroberten, aber zunächst soll uns die Frage beschäftigen, wie sie mit den Klimabedingungen zurechtkamen, die der Planet Erde ihnen vorgab.

Die Erde ist eine Kugel, die um die Sonne kreist und sich dabei um die eigene Achse dreht. Ihre Rotationsachse ist gegen die Achse der Drehung um die Sonne um einen Winkel von 23,5 Grad geneigt, wodurch die Nord- und die Südhalbkugel während jeder Jahresumdrehung einmal in Richtung Sonne und dann von ihr wegweisen. Die Pole werden also ein Halbjahr überhaupt nicht und im folgenden Halbjahr rund um die Uhr vom Sonnenlicht bestrahlt; im Polarwinter herrscht Dauerdunkel, im Polarsommer Dauerlicht. Nahe an den Polen führt dieser Wechsel von ständigem Sommerlicht und ständigem Winterdunkel zu extremen jahreszeitlichen Temperaturschwankungen. In den mittleren Breiten verändert sich die Tageslänge im Jahresverlauf, in den Tropen hingegen sind Tag und Nacht stets je etwa zwölf Stunden lang. Je näher am Äquator, desto weniger variiert die Temperatur im Laufe des Jahres.

In Polnähe ist es auch viel kälter als in den Tropen. Das hat nichts mit der Gesamtlicht- bzw. -dunkelzeit zu tun, denn über 365 Tag-Nacht-Zyklen aufaddiert, ist es am Äquator genauso lange hell wie an den Polen. An den Polen ist es so kalt, weil das Sonnenlicht dort in einem sehr flachen Winkel auf die Erde trifft. Es hat bereits einen sehr langen Weg durch die Erdatmosphäre (und entsprechend große Energieverluste) hinter sich, wenn es auf die Oberfläche trifft, und verteilt sich dort über eine viel größere Fläche als in Äquatornähe. Zudem werfen Eis und Schnee einen Großteil der Sonnenenergie gleich wieder ins All zurück, sodass der Boden pro Jahr und Flächeneinheit viel weniger Energie absorbiert als an Orten mit kleinem Breitengrad.

Die unterschiedliche Sonneneinstrahlung übt einen enormen Einfluss auf das Leben aus. In den tropischen Lebensräumen ist das Sonnenlicht intensiv, und die Temperatur sowie die Tageslänge bleiben in etwa konstant, sodass die Vegetation das ganze Jahr über reichlich Holz, Blattwerk, Früchte und Samen hervorbringen kann. In den gemäßigten Zonen macht der Winter den Pflanzen zu schaffen; viele reagieren auf diese Belastung, indem sie ihr Laub abwerfen und sich nicht mehr regen, bis der Frühling wiederkehrt. Die energieärmere Sonnenstrahlung und die winterliche Ruhephase sind gemeinsam dafür verantwortlich, dass Wälder in den gemäßigten Klimazonen pro Jahr und Flächeneinheit nicht einmal halb so viel pflanzliche Biomasse produzieren wie die Tropenwälder. Noch weiter im Norden, in den Tundren Nordamerikas und Eurasiens, ist das Sonnenlicht noch schwächer, die Temperaturen bleiben fast das ganze Jahr unter 0°C, und wenn der Boden endlich auftaut, schießen die Pflanzen wie wild ins Kraut, um die kurze Vegetationsperiode zu nutzen. Der Mangel an Sonnenlicht und das strenge Tundraklima beschränken die Produktivität dieser Lebensräume auf das Niveau vieler Wüsten. In den höchsten Breiten kann überhaupt keine Pflanze überleben, die öde Landschaft hüllt sich in Schnee und Eis. Am Anfang aller terrestrischen Nahrungsketten steht die Vegetation, sodass ihr Nachlassen entlang der Längengrade zusammen mit der zunehmenden Härte der Umweltbedingungen auch die Zahl der Pflanzen- und Fleischfresser begrenzt. Sonnenlicht ist der Treibstoff letztlich fast aller Lebewesen, und die Unterschiede in der Verfügbarkeit dieser unentbehrlichen Ressource machen sich überall im weit verzweigten Netz des Lebens bemerkbar.

Auch die Artenvielfalt nimmt in Richtung der Pole ab. Die Gründe dafür sind komplex und noch nicht richtig aufgeklärt – man zählt mindestens 28 Theorien –, aber einige Faktoren kennen wir. Die Artenzahl steigt in Gebieten an, in denen mehr pflanzliche Biomasse produziert wird. Theoretisch könnte sich diese Produktivität einfach in größeren Populationen einzelner Tier- und Pflanzenarten niederschlagen, aber tatsächlich ist meist auch die Artenvielfalt größer. In den tropischen Regenwäldern beispielsweise organisiert sich die üppige Vegetation durch Ausdehnung in die Senkrechte; es entstehen mehrere Etagen mit ganz verschiedener Licht- und Pflanzenausstattung. Diese Komplexität bringt viele Nischen hervor, in denen sich weitere Pflanzen ansiedeln können. Die Vielfalt setzt sich in der Tierwelt der Tropenwälder fort: Je breiter das Nahrungsangebot, desto größer die Nachfrage unterschiedlich spezialisierter Pflanzen- und Fleischfresser. Auch die Verlässlichkeit der Regenwaldproduktion ist wichtig: Auf Laub und Früchte angewiesene Spezies finden rund ums Jahr einen reich gedeckten Tisch vor. Solche Pflanzenfresser sind in den Wäldern der gemäßigten Zonen viel seltener, da sich die Bäume dort im Winter aller essbaren Teile entledigen.

Außerdem sind die Tiere der gemäßigten Breiten für gewöhnlich nicht so sehr auf konstante Umweltverhältnisse angewiesen wie Tropentiere, da sie an die Achterbahnfahrt der Jahreszeitenwechsel angepasst sind. Arten, die mit den jahreszeitlichen Schwankungen ihrer Umwelt gut zurechtkommen, sind normalerweise auch gegenüber landschaftlichen Abwechslungen recht tolerant, können also oft große Lebensräume besiedeln. Wenn wir uns das Verbreitungsgebiet einer Art als Teil eines Puzzles vorstellen, dann ist ein Ökosystem in den gemäßigten Breiten ein Puzzle mit 100 großen Teilen, während eine tropische Lebensgemeinschaft aus 1000 kleinen Teilen zusammengesetzt ist. Je größer die Teile, desto weniger davon passen auf eine vorgegebene Fläche. Dieser Effekt wird durch die Kugelgeometrie unseres Planeten noch verstärkt: An den Polen ist die besiedelbare Fläche viel kleiner als im umfangreichen Tropengürtel zu beiden Seiten des Äquators. Selbst wenn das Verbreitungsgebiet aller Tierarten überall gleich groß wäre, könnten die Polgegenden längst nicht so viele Arten beherbergen, einfach weil es dort weniger Platz gibt. So weit ein paar einfache Grundüberlegungen, aber die jüngeren Forschungsarbeiten auf diesem Gebiet laufen eigentlich darauf hinaus, dass die Verteilungsmuster der Arten auf dem Globus samt ihrer Ursachen unglaublich komplex sind.

Die Artenzahl sowohl der Säugetiere und Vögel als auch der Amphibien und Reptilien nimmt in Richtung auf die Pole ab, aber am drastischsten ist der Rückgang bei den Wechselwarmen. Die meisten Reptilien- und Amphibienarten sind in den niedrigen und mittleren Breiten der Erde zu Hause. In den tropischen Regenwäldern gibt es zwei- bis dreimal so viele Frösche, Echsen und Schlangen wie Säugetiere, und in den Gewässern der Tropen ist die Übermacht noch stärker ausgeprägt. Reist man in Richtung der Pole, so stellt man ein jähes Abfallen ihrer Artenzahl fest, und in großen Gebieten des hohen Nordens und tiefen Südens, in denen Säugetiere und Vögel durchaus zu überleben wissen, trifft man wechselwarme Vierfüßer überhaupt nicht an. Das nördliche Norwegen und der Südzipfel Lateinamerikas stellen für alle landlebenden Amphibien und Reptilien die äußersten Grenzen dar, sodass ein breiter Gürtel Nordamerikas und Eurasiens, alle nordatlantischen Inseln einschließlich Grönlands und Islands sowie im Süden die gesamte Antarktis völlig frei von wechselwarmen Vierfüßern sind.

Ihre Stoffwechselmaschinen laufen einfach zu niedertourig, um Kaltblüter in diesen extremen Klimaten des äußersten Nordens bzw. Südens ausreichend warm zu halten. In einem gemäßigten Klima mag ein großer Kaltblüter die Innentemperatur seines Körpers durch die schiere Größe noch einigermaßen konstant halten, aber an den Polen reicht diese Strategie zum Überleben nicht aus. Ein großes Reptil müsste in der Sonne baden, um sich aufzuwärmen, und sich durch Winterschlaf oder zumindest Rückzug an einen geschützten Ort vor der ärgsten Kälte des langen Winters in Sicherheit bringen, und je größer ein Tier ist, desto schlechter funktionieren diese Strategien. Große Tiere werden in der Sonne nur langsam warm, weil sie eine relativ kleine Körperoberfläche haben, und sie finden nur selten ein Loch, das groß genug ist, um sich darin zu verbergen. Einem Zweitonner gleich welcher Art bleibt nichts anderes übrig, als im Freien zu bleiben und Wind und Wetter über sich ergehen zu lassen. Eine längere Kälteperiode würde die Innentemperatur eines ungeschützten Großreptils schließlich auf das Umgebungsniveau absenken, wodurch die physiologischen Umsatzraten und die körperliche Leistungsfähigkeit gleichfalls in die Knie gingen. Bei Temperaturen unter 20°C wäre ein großes Reptil nicht mehr in der Lage, sein Futter zu verdauen. Würde das Wetter noch frischer, so erstarrte der Kaltblüter zur Statue. Bei Temperaturen unter 0°C kristallisiert das Wasser in den Zellen zu Eis und richtet im Gewebe irreparable Schäden an. Einige kleine Kaltblüter überstehen Frostperioden durch Winterruhe oder Winterschlaf, manche produzieren sogar Frostschutzmittel, um ihre empfindlichen Körperzellen zu schützen, aber die Außentemperaturen, die im Winter typischerweise in der Nähe der Pole herrschen, würden für jeden Lurch und jedes Kriechtier den sicheren Tod bedeuten. Um in einer Umwelt zu überleben, deren Temperatur zwischen 20°C und -60°C oszilliert, brauchen Vierfüßer zumindest eine Standheizung – und ein paar Extras.

Warmblütige Tiere kennen eine Vielzahl von Strategien, um mit kalter Witterung zurechtzukommen, aber letztlich laufen sie alle auf dasselbe hinaus: bloß nicht zittern. Das Zittern verschlingt nämlich gewaltige Energiemengen, und so haben sich allerhand Verhaltensmuster herausgebildet, um es zu vermeiden. Nackte Menschen fangen bei etwa 28°C an zu zittern, und unterhalb dieser Grenze verdoppelt sich unsere Stoffwechselrate bei jedem Temperaturabfall um 10°C. Bei den meisten tropischen Tieren liegt die Zittergrenze zwischen 20°C und 30°C. Die arktischen Lemminge sind klein und verlieren folglich rasch Wärme; auch sie zittern schon bei 20°C und verbringen deshalb die arktischen Winter unter einer Isolierschicht aus Schnee. Huskys kommen hingegen mit Lufttemperaturen von -20°C zurecht, ohne zu zittern, und Eisfüchse harren auch bei lähmenden -45°C noch seelenruhig im Schnee aus. Ein Eisfuchs und ein gleich großes Menschenkind produzieren in etwa dieselbe Wärmemenge, also verliert der Fuchs offenbar viel weniger von dieser Energie an die Umwelt. Menschen und Eisfüchse unterscheiden sich, anders ausgedrückt, vor allem in der Qualität ihrer Dämmschicht.

Mitten im Winter ist der Pelz eines Eisfuchses bis zu 5,5 Zentimeter dick – für ein so schmächtiges Tier ziemlich üppig. Das Deckhaarkleid ist sehr dicht und wird durch feinste, kürzere Wollhaare ergänzt. Das Fell der meisten Säugetiere, die in hohen Breiten leben, hat diese feine, weiche Textur, weshalb es sich bei den Einheimischen und leider auch bei vielen modehörigen Bewohnern der gemäßigten Breiten großer Beliebtheit erfreut. Interessanterweise ist Eisbärenpelz in der Bekleidungsbranche nicht sonderlich gefragt, was zum Teil an den Risiken liegen mag, die jeder eingeht, der seinem rechtmäßigen Besitzer das Fell über die Ohren zu ziehen versucht, aber vor allem an der Struppigkeit des Haarkleids. Zwar ist das Eisbärenfell sieben Zentimeter dick, aber es isoliert nicht besonders gut: nicht besser als das Fell von Füchsen oder Kaninchen in den gemäßigten Breiten. Eisbären sind große, kompakt gebaute Tiere, die ihre Wärme nur langsam an die Umgebung verlieren, aber der Hauptgrund für ihren paradoxen Pelz ist vermutlich ihre Angewohnheit, häufig im eiskalten Wasser zu schwimmen. Sobald ein Eisbär ins Polarmeer eintaucht, reduziert sich der Dämmwert seines Fells praktisch auf null, da die warme Luftschicht, die durch das Haarkleid über seiner Haut festgehalten wird, dann dem kalten Wasser weicht. Die Bären überstehen ihre langen Eiswasserbäder vor allem dank ihrer dicken Fettschicht, die auch außerhalb des Wassers den schlechten Dämmwert des Fells kompensiert. Sobald sich das

Tier auf eine Eisscholle schwingt, trieft das Wasser rasch aus seinem groben Pelz und wird wieder durch eine relativ gut isolierende Luftschicht ersetzt.

Das Haarkleid der Eisbären mag nicht sonderlich dicht sein, aber durch eine strukturelle Besonderheit der einzelnen Haare fängt es die Sonnenwärme besonders gut ein: Sie sind hohl und scheinen wie Glasfaserkabel zu funktionieren. Kurzwellige Strahlung wird durch den Pelz nach innen geleitet, wo sie von der pechschwarzen Haut absorbiert wird. Schwarze Oberflächen absorbieren Wärme bekanntlich am besten. Aber wieso ist dann das Fell nicht ebenfalls schwarz? Ein dunkler Pelz würde seinem Träger zwar helfen, die Sonnenwärme zu nutzen, aber jede Robbe, die sich an einem Eisloch ausruht, würde einen schwarzen Bären schon aus einer Meile Entfernung entdecken, und wohlige Wärme ist ein schwacher Trost für einen knurrenden Magen. Man hat schon Eisbären beobachtet, die sich vor der Robbenjagd die dunklen Nasen mit Schnee bedeckten: ein starkes Indiz für den hohen Stellenwert, den eine angemessene Tarnfarbe für diese Tiere hat.

Allgemein gesprochen sind die thermischen Eigenschaften verschiedenfarbiger Körperbedeckungen gar nicht so leicht gegen andere Vor- und Nachteile abzuwägen. Wüstenraben haben zum Beispiel ein schwarzes Gefieder, das die Wärme so gut absorbiert, dass sich die Federspitzen an heißen Tagen bis auf 80°C aufheizen. Diese Hitze dringt jedoch kaum bis zur Haut der Vögel vor, die durch eine isolierende Luftschicht im Daunenkleid gut abgeschirmt wird. Aber das wirklich Raffinierte an der Sache ist eine Umkehr des Wärmegefälles: Die Federn werden heißer als die Umgebungsluft, und dadurch wird tatsächlich Wärme aus dem Körper an die Luft *abgeführt*. Vielleicht sind Wüstenraben schwarz, weil das ihrer Thermoregulation am dienlichsten ist. Das Feder- bzw. Fellkleid des Raben und des Eisbären deutet darauf hin, dass man entgegen aller Intuition in heißen Gegenden vielleicht am besten Schwarz und in kalten Regionen Weiß tragen sollte. Wenn nur die Zebras nicht wären.

Wasser entzieht einem warmen Objekt sehr schnell viel Wärme – deshalb tauchen Hufschmiede die heißen Hufeisen zum Abkühlen in einen Bottich mit Wasser, statt sie einfach durch die Luft zu schwenken. Warmblütige Meerestiere wie Robben und Wale haben sich an ein Leben in diesem phänomenal guten Kühlmittel angepasst. Den Wasserlebewesen stehen drei Möglichkeiten offen: Sie können mit einer niedrigen Körpertemperatur zu überleben versuchen, sie können ihre Stoffwechselrate und damit ihre Wärmeproduktion hochfahren, oder sie müssen einen sehr effektiven Isoliermechanismus ausbilden. Robben und Wale halten ihre Körpertemperatur konstant bei 36°C bis 38°C, also auf dem für alle Säugetiere typischen Niveau; die erste Option scheidet also aus. Stoffwechselmessungen an einigen Robben und Tümmlern erbrachten etwa doppelt so hohe Umsatzraten, wie sie für andere, ähnlich große Säugetiere typisch sind, also scheinen diese Meeresbewohner zumindest teilweise auf Strategie zwei zu setzen: Sie drehen die Heizung hoch. Aber selbst eine Verdoppelung der Stoffwechselrate reicht bei weitem nicht aus, um den enormen Wärmeverlust durch ein Leben im Wasser auszugleichen, also ist eine möglichst effiziente, möglichst dicke Dämmschicht für diese Tiere das A und O. Etwa 50 bis 60 Prozent des Querschnitts durch eine Sattelrobbe bestehen aus Speck, der als dicker Ring zwischen der Haut und den inneren Organen liegt. In kaltem Wasser reduzieren Robben die Blutmenge, die durch die Haut strömt, sodass nur wenig Wärme die isolierende Fettschicht passiert. Die Hauttemperatur sinkt fast auf das Niveau des umgebenden Wassers ab, und durch dieses sehr flache Temperaturgefälle wird kaum Wärme nach außen abgeführt. (Nach demselben Prinzip überleben auch Festlandbewohner wie Schweine selbst in Alaska problemlos den Winter, obwohl sie statt eines Fells nur ein paar spärliche Borsten tragen.) Speck ist ein exzellenter Dämmstoff: Sattelrobben fangen erst bei weit unter 0°C an zu zittern und können selbst im kältesten Wasser ausharren, ohne die Stoffwechselrate hochfahren zu müssen.

Aber wie ist es um die Gliedmaßen der Robbe bestellt? Selbst wenn das Innenleben ihres Rumpfes in Speck gewickelt ist, blei-

5.1 Karibu (Rentier); Länge 2,2 Meter.

ben noch die dünnen Flossen mit ihren relativ großen Hautflächen. Die langen, dürren Beine der Karibus (nordamerikanische Rentiere, s. Abb. 5.1), Huskys und Eisfüchse sowie die flachen, großflächigen Füße der Enten und Möwen stellen ähnliche Probleme dar. Wenn eine Ente mit warmen Füßen auf einem zugefrorenen See stünde, würde das Eis unter ihr schmelzen, die Füße würden auskühlen, und im Handumdrehen wäre das Tier dort festgefroren. Selbst das beste Dämmmaterial hilft einem Tier nicht, solange es Löcher und Schwachstellen in der Isolationsschicht gibt, durch die Wärme in die Umgebung entweichen kann.

Bei allen genannten Tieren wird dieses Problem durch ein spezielles Netzwerk aus Arterien und Venen gelöst, das zwischen dem Rumpf und den Gliedmaßen liegt. Das kalte Blut, das beispielsweise von den Fußsohlen einer Ente in Richtung Körper strömt, wird durch Blutgefäße gepresst, die sehr dicht neben anderen Gefäßen verlaufen, in denen warmes Blut aus dem Körper nach unten in die Extremitäten geleitet wird – im Prinzip ein Wärmetauscher, wie er auch in der Technik eingesetzt wird. Das Temperaturgefälle zwischen diesen Adern führt Wärme aus dem hinabströmenden Blut ab, noch bevor es den Fuß erreicht. Der Körper eines Huskys ist 38°C warm, aber an seinen Pfoten misst man nicht viel mehr als 0°C. Das Temperaturgefälle zwischen Pfoten und Schnee ist also so flach, dass hier kaum noch Wärme entweicht. Wenn sich Huskys ordentlich anstrengen, zum Beispiel wenn sie einen Schlitten ziehen, erreicht der Wärmetauscher die Grenze seiner Leistungsfähigkeit, und die Beine der Hunde erwärmen sich. Dann führen die Tiere über ihre Beine überschüssige Hitze ab, ganz ähnlich wie die Elefanten über ihre großen Ohren.

Die Füße und Beine kühl zu halten ist eine sehr effektive Energiesparmethode, aber diese Strategie hat ein paar ziemlich raffinierte Neuerungen in der Körperchemie notwendig gemacht. Zum Beispiel ändern sich die physikalischen Eigenschaften von Fett dramatisch mit der Temperatur; man denke nur an die Streichfähigkeit von Butter! Im Torso eines Karibus verhält sich das Fett genau wie Butter: Bei Kälte wird es fest. Wenn die Beine des Tieres dieselbe Sorte Fett enthielten, würden seine Füße und Unterschenkel schnell steif. Arktische Tiere umgehen dieses Problem, indem sie in ihre Extremitäten andere Fette einlagern: solche mit kürzeren Kohlenwasserstoffketten und viel niedrigeren Schmelzpunkten. Die Eskimos nutzen traditionell das Markfett aus der Karibu-»Schulter« als festes Nahrungsmittel und das Fett aus den Füßen als flüssiges Schmiermittel. Auch manche Bauern nutzen immer noch das Fett aus Rinderfüßen – so genanntes Klauenfett – zur Pflege ihrer Stiefel und des Pfluggeschirrs, damit das Leder bei Frost geschmeidig bleibt. Wie so oft hat die Naturwissenschaft lediglich wieder entdeckt, was die Einwohner kalter Landstriche schon lange wissen und nutzen.

Jetzt kennen wir die wichtigsten Methoden, dank derer warmblütige Polarkreisbewohner in extremer Kälte überleben können. Große Körper mit effektiven, unter- oder oberhalb der Haut angebrachten Dämmschichten und strategisch wohlplatzierten Wärmetauschern ermöglichen ein Dasein im thermischen Gleichgewicht, ohne dauernd die körpereigene Heizung auf Hochtouren laufen zu lassen. Diese Strategie erscheint sehr sinnvoll: Hauseigentümer stecken gerne ein paar Mark in einen guten Wärmeschutz, da sie wissen, dass sich diese Investition durch Einsparungen bei den Heizkosten bald amortisiert. Zwar sind auch Energie und Rohstoffe nötig, um ein Fell, eine Speckschicht oder ein Wärmetauschsystem anzulegen und in Schuss zu halten, aber auf lange Sicht ist dieser Ansatz offensichtlich günstiger als die Energie verschwendenden Zitterpartien der Spitzmäuse und anderer Tiere, die einfach ihre Stoffwechselrate hochschrauben. Zweifellos hätten auch Spitzmäuse dickere Dämmschichten und niedrigere Stoffwechselraten, wenn die Energieeinsparung langfristig schwerer wöge als die Nachteile, die mit einem Leben als wandelnde Puderquaste einhergehen.

Dem aufmerksamen Leser wird bereits ein möglicher Makel, der diesen Beispielen für gelungene Anpassung an ein polares Klima anhaftet, in den Sinn gekommen sein. Ich kann es mir nicht verkneifen, ihn anhand eines alten Witzes zu verdeutlichen:

Die Eisbärin Annie und ihr Sohn Pippalook strollen übers Packeis und halten Ausschau nach Robben. Pippalook ist tief in Gedanken. »Mutti«, meint er nach einer Weile, »darf ich dich was fragen?«

»Aber sicher, mein Sohn«, sagt Annie. »Was gibt's?«

»Also«, sagt Pippalook, »da ist etwas, was mich schon lange bedrückt.« Pippalook beißt sich auf die Lippen. »Mutti«, presst er schließlich hervor, »bin ich wirklich ein Eisbär?«

Annie ist ziemlich perplex. Sie sieht auf ihren Sohn hinunter und lässt ihren Blick dann über die Landschaft schweifen: ringsum nur Eis und Schnee, so weit das Auge reicht. »Äh, also ... *ich* bin ein Eisbär, Sohn«, erklärt sie ihm. »Und auch dein Vater ist ein Eisbär. Und du hast ein weißes Fell und eine kleine schwarze Nase und bist mit mir auf dem Packeis unterwegs, um Robben zu suchen, die wir töten können. Ich bin keine Zoologin, mein Sohn, aber alle Anzeichen deuten darauf hin, dass du ein Eisbär bist.«

»Ja dann«, seufzt Pippalook kleinlaut. Verzagt stapft er weiter durch den Schnee. »Aber Mutti...«

»Hmm?«

»Nichts, nur... wenn ich wirklich ein Eisbär bin...«

»Ja?«

»... warum ist mir dann so verdammt kalt?«

Pippalooks Frage rührt an einen wichtigen Punkt. Alle großen Tiere fangen klein an. Kleine Tiere haben nicht die nötige Statur, um große Mengen Fell oder Fett mit sich herumzutragen, und durch ihre relativ großen Oberflächen verlieren sie viel Wärme. Wenn selbst erwachsene Eisbären die Kälte spüren, wie zum Kuckuck können dann ihre Jungen überleben?

Eisbärinnen werfen Ende Dezember oder Anfang Januar, wenn die Lufttemperatur in der Arktis unter -40°C fallen kann. Die Jungen wiegen bei der Geburt nur 700 Gramm und sind blind, nass und kahl; sie haben keine Fettschicht und können nicht zittern. Dermaßen hilflose Tiere könnten in der harschen arktischen Wildnis niemals überleben, daher graben die trächtigen Weibchen Höhlen in den Schnee, in denen sie niederkommen und die sie während der ersten Monate nach der Geburt nicht verlassen. Einzig durch den Körper der Bärin beheizt, hat die Luft in diesen Höhlen normalerweise eine Temperatur um den Gefrierpunkt, selbst wenn es draußen -40°C kalt wird. Doch sogar bei 0°C müssten die Jungen noch erfrieren, wenn sie keinen weiteren Schutz erführen. Aus naheliegenden Gründen gibt es nur wenige zuverlässige Beschreibungen vom Verhalten der Eisbärinnen in ihren Bauen. Diesen Beobachtungen zufolge rollen sich die Wöchnerinnen zusammen, pressen ihre Pfoten aneinander und drücken die Jungen mit ihren dicht behaarten Beinen an den Bauch. Vielleicht wärmen sie den Nachwuchs auch mit der Atemluft. Während Mutter und Kinder in dieser lebenswichtigen Umarmung verharren, trinken die Kleinen viel Milch und wachsen rasch heran. Nach drei Monaten wiegen sie etwa 10 Kilogramm, haben ein dichtes, dickes Fell und – verglichen mit anderen, gleich großen Säugern – eine ungewöhnlich hohe Stoffwechselrate. Nun sind die Jungen für das Verlassen der Höhle

5.2 Moschusochse; Länge 2,2 Meter.

und das Überleben bei Lufttemperaturen von immer noch bis zu -30°C gewappnet.

Karibus und Moschusochsen (Abb. 5.2) graben keine Wöchnerinnenhöhlen, also müssen ihre Kälber von Anfang an mit dem Tundraklima fertig werden. Die Neugeborenen beider Tierarten wiegen etwa sechs Kilogramm, viel mehr als Eisbärenbabys, aber im Vergleich zu ihren Eltern sind sie doch winzig. Karibukälber fangen schon kurz nach der Geburt an herumzulaufen und haben offenbar ein ausgezeichnetes Körpertemperatur-Steuersystem. Dabei profitieren sie vor allem von ihrem Pelz aus luftgefüllten Haaren, der die Wärme sehr gut dämmt, solange er trocken bleibt. Wenn kalte Böen und Regenschauer über die Weidegründe fegen, können die Rentierkälber ihre Wärmeerzeugung um das Fünffache beschleunigen, aber sogar mit diesen außergewöhnlichen thermoregulatorischen Fähigkeiten sind sie gegen die vereinte Wucht von Wind und Niederschlag noch so schlecht gewappnet, dass die Sterblichkeit in Schlechtwetterjahren in die Höhe schnellt.

Anders als die Karibus, die im Sommer nach Norden ziehen und im Schutz der südlicheren Wälder überwintern, bleiben die Moschusochsen ganzjährig in den Tundren Grönlands, Kanadas, Alaskas, Norwegens und Svalbards (Spitzbergen und andere Inseln). Die Kälber sind mit einem wärmedämmenden Fell ausgestattet, das – einzigartig unter den Säugetieren – so lang ist, dass es auch ihre dürren Beine verhüllt und schützt. Auch haben die Moschusochsen bereits bei der Geburt große Vorräte an braunem Fettgewebe in der Leibeshöhle, das einzig als Brennmaterial für die Wärme produzierenden Stoffwechselprozesse dient. Dank dieses Brennstoffvorrats können die Kälber ihre Gesamtwärmeproduktion auch ohne Zittern um 50 Prozent erhöhen; sie setzen dann dreizehnmal so viel Wärme frei wie ein Mensch im Ruhezustand. Mit diesen Anpassungen kann ein neugeborenes Kalb seine Körpertemperatur fast unverzüglich 75°C über die Umgebungstemperatur anheben.

Schon bei ihrer Geburt sind Eisbären, Rentiere und Moschusochsen riesig, vergleicht man sie mit anderen Tieren, denen das arktische Klima ebenfalls nicht viel anhaben kann. Lemminge setzen beispielsweise unter der Schneedecke Unmengen winziger Nachkommen in die Welt, oftmals im tiefsten Winter. Das Schneedach ihrer Kinderstuben bietet ähnlichen Schutz vor Auskühlung wie die Eisbärenhöhlen, und indem die Kleinen sich an die Mutter oder – wenn diese unterwegs ist – aneinander schmiegen, reduzieren sie den individuellen Wärmeverlust weiter. Dennoch sind Lemmingbabys einfach zu klein, um eine für Säugetiere normale Körpertemperatur aufrechtzuerhalten, und leben etwa die ersten zehn Tage effektiv wechselwarm. Sie sind extrem unempfindlich gegen Unterkühlung; wie sie das bewerkstelligen, weiß man noch nicht genau. Man hat Lemmingjunge auf 3°C abgekühlt und anschließend wiederbelebt, ohne dass nachweisbare Schäden zurückblieben. Im Verlauf ihrer ersten Lebenswochen bilden die Tiere die Fähigkeit zum Zittern, ein dichtes Fell und Fettvorräte aus, die zur Wärmeerzeugung verbrannt werden. Diesem Schema – hohe Toleranz gegen Unterkühlung und ein allmählicher Übergang von einem kaltblütertypischen zu einem warmblütertypischen Stoffwechselsystem – folgen auch viele weitere arktische Tierarten, zum Beispiel die Halsband-Lemminge, die Hermeline und die meisten Nesthockervögel, die nackt, blind und unselbstständig aus dem Ei schlüpfen wie die Schnee-Eulen, Raben, Kreuzschnäbel und Schneeammern.

Die Arktis lädt vielleicht nicht unbedingt zum Verweilen oder gar zur Aufzucht von Jungen ein, aber verglichen mit der Polgegend am entgegengesetzten Ende der Erde ist sie geradezu ein lindes Fleckchen. In der Antarktis herrschen im Winter Temperaturen von durchschnittlich -60°C, und sogar die wärmsten Sommertage sind noch kälter als die meisten Winternächte am Nordpol. Der Grund für diesen Unterschied zwischen den Polgegenden liegt unter dem Eis: Die Antarktis ist ein fester, eisbedeckter Kontinent, während die Arktis nicht viel mehr als ein zugefrorenes Meer ist. Die Oberfläche der Arktis erhebt sich nur wenige Meter über den Meeresspiegel, und das flüssige Wasser unter der Eisdecke führt ihr ständig Wärme zu. Die Antarktis ragt hingegen im Mittel 2300 Meter über Normalnull auf, dreimal höher als jeder andere Kontinent, und die Temperatur sinkt pro 100 Höhenmeter um 1°C. Die Arktis wird außerdem durch Hochdruckgebiete erwärmt, die von den Landmassen Nordamerikas und Eurasiens aus nach Norden ziehen, während die Antarktis mitten im großen südlichen Ozean völlig isoliert liegt: 2500 Kilometer von Australien, 4000 Kilometer von Afrika entfernt. Tiefdrucksysteme schirmen die Antarktis vom Wettergeschehen auf der restlichen Erde ab und halten die Temperatur das ganze Jahr über weit unter null.

Das raue Klima und die Isolation der Antarktis sorgen für eine ziemlich artenarme Fauna. In der Arktis kommen 40 Landsäugetierarten vor, aber kein einziges Säugetier hat es geschafft, die Gegend um den Südpol zu besiedeln. Die einzigen antarktischen Säuger sind Meeresbewohner: Wale und Robben, wobei es Letzteren im Winter auf dem Eis zu kalt wird, sodass sie sich ins Wasser zurückziehen. In der Arktis haben sich immerhin acht

Vogelarten permanent niedergelassen, in der antarktischen Wüstenei hält es hingegen kein Vogel ganzjährig aus. Unter den Tieren, die diesen riesigen Südkontinent nutzen, ragt der Kaiserpinguin (Abb. 5.3) heraus. Diese größten aller Pinguine werden gut einen Meter hoch und wiegen 30 bis 40 Kilogramm. Viele Vögel brüten in der Antarktis, aber nur eine Art tut es im Winter: der Kaiserpinguin. Pinguine können nicht fliegen, was bei 30 Kilogramm auch unvorstellbar wäre, aber die Kaiser der Antarktis wandern bis zu 100 Kilometer über Schnee und Eis, nur um ihre angestammten Brutkolonien zu erreichen. Dabei sind sie mit ihren kurzen Beinen und den typischen Schwimmfüßen nicht gerade begnadete Läufer, sodass die Wanderung eine ausgesprochen mühsame, langwierige Angelegenheit ist. Oft marschieren sie in langen Einerreihen, um sich vor dem beißenden antarktischen Wind zu schützen. Jeder Vogel sieht zu, dass er ganz dicht hinter seinem Vordermann bleibt und seinen Watschelgang mit dessen Bewegungen koordiniert, sodass die ganze Kolonne quasi im Gleichschritt über das raue Eis zieht. Haben sie ihr Brutrevier endlich erreicht – das sich für das menschliche Auge in nichts von den öden Landstrichen unterscheidet, die sie in den vergangenen Tagen links und rechts haben liegen lassen –, so legt jedes Weibchen ein einziges, großes Ei. Das Männchen rollt das Ei mit dem Schnabel zu sich hin, balanciert es auf den Füßen und bedeckt es mit einer warmen Hautfalte an seinem Bauch. Dann machen die Weibchen kehrt und wandern dorthin zurück, wo sie hergekommen sind.

Sobald die Weibchen das Meer erreichen, stürzen sie sich hinein und fressen, was das Zeug hält, um die Fettreserven wieder aufzufüllen, die sie während ihres Zweihundert-Kilometer-Retourmarsches verbraucht haben. Unterdessen stehen die Männchen in der finsteren Polarnacht und balancieren den hoheitlichen Nachwuchs vorsichtig auf den Füßen. An Land finden Pinguine nichts zu fressen, also fasten die Männchen während der neunwöchigen Brutperiode. Gefieder und Fett sind ein hervorragender Kälteschutz, aber die Zittergrenze der Kaiserpinguine liegt bei nur -10°C. Wärmetauscher minimieren den Wärme-

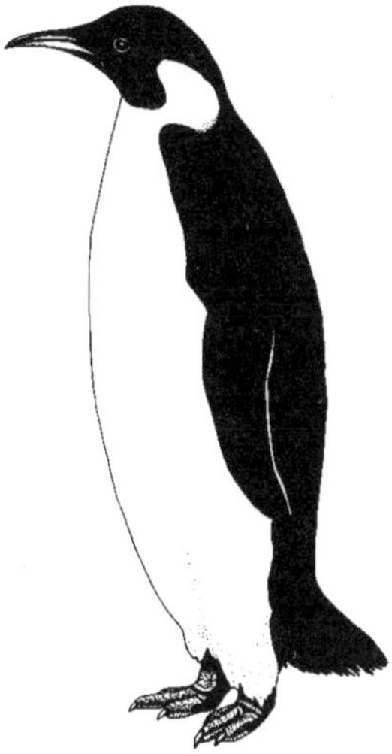

5.3 Kaiserpinguin; Höhe 1,2 Meter.

verlust über die Füße, aber da sie Eier zu bebrüten haben, lassen die Tiere doch eine gewisse Wärmemenge in die Beine entweichen. Bei Lufttemperaturen von bis zu -60°C und Winden, die mit bis zu 300 Kilometern pro Stunde über die Landschaft peitschen, reichen diese Wärmeschutzmaßnahmen offensichtlich nicht aus. Die wichtigste Zusatzanpassung ist das Zusammenrotten, ein Verhalten, durch das die Oberfläche, die dem Wüten der Elemente direkt ausgesetzt ist, pro Tier minimiert wird. Isolierte Einzelgänger bauen ihre Fettvorräte doppelt so schnell ab wie die Tiere im Inneren einer eng zusammengerückten Kolonie, und da die Männchen während der Brutzeit im Mittel 40 Prozent ihres Körpergewichts einbüßen, kann das Aneinanderkuscheln wirklich über Leben und Tod entscheiden.

Nach zwei Monaten der Trennung watscheln die Weibchenkarawanen zu den Brutplätzen zurück, an denen inzwischen die ersten Küken aus den Eiern schlüpfen. Sobald die Ablösung eintrifft, begeben sich die ausgezehrten Männchen auf den langen Treck zum Meer, um endlich wieder etwas zu fressen. Die Weibchen tragen die Küken noch etwa drei Wochen lang in ihren

Bauchtaschen mit sich herum und füttern sie bei Bedarf mit hervorgewürgten Nahrungsbrocken. Dann kehren die Männchen in die Brutkolonie zurück. Nach sieben Wochen wiegen die Jungen etwa zwei Kilo und passen nicht mehr in die elterlichen Beutel. In diesem Stadium tragen sie ein dichtes, graues Daunenfederkleid, das hervorragende Dämmeigenschaften hat, aber wie die Großen drängen sie sich zusätzlich dicht aneinander, um ihre Überlebenschance zu erhöhen. Die Eltern pendeln unterdessen zwischen dem Brutrevier und der Küste hin und her, um sich die Mägen voll zu schlagen. Im Laufe einer Brutsaison bringt ein Elternpaar es so auf bis zu 14 Märsche. Nach fünf Monaten wiegt der Nachwuchs 15 Kilogramm, und die Eltern verlassen ihn endgültig, um an ihren Platz an der Küste zurückzukehren. Eine Woche später wird der Hunger übermächtig, und so folgen die Jungvögel ihren Fußstapfen und sehen nach langer Wanderschaft zum ersten Mal das Meer. Die Sterblichkeit junger Kaiserpinguine ist hoch – erschreckend, aber nicht wirklich überraschend. Nur 20 Prozent überleben das erste Jahr, verglichen mit etwa 80 Prozent bei Sommerbrütern wie den Königspinguinen. Wie und warum die Kaiserpinguine in einer der lebensfeindlichsten Umwelten, die unser Planet zu bieten hat, überhaupt ein dermaßen mühseliges und gefährliches Brutverhalten haben ausbilden können, bleibt ein Rätsel, an dem sich künftige Generationen kälteresistenter Biologen gerne die Zähne ausbeißen können.

Am anderen Ende der irdischen Temperaturskala stehen die Wüsten, die ihren Bewohnern ganz andere Probleme und Lösungsmöglichkeiten bieten. Anders als die Polargegenden sind Wüsten von einer enormen Vielzahl wechselwarmer Tiere besiedelt. Wirbellose und Reptilien stellen die Mehrheit, aber sogar einige feuchthäutige Amphibien haben ihre Lebensweise so weit an die extreme Trockenheit anpassen können, dass sie hier ihr Auskommen finden. Die Schaufelfüße aus der Familie der Krötenfrösche haben sich von allen Amphibien vielleicht am eindrucksvollsten an die Wüste angepasst. Sie verbringen ihr ganzes Leben in der sengenden Hitze Arizonas. Wenn es geregnet hat, graben sich die Schaufelfüße Kammern in den Schlamm – etwa 30 Zentimeter unter der Oberfläche – und kleiden sie mit Schleim aus. Dann trocknet die Erde und wird steinhart. Die Haut der Krötenfrösche verwandelt sich in einen ledrigen Kokon, und der Stoffwechsel wird auf Scheintodniveau heruntergeschraubt. Wenn der nächste Wolkenbruch niedergeht, verlassen zunächst die Männchen ihre Kammern, versammeln sich in den umliegenden Wasserlachen und quaken, um die aus dem Dornröschenschlaf erwachten Weibchen anzulocken und mit ihnen kurze, wilde Massenorgien zu feiern. Sobald sie ihre sexuellen Bedürfnisse gestillt haben, konzentrieren sie sich aufs Fressen, denn sie haben nicht viel Zeit, ihre Reserven aufzufüllen, bevor sie sich wieder im Schlamm verbuddeln und erstarren. Innerhalb von 24 Stunden schlüpfen in den temporären Teichen Kaulquappen aus dem Laich und stürzen sich sofort auf alles Essbare: Algen, Kiemenfußkrebschen und ihre eigenen Artgenossen. Obwohl Eidechsen, Vögel und Schlangen die Kaulquappen und kleinen Kröten stark dezimieren, retten sich etliche in die vergleichsweise sicheren Risse im Schlamm und unter Steine, wo sie in den folgenden paar Wochen so ziemlich alles fressen, was ihnen unterkommt, bevor sie es ihren Eltern gleichtun: Sie vergraben sich im Schlamm und überdauern die Dürre als verkrustete, untote Trockenfleischbällchen. Sobald der Regen kommt, beginnt der Kreislauf von vorn.

Solche Amphibien, die sich an extreme Trockenheit und sengende Hitze angepasst haben, sind jedoch in den Kaltblüter-Faunen der Wüsten die Ausnahme. In den ariden Klimazonen dominieren die Reptilien die Vierfüßerwelt, insbesondere Echsen und Schlangen. Reptilien müssen ihre Eier nicht im Wasser ablegen, und ihre Haut ist ziemlich wasserundurchlässig – in heißen und trockenen Lebensräumen zwei unschätzbare Vorteile gegenüber den amphibischen Vettern. Anders als die Vögel und Säuger verlassen sich die Reptilien zur Wärmeversorgung ihrer Körper ganz auf die Umwelt, und an dieser Ressource herrscht in den Wüsten wahrlich kein Mangel. Jedoch erlegt die Physiologie der Echsen und Schlangen ihrer adaptiven Wandlungsfähigkeit eine grundlegende Beschränkung auf: Da sie unmittelbar von der Temperatur ihrer Umgebung abhängen, bleibt den Reptilien nichts anderes übrig, als sich klein zu machen – so klein, dass sie sich bei unerträglich hohen oder niedrigen Temperaturen verbergen können. Auch die kleinen Säugetiere der Wüste haben, wenn sie der Austrocknung durch übermäßiges Schwitzen entgehen wollen, oft keine andere Wahl, als sich zurückzuziehen. Einige Warmblüter haben hingegen einen Entwicklungsweg eingeschlagen, der es ihnen erlaubt, sich auch über längere Zeit ungeschützt der Wüstensonne auszusetzen: Sie sind über sich hinausgewachsen.

Das vielleicht bekannteste große Wüstentier ist das Kamel. Seine Besonderheit: Es nimmt keinen Schaden, wenn seine Körpertemperatur auf über 38°C steigt. Solange einem Kamel genügend Wasser zur Verfügung steht, liegt seine Innentemperatur auf dem säugetiertypischen Niveau, aber wenn es ihm an Wasser mangelt, schwankt die Temperatur beträchtlich, nämlich zwischen 34°C während der Nacht und 41°C in der größten Mittagshitze. Bei einem 500 Kilogramm schweren Tier bedeutet eine Erhöhung der Körpertemperatur um 7°C, dass das Gewebe 3000 Kilokalorien an überschüssiger Wärme speichert, die, wenn sie ausgeschwitzt würde, fünf Kilogramm Wasser verbrauchte. Indem das Kamel die Hitze tagsüber speichert und abwartet, bis sie nachts ganz normal in die Umgebung entweicht, verhindert es seine weitere Austrocknung. Die Tageskörpertemperatur von 41°C bringt einen weiteren Vorteil mit sich: Da Körper- und Lufttemperatur näher beieinander liegen als bei einem 38°C warmen Körper, ist das Temperaturgefälle zwischen dem Tier und seiner Umgebung so flach, dass die Wärme nur langsam aus der Luft in das Gewebe geleitet wird. Dieser Trick ist mindestens ebenso wichtig wie die Wärmespeicherung zwecks Verdunstungswassereinsparung. Kamele schwitzen durchaus, um eine Erhitzung über die 41°C-Grenze hinaus zu verhindern, sodass die Gefahr der Austrocknung nicht völlig gebannt ist. Allerdings ertragen die Tiere ein Ausmaß an Dehydration, das für die meisten anderen Arten tödlich wäre. Beim Menschen sind bereits zehn Prozent Gewichtsverlust durch Entwässerung lebensgefährlich, wohingegen selbst eine 25-prozentige Gewichtseinbuße durch Schwitzen einem Kamel offenbar nicht viel anhaben kann. Dadurch kann es auch unter Bedingungen, die jeden Menschen innerhalb von 24 Stunden umbringen würden, sechs bis acht Tage durchhalten, ohne etwas zu trinken. Auch ihr Fell hilft den Kamelen, die Hitze abzuschirmen und damit den Wasserverlust zu beschränken. Denkt man an die dichten Pelze der Eisfüchse und -bären und ihre Funktion in den Polgegenden, so mag ein dickes Fell in der Wüste absurd erscheinen, aber die Felle der Kamele wirken als thermische Schilde, die das einfallende Sonnenlicht reflektieren. Der thermoregulatorische Vorteil des Kamelfells lässt sich durch eine Schur einfach und dramatisch unter Beweis stellen – das arme Tier muss dann 50 Prozent mehr Schweiß absondern, um die überschüssige Wärme aus dem Körper in die Umgebung abzuführen.

Dass die Kamele ihre Höcker vor langen Wanderungen mit Wasser füllen, ist ein Ammenmärchen. Sie haben überhaupt keine besonderen Wasserspeicherorgane, können aber in einem einzigen Zug bis zu 30 Prozent ihres Körpergewichts trinken. Ihre Strategie ist einfach: Trink so viel wie du kannst und halte damit so lange wie möglich durch. Verglichen mit einigen anderen großen Wüstensäugetieren erscheint diese Spartaktik geradezu primitiv. Die Oryxe oder Spießböcke (Abb. 5.4), große, leicht reizbare Antilopen, haben eine Reihe höchst eleganter Anpassungen an sengend heiße und staubtrockene Lebensräume hervorgebracht. Oryxantilopen versuchen erst gar nicht, der Sonne zu entkommen, und die Einheimischen waren lange der Ansicht, dass diese Tiere überhaupt kein Wasser bräuchten. (Heute wissen wir, dass sie gelegentlich trinken und dass die trächtigen Weibchen zur Niederkunft Wasserlöcher aufsuchen.) Wie kann ein Säugetier ohne Schatten und fast ohne Wasser im Herzen der Sahara überleben?

Wie bei den Kamelen besteht die Hauptstrategie zur Minimierung des Wasserverlustes auch bei den Oryxantilopen in der Hitzespeicherung, die sie allerdings viel weiter treiben: Jedes Kamel, dessen Körper sich so weit aufheizte, würde sein Leben aushauchen. Die meines Wissens extremsten Versuchsbedingungen, die eine Oryxantilope ohne Trinkwasser in einer Klimakammer überstanden hat, waren 45°C über acht Stunden hinweg. Das Tier hielt seine Körpertemperatur einfach während der ganzen Versuchsdauer bei knapp über 45°C. Wie die Spießböcke es schaffen, so viel Hitze zu speichern, ohne dass ihr Stoffwechsel oder ihre Zellen irreparablen Schaden nehmen, hat die Wissenschaft noch nicht genau herausgefunden, aber zumindest wissen wir, auf welch raffinierte Weise sie ihre empfindlichsten Körperteile vor dieser Hitze schützen, die jedes andere Tier umbringen würde.

Gehirne sind unglaublich komplexe Maschinen, die den Nachteil haben, bei einer allzu hohen Betriebstemperatur – und 45°C sind definitiv zu hoch – unbrauchbare Ergebnisse hervorzubringen. Dass das Gehirn der Oryxantilope in der Wüste nicht »den Geist aufgibt«, liegt an einem Schädelkühlsystem, das das Prinzip, nach dem die Polarkreisbewohner den Wärmeverlust über ihre Extremitäten minimieren, auf den Kopf stellt. Das vom Herzen der Antilope kommende, sauerstoffreiche Blut durchströmt eine Anlage, die *Rete mirabile* oder Wundernetz genannt wird. Hier splittet sich die Halsschlagader in Hunderte enger Gefäße auf. Eng damit verflochten ist ein Venennetzwerk, das vom Nasenepithel her kommt. Das Blut in diesen Venen ist durch den Luftstrom in der Nase vorgekühlt und hat somit eine deutlich niedrigere Temperatur als das aufwärts ins Gehirn strömende Arterienblut. Durch dieses Temperaturgefälle wird Wärme aus dem arteriellen ins venöse Blut abgeführt und so das Gehirn vor Überhitzung geschützt.

Wie die Kamele entledigen sich die Oryxantilopen der überschüssigen Wärme größtenteils durch nächtliche Abstrahlung in die dann kühlere Umgebung. Durch diese Form der verzögerten Hitzeentsorgung sparen sie viel Wasser ein, aber auch Spießböcke müssen urinieren und ihren Kot geschmeidig halten, wobei dem Körper Flüssigkeit entzogen wird, sodass sie allmählich auszutrocknen drohen. (Zwar ist Oryx-Urin außergewöhnlich konzentriert, aber die Basis ist immer noch Wasser.) Solange ihnen

5.4 Die Säbelantilope und ihre Verwandten wie die Arabische Oryxantilope, deren Hörner gerade sind, haben die Anpassung ans Wüstenleben auf die Spitze getrieben. Länge etwa zwei Meter.

kein Trinkwasser zur Verfügung steht, können sie die Verluste nur über den Wassergehalt ihrer festen Nahrung kompensieren. Alle Pflanzen enthalten mehr oder weniger ungebundenes Wasser, das einfach durch gründliches Zerkauen im Mund und den weiteren Aufschluss im Magen freigesetzt wird. Die typische Oryx-Kost enthält tagsüber oft nur etwa ein Gewichtsprozent Wasser, aber wenn nachts die Temperatur fällt, steigt die Luftfeuchtigkeit, und die Wüstenpflanzen nehmen das Wasser direkt aus der Luft auf, sodass sich ihr Wasseranteil auf das Zwanzigfache des Tagwertes erhöhen kann. Indem sie nachts fressen, nutzen die Oryxantilopen die Überlebenstaktik ihrer Futterpflanzen, um ihren eigenen Wasserhaushalt wieder ins Lot zu bringen.

Wasser ist außerdem ein Hauptprodukt vieler Stoffwechselprozesse – die Reaktion von Kohlenwasserstoffen mit Sauerstoff bringt Kohlendioxid und Wasser hervor –, sodass alle Tiere auch aus dem biochemischen Aufschluss ihrer Nahrung indirekt Wasser gewinnen können. Allerdings laufen die Wasser freisetzenden Reaktionen nur ab, wenn genügend Sauerstoff zur Verfügung steht, und mit jedem Atemzug geht über die Lungen Wasser verloren. Normalerweise übersteigt der Feuchtigkeitsverlust durch die Atmung den Gewinn durch die Stoffwechselreaktionen, oder beides hält sich die Waage. Eine Erhöhung der Stoffwechselrate dürfte also dem Wasserhaushalt eines Wüstentieres nicht zugute kommen. Die phänomenale Oryxantilope hat jedoch einen Weg gefunden, ihrem Stoffwechsel zusätzliches Wasser abzuringen. Während sie nachts die gespeicherte Wärme an die Umgebung abstrahlt und die Luft um sie herum relativ feucht ist, atmet sie sehr langsam und sehr tief ein und aus. Tiefe Atmung ermöglicht pro Atemzug eine höhere Sauerstoffausbeute und damit eine höhere metabolische Wasserproduktion. Da die Luftfeuchtigkeit auch in der Wüste nachts normalerweise über 70 Prozent liegt, hält sich der Wasserverlust über die Lungen in Grenzen, und bei Sonnenaufgang hat die Antilope mehr Wasser im Körper als noch am Abend zuvor. Die Produktion von hochkonzentriertem Urin, die Wärmespeicherung während des Tages und die nächtliche Nahrungsaufnahme, Wärmeabgabe und Tiefenatmung ermöglichen der Oryxantilope das erstaunliche Kunststück, ohne Trinkwasser in der heißesten Wüste zu überleben.

Mit Geschichten über Wüsten- und Tundratiere und ihre außergewöhnlichen Lebensweisen könnte man ein ganzes Buch füllen, aber die vorangegangenen Beispiele sollen hier reichen. Wir haben zumindest die wichtigsten Taktiken kennen gelernt, derer sich Säugetiere und Vögel bedienen, um die Härten extremer Klimazonen zu meistern. Die wohl verblüffendste Lektion aus diesen Beobachtungen an Wüsten- und Polarkreistieren ist der Umstand, dass man mit fast denselben physikalischen und biologischen Prinzipien entgegengesetzte Effekte erzielen kann. Eisbären und Kaiserpinguine haben relativ kleine Körperoberflächen, um möglichst wenig Wärme an die kalte Umgebung zu verlieren. Kamele sind ähnlich kompakt gebaut, um möglichst wenig Wärme aufzunehmen. Kleine Tiere verkriechen sich unter den Schnee, um der Kälte der Tundra zu entfliehen, oder unter

Felsen und in Höhlen, um der Hitze der Wüste zu entkommen. Fell hält Moschusochsen warm und Kamele kühl. Karibus können dank ihrer Größe und ihrer Mobilität große Strecken zurücklegen, um Nahrung zu finden und die ärgste Kälte zu umgehen; Kamele und viele andere Wüstenbewohner verhalten sich ganz ähnlich, um an das Wasser und die Pflanzen zu gelangen, die nur kurze Zeit zur Verfügung stehen. Eisfüchse und Robben haben verschränkte Adernetzwerke, um den Wärmeverlust über ihre schlecht isolierenden Gliedmaßen einzudämmen, während die Oryxe mit derselben Einrichtung die Überhitzung ihrer Gehirne verhindern. Säugetiere und Vögel sind berühmt für ihre Anpassungsfähigkeit, und diese tritt nirgends deutlicher zutage als an den Enden der irdischen Temperaturskala.

Unter all den Parallelen zwischen Polar- und Wüstentieren springt vor allem ein Schema ins Auge: Die Bewohner dieser extremen Klimazonen sind im Allgemeinen entweder klein genug, um sich zurückzuziehen, oder groß genug, um den Elementen zu trotzen. In den Wüsten sind einerseits zahllose kleine Eidechsen, Schlangen und Nagetiere zu Hause, die sich in Löchern und Spalten oder in selbst gebauten Höhlen verstecken, und andererseits etliche große Tiere wie Kamele, Oryxantilopen, Dik-Diks, Addaxantilopen, Steinböcke und Steinböckchen, eine Vielzahl von Savannengazellen, Zebras, Strauße, Wildpferde und -esel, Gabelantilopen, Kängurus, Leoparden, Löwen, Hyänen, Dingos, allerlei Füchse und ein paar Kojoten, Pumas, Luchse und Wölfe. Aber mittelgroße Tiere sind auffällig rar, und wo man sie findet, sind sie stets von ihren Bauen abhängig. Der in den Wüstengegenden im Südwesten der USA heimische Eselhase (Abb. 5.5) ist tatsächlich die Ausnahme, welche die Regel bestätigt. Eselhasen graben keine Baue, sind zu groß, um sich in Felsspalten oder unter Steine zu zwängen, und zu klein, um tagsüber Hitze zu speichern. Angesichts des Aufwands, den diese Tiere treiben müssen, um die lähmende Tageshitze zu überstehen, wundert man sich gar nicht mehr über die Seltenheit mittelgroßer, nicht Höhlen bauender Wüstentiere. Sie fressen nur während der Morgen- und Abenddämmerung, also zu Zeiten, da kaum Temperaturstress zu erwarten ist. Mittags kann sich die Erdoberfläche der Wüste bis auf unerträgliche 70°C aufheizen, und die Eselhasen ziehen sich in den spärlichen Schatten hinter Steinen, Felsbänken und Mesquite-Büschen zurück. Am liebsten sind ihnen die flachen, schattigen Senken nördlich von großen Objekten, da die Wärmestrahlung, die von der umliegenden Erdoberfläche zurückgeworfen wird, über diese Kuhlen und damit über ihre Köpfe hinweggeht. Während sie in diesen Nordschattenmulden kauern, stellen sie ihre riesigen, blutgefüllten Ohren auf, um Körperwärme an die relativ kühle Luft abzugeben. Ein Drittel seiner gesamten Stoffwechselwärme kann ein Eselhase über seine Ohren entsorgen, ohne dabei Wasser zu verlieren. In einer sengend heißen und staubtrockenen Umwelt muss ein mittelgroßes, an der Oberfläche lebendes Tier zumindest diese beiden Anpassungen aufweisen, um zu überleben: Es muss in der Lage sein, treffsicher die kühlsten Orte aufzusuchen, und seine Anatomie muss ihm eine gute Wärmeabstrahlung ohne Wasserverlust ermöglichen.

Am anderen Ende der Temperaturskala, in den Tundren Nordamerikas und Eurasiens, leben Millionen von Lemmingen und Wühlmäusen unter der schützenden Schneedecke. Die winzigen Polar-Birkenzeisige und sibirischen Meisen ertragen Temperaturen von bis zu -30°C, aber da sie ein sehr dichtes Federkleid tragen – die besten Dämmschichten des gesamten Tierreichs –, fallen sie im Grunde auch unter die Rubrik »Rückzug an einen geschützten Ort«. Und die großen Tiere der Polarregionen sind zumeist richtig groß: Eisbären, Polarwölfe und Kaiserpinguine sind die Schwergewichte unter den Bären, Wölfen und Pinguinen; Moschusochsen gehören zu den größten *Bovidae* oder Hornträgern (jener Paarhuferfamilie, der auch die Antilopen, Rinder, Schafe und Ziegen angehören), und das Karibu ist das zweitschwerste Mitglied der Hirschfamilie – nur vom Elch übertroffen, der ja ebenfalls oft in Eis und Schnee lebt. Eisfüchse sind zwar nicht größer als ihre Vettern in den gemäßigten Breiten, aber dank ihres kompakten Rumpfes, der kurzen Beine, der Stupsnase und der kleinen Ohren haben sie eine kleinere Kör-

5.5 Warum haben Eselhasen große Ohren? Aus demselben Grund wie die Elefanten: um möglichst schnell möglichst viel überschüssige Wärme an die Umgebung abzuführen.

peroberfläche. Viele der großen Bewohner kalter Landstriche praktizieren im Verlauf verschiedener Entwicklungsphasen beide Strategien, sowohl das Verbergen als auch das Standhalten. Junge Eisbären und Kaiserpinguine werden von ihren fürsorglichen Eltern zunächst in Höhlen bzw. Bruttaschen untergebracht und erst dann den Elementen ausgesetzt, wenn sie groß genug sind, ihnen zu trotzen. Das Felsen- und das Moor-Schneehuhn, das Haselhuhn, das Kanadische Rebhuhn und das Felsen-Auerhuhn sind für Vögel ziemlich groß und rundlich und können dank einer guten Isolierschicht in der Tundra und den Nadelwäldern Sibiriens überleben, aber wenn im Winter die Temperaturen sinken, müssen sich selbst diese robusten Tiere Tunnel in den Schnee graben, um sich zu verbergen. Schneehasen graben keine Baue, aber wie ihre Kollegen in der Wüste sind sie Experten im Aufspüren gut geschützter Fleckchen. Zwar sind sie mit vier bis sechs Kilogramm für Hasen ziemlich schwer, aber immer noch klein genug, um in Kuhlen, unter Sträucher und neben Felsvorsprünge zu passen. Sie sind außerdem gut zu Fuß, und wenn im Winter der Schnee die Landschaft einebnet, ziehen sie die Hänge hoch, um zwischen den schroffen Felsen oder in den Geröllhalden Schutz zu suchen.

Die Vorherrschaft großer und kleiner Tiere ist eine Besonderheit der Wüsten und Polargebiete. Ansonsten gilt die Regel, dass man etwa hundertmal mehr Arten zählt, wenn man auf der Körpergrößenskala um den Faktor zehn nach unten geht; betrachtet man statt der Arten- die Individuenzahl, so ist die Zunahme sogar noch krasser. Aber in klimatisch extremen Umwelten begünstigt die Auslese sowohl Tiere, die klein genug sind, um sich zu verbergen, als auch solche, die groß genug sind, ihre Temperatur stabil zu halten, ihre Körper gut zu isolieren und weit zu wandern. Vermeintlich gegensätzliche, nämlich sehr heiße und sehr kalte Lebensräume sind sich so gesehen ähnlich. Beide zeichnen sich durch Temperaturen aus, die häufig erheblich von der üblichen Körpertemperatur warmblütiger Tiere – und der von wechselwarmen Tieren bevorzugten Umwelttemperatur – abweichen. Die temperaturabhängige Maschinerie im Körperinneren der Tiere muss von der Umgebung abgeschirmt werden, sei sie nun zu heiß oder zu kalt, und das wird im Wesentlichen über zwei Strategien bewerkstelligt. Die kältesten wie die heißesten Lebensräume unseres Planeten werden von den Kleinen und den Großen, von den Häuslebauern und den Wanderern besiedelt. Im Mittelfeld herrscht Leere.

Bezeichnenderweise findet man unter den großen Tieren der Extremfaunen nur Warmblüter. In den sehr heißen und sehr kalten Regionen schaffen es nur Säugetiere und Vögel mit ihren leistungsstarken Stoffwechselmaschinen, ihren flexiblen Dämmschichten und ihren Temperatursteuerungsmechanismen, so groß zu werden, dass sie das Wüten der Elemente auf die Dauer ertragen. Wäre es aber nur das extreme Klima, das kaltblütige Tiere zum Kleinsein verdammt, dann müssten wir in den warmgemäßigten, subtropischen und tropischen Klimazonen zwei Tonnen schwere Echsen und Frösche finden. Tatsächlich sind wechselwarme Landlebewesen weltweit eher handlich, also muss es neben den extremen Temperaturschwankungen noch weitere

Faktoren geben, die das Spektrum ihrer Umweltanpassungen begrenzen. Kaltblüter müssen sich nicht überall vor den Härten der Witterung in Schutz bringen. Warum also sind sie allesamt so klein?

6.
Von Drachen und anderen Riesen

Vom Permafrost-Ödland der Arktis bis zu den Wüsten, Savannen und tropischen Regenwäldern Afrikas und beider Amerikas: Überall auf der Erde sind fast alle großen Landlebewesen Säugetiere. Die auffälligsten großen Tiere der nördlichen Tundren Nordamerikas und Eurasiens sind die Eisbären, Moschusochsen, Karibus und Wölfe. Die Nadelwälder südlich der Tundra beherbergen wiederum Wölfe, Bären, Luchse und mehr Arten der Hirschfamilie als jeder andere Lebensraum. Das Grasland der gemäßigten Zonen ernährt (oder ernährte bis vor kurzem) Hirsche, Bisons, Wildpferde und -esel, Steppen- und Gabelantilopen. In den kühl- und warmgemäßigten Wäldern sind (oder waren) Bären, Rothirsche, Wildkatzen, Wölfe und Wildschweine zu Hause. Durch Regionen mit milden Wintern und heißen Sommern – wie die Landstriche rings ums Mittelmeer, die Südspitze Afrikas, Südaustralien und Kalifornien – streichen Wildhunde verschiedener Art; in Europa findet man hier Rot- und Schwarzwild, in Südafrika Waldducker, in Chile Guanakos, in Australien Kängurus und in Kalifornien Maultierhirsche.[19] Kamele, Oryxantilopen, Gazellen, Füchse und Hyänen streifen durch die Wüsten, und in den gestrüppreichen Zonen am Wüstenrand sind noch mehr Gazellenarten, Elenantilopen, Pumas, Leoparden und Geparden zu Hause.

In den Savannen Afrikas finden wir die eindrucksvollsten Säugetierheerscharen: eine verwirrende Vielfalt an Antilopen, Zebras, Büffeln, Giraffen, Elefanten, Großkatzen, Hyänen und Wildhunden. Okapis (Abb. 6.1) und Elefanten durchstöbern das

[19] Ducker sind kleine Antilopen von ungesicherter zoologischer Verwandtschaft. Guanakos sind südamerikanische Kleinkamele, aus denen die Lamas kultiviert wurden.

6.1 Das Okapi, ein Angehöriger der Giraffenfamilie, ist in den Regenwäldern Zentralafrikas beheimatet. Kopf-Rumpf-Länge bis zu zwei Meter.

Erdgeschoss der tropischen regengrünen Wälder (Monsunwald, halbimmergrüner Wald und regengrüner Trockenwald), während andere Säugetiere wie die Languren Indiens oder die Koalas Australiens die oberen Etagen besetzt halten. Die gewaltigen Mengen an Laub, Samen und Früchten, die das Dach des Regenwaldes produziert, haben die Entwicklung einer Vielzahl sehr verschiedener flugfähiger und sprungbegabter Baumbewohner begünstigt, zum Beispiel der Fledermäuse, Faultiere und Primaten. Am Boden finden wir eine vergleichsweise artenarme Fauna, unter anderem Ameisenbären, Pekaris, Tapire und Capybaras (Abb. 6.2). Die Primaten haben gerade in den Regenwäldern eine beeindruckende Formenvielfalt hervorgebracht: Die Affen der neuen Welt unterscheiden sich deutlich von denen der alten; auf Madagaskar leben Lemuren, in Afrika Gorillas und Schimpansen, in Asien Orang-Utans, Gibbons und Makis (Abb. 6.3).

Auf den kontinentalen Landmassen unseres Planeten ist die Nische der großen Landlebewesen fast ausschließlich von Säu-

(a)

(b)

6.2 (a) Großer Ameisenbär, Kopf-Rumpf-Länge 1,1 Meter; (b) Pekari, Länge ein Meter; (c) Tapir, Länge zwei Meter; (d) Capybara oder Wasserschwein, das größte aller Nagetiere, Länge 1,2 Meter.

getieren besetzt. Weltweit gibt es heute etwa doppelt so viele Reptilienarten wie Säuger, und dieses Übergewicht herrschte vermutlich während des größten Teils der letzten 65 Millionen Jahre, aber zur terrestrischen Megafauna der Erde haben unsere schuppigen Vettern verdächtig wenig beigetragen. Warum?

Manche Wissenschaftler glauben, Reptilien seien einfach nicht imstande, an Land richtig große Körper herauszubilden, weil ihre Stoffwechselmaschinen zu schwach sind. Der Paläontologe Gregory Paul behauptet, terrestrische Reptilien[20] könnten niemals elefantengroß werden, da sie derart große Körper im

(c)

(d)

Schwerkraftfeld der Erde nicht zu stützen und fortzubewegen vermöchten. Wie wir bereits erfahren haben, können die Muskeln der Reptilien kurzfristig – auf der Basis anaerober Stoffwechselreaktionen – Höchstleistungen erbringen. Aber wo eine aerobe Dauerleistung gefragt ist – zum Beispiel die Kraft, einen fünf Tonnen schweren Körper durch die Gegend zu wuchten, ohne allzu oft in die Knie zu gehen und ein Päuschen einzulegen –, müssen solche Muskeln nach Pauls Ansicht kapitulieren. Sobald das Körpergewicht höher wird, als bei Reptilien mit ihren typischen Kaltblütermotoren üblich, müssten die Muskeln anschwellen und eine höhere aerobe Kapazität entwickeln, um

[20] Paul lässt die Dinosaurier nicht als typische Reptilien gelten. Ich gebe hier nur seine Argumentation wieder und übernehme daher seine Definition.

die Last zu tragen. Diese Veränderungen würden wiederum größere Lungen und Herzen notwendig machen, um die Muskulatur mit genügend Sauerstoff zu versorgen, und wahrscheinlich müssten noch weitere innere Organe, die metabolische Hilfsfunktionen wahrnehmen, anschwellen. Anders ausgedrückt: Je riesiger ein landbewohnendes Reptil würde, desto leistungsstärker müsste sein Stoffwechsel ausfallen, und jenseits einer gewissen Schwelle hätte dieses Tier nicht mehr viel mit dem gemein, was wir heute unter einem Reptil verstehen. Paul wendet diesen Gedankengang auch auf die Dinosaurierproblematik an und meint, die aerobe Leistungsfähigkeit dieser riesigen Tiere mit ihren dicken Muskelpaketen, ihrem hohen Tempo, ihren angeblich langen Wanderungen und einem Körperbau, der es ihnen schwer gemacht haben dürfte, sich zum Ausruhen hinzulegen (zum Beispiel wegen ihrer geraden, schwer anzuwinkelnden Beine), dürfte weit über dem heute für Reptilien charakteristischen Niveau gelegen haben.

Um Pauls Theorie gründlich zu prüfen und die Größenbegrenzungen (sofern wirklich vorhanden) abschätzen zu können, ist noch weitere Forschung vonnöten, aber seine Argumentation ist zumindest einleuchtend. Pauls »Terramegathermie«-Gedanke umfasst jedoch ausdrücklich nur die Landlebewesen, da die Wirkung der Schwerkraft im Wasser stark reduziert ist. Fische und aquatische Reptilien werden durch nichts daran gehindert, sehr groß zu werden.

Die Größe der terrestrischen Reptilien könnte auch durch ihr vergleichsweise langsames Wachstum begrenzt sein. Die meisten Säugetiere und Vögel erreichen ihr Erwachsenengewicht sehr schnell, für gewöhnlich dank der beträchtlichen Zuwendungen seitens ihrer aufmerksamen, hingebungsvollen Eltern. Hält man Reptilien in Gefangenschaft, versorgt sie mit reichlich Futter und macht es ihnen angenehm warm, so können auch sie recht schnell wachsen, aber in freier Natur verhindern ihr temperaturbedingt niedriges Aktivitätsniveau und der Mangel an elterlicher Fürsorge eine optimale Nahrungsaufnahme, sodass sie dort viel langsamer zunehmen. Die Welt da draußen ist gefährlich, und

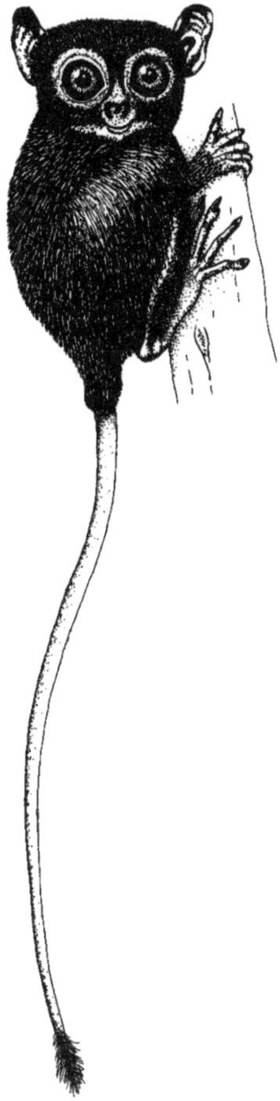

6.3 Koboldmaki, Kopf-Rumpf-Länge etwa 14 Zentimeter.

die kumulative Wahrscheinlichkeit, von einer Krankheit dahingerafft, von einem Fressfeind vertilgt oder von einem anderen Unglück getroffen zu werden, steigt mit dem Lebensalter, sodass die Reptilien zwar vielleicht das Potenzial zum Riesenwuchs in sich bergen, aber einfach so langsam wachsen, dass sie den Weg allen Fleisches gehen, bevor sie dieses Potenzial ganz ausgeschöpft haben.

Sowohl das Terramegathermie-Konzept als auch die Idee vom

allzu langsamen Wachstum sind umstritten, nicht zuletzt weil einige Paläontologen überzeugt sind, dass die Dinosaurier eben doch reptilientypische Stoffwechselmaschinen hatten. Manche dieser Tiere wurden über 50 Tonnen schwer, aber so weit müssen wir uns gar nicht vorwagen: Wir können die Definitionsgrenze für den Begriff Megafauna bzw. die hypothetische Gewichtsobergrenze für Landreptilien auch auf ein bis zwei Tonnen herunterschrauben. Wo stecken sie bloß, all die zwei Tonnen schweren Echsen, Schildkröten und Schlangen? Es gibt sie einfach nicht, zumindest heutzutage nicht. Wieder drängt sich die Frage auf, was unsere schuppigen Anverwandten so klein bleiben lässt.

Ein Knackpunkt scheint die Geometrie der terrestrischen Lebensräume zu sein, an die sich wechselwarme Tiere anpassen müssen. Allgemein gilt: Je kleiner ein Tier ist, desto komplexer muss ihm seine Umwelt erscheinen. Spitzmäuse, Fledermäuse, Falter, Frösche, Eidechsen und Vögel im tropischen Regenwald können in einer ungeheuer komplexen, dreidimensional ausgedehnten Umgebung Verstecken spielen. Die Baumstämme haben Löcher, im Kronenbereich gibt es eine Vielfalt von Laubformen, Ästen und Zweigen, man kann sich in der knorrigen Borke, zwischen wirren Luftwurzeln, unter umgestürzten Stämmen, in Bodenhöhlen und so weiter verbergen. Offenes Grasland, Sümpfe und Wüsten sind weniger porös als die tropischen Regenwälder, aber einer Eidechse würden all diese Lebensräume komplexer erscheinen als einem Pferd. Eine komplexe Umwelt bietet viele Schlupflöcher, und wer sich verbirgt, hat bessere Aussichten, seinen Fressfeinden zu entgehen, selbst unbemerkt auf Beute zu lauern oder unliebsame Begegnungen mit Konkurrenten zu vermeiden. In jedweder Umwelt sind Löcher, in denen sich ein Bär verbergen könnte, rar, und ein Nilpferd hat noch weniger Chancen. Sich eine angemessene Unterkunft selber zu graben, fällt einem Kaninchen leichter als einem Elefanten, und auf einen Baum zu klettern, fordert einem Leoparden mehr Kraft ab als einem Eichhörnchen. Angesichts der Schwierigkeiten, ein ausreichend großes Versteck zu finden oder zu graben oder sich auf einen Baum zu schwingen, ist es nicht weiter verwunderlich, dass große Tiere dazu neigen, die Strategie des vollständigen Verbergens ganz aufzugeben und somit auf die Ausschöpfung der dritten Dimension – ober- wie unterirdisch – zu verzichten. Der ökologische Schauplatz, auf dem sich das Leben eines richtig großen Tieres für gewöhnlich abspielt, ist also eine zweidimensionale Fläche: der Boden. Hier pirschen und sprinten die Raubtiere, hier sichert und flieht die Beute, alles auf einer überschaubaren Ebene.

Da die Bühne des Lebens großer Landlebewesen im Allgemeinen ziemlich einfach aufgebaut ist, erküren die meisten Wissenschaftler, die sich um die Rekonstruktion der Entwicklungsgeschichte der Tierwelt und um Erklärungen für das biogeografische Verbreitungsschema der Arten bemühen, solche Tiere zu ihren Forschungsobjekten. Selbst wenn man versteinerte Schädelknochen von Spitzmäusen und Echsen an einem Grabungsplatz dicht nebeneinander findet, weiß man zunächst nicht, wie diese Lebensformen ökologisch zueinander standen. Die Echse könnte die Spitzmaus als Futter oder als Konkurrentin um wirbellose Beutetiere betrachtet haben, oder die beiden sind sich nie in die Quere gekommen, da die Echse rund um die Uhr in den Baumkronen, die Spitzmaus hingegen permanent auf dem Waldboden unterwegs war. Findet man hingegen in derselben Fossilienlagerstätte die Knochen eines 1000 Kilogramm mächtigen Grasfressers neben den Überresten eines 800 Kilogramm schweren Beutegreifers, so kann man sich ihrer ökologischen Beziehung – vorausgesetzt, die Knochen sind nicht aus anderen Lebensräumen hierher verlagert worden – ziemlich sicher sein: Beide Tiere müssen über die Ebene gestreift sein und gerieten vermutlich oft in Sichtkontakt.

Der Pflanzenfresser dürfte die Vegetation abgeweidet haben, die er mit dem Maul erreichen konnte, und der Fleischfresser hat sich höchstwahrscheinlich vom Fleisch des Pflanzenfressers ernährt, sei es durch Jagd oder als Aasvertilger. Die unmittelbare Wechselwirkung von Exemplaren dieser beiden Arten dürfte in Form von Kämpfen, Verfolgungsjagden oder Ausweichmanövern abgelaufen sein, wobei das Verhältnis von offensivem zu defensivem Verhalten vermutlich von der Schnelligkeit, Stärke, Waffenausstattung und Panzerung der Kombattanten abhing.

Nicht nur die ökologischen Beziehungen sind bei großen Tieren einfacher einzuschätzen, auch die Vor- und Nachteile verschiedener Stoffwechselmaschinentypen liegen klarer auf der Hand. Aus der Fülle der sowohl warmblütigen als auch wechselwarmen Kleintiere, die heutzutage die Erde bevölkern, lässt sich der Schluss ziehen, dass der ökologische Erfolg winziger Vierfüßer, zumindest in der Über-zwei-Gramm-Klasse, nicht davon abhängt, ob das Stoffwechselsystem hoch- oder niedertourig läuft. Energiesparende Eidechsen und Schlangen sowie Kalorien verschwendende Mäuse und Spitzmäuse kriechen, gleiten oder huschen von Winkel zu Winkel, von Spalt zu Spalt, besiedeln Erdgeschosse wie Dachwohnungen ihrer komplexen Umwelt, entziehen sich Witterungsextremen und Fressfeinden, überraschen und überwältigen ihre Beute und versuchen stets, unliebsame Begegnungen mit Bewohnern desselben Habitats zu vermeiden. Kleine Kaltblüter setzen ihre winzigen Eier unbemerkt an geschützten Plätzen ab, um sicherzustellen, dass genügend Nachkommen überleben, um den Lebensraum weiterhin zu besiedeln, während kleine Säugetiere sich in geeignete Schutzräume zurückziehen, um ihre Kleinen auszutragen, zu gebären und ihre hungrigen Mäuler zu stopfen. In komplexen Umwelten gibt es für gewöhnlich eine Vielzahl von Nischen, in denen allerlei Kleingetier seine jeweiligen Stärken ausspielen, seine Schwächen kompensieren und sich auf seine spezielle Art durchs Leben schlagen kann.

Für große Tiere hingegen, die an eine zweidimensionale Fläche, an das Festland im engeren Sinne, gebunden sind, scheinen die Vorzüge eines Hochleistungsstoffwechsels die höheren Kosten bei weitem zu überwiegen. Zugegeben: Auch einige Großtiere – zum Beispiel Tiger, Jaguare und ihre jeweiligen Beutetiere in den äquatornahen Wäldern – beherrschen die Kunst des Hinterhalts, das Anpirschen und das Davonschleichen perfekt, aber ein Großteil des irdischen Festlandes ist mit weniger dichten Vegetationsformen bedeckt, sodass massige Tiere sich nicht permanent verbergen können. In der gnadenlosen Arena der offenen Landschaft macht zumeist derjenige die meisten Punkte, der sich auf unverschnörkelte Art und Weise an diese andersartige Umwelt angepasst hat, also der Schnelle, Wendige, überwältigend Starke, der skrupellose Angreifer und der sture Verteidiger. Geschwindigkeit, Ausdauer, Kompromisslosigkeit und schiere Kraft, möglichst alles zugleich: Das scheinen die wichtigsten Waffen im Arsenal der großen Festlandbewohner zu sein.

Die für große Tiere geltenden ökologischen Spielregeln zu befolgen, fällt Kaltblütern offenbar besonders schwer. Eine Großechse könnte zwar dank ihrer metabolischen Beschleunigungspumpe (s. Seite 61) ebenso schnell sprinten wie ein Löwe, wäre aber viel schneller erschöpft. Wenn eine 200 Kilogramm schwere Echse bis auf wenige Meter an ein Zebra herankäme, könnte sie es ohne weiteres über den Haufen rennen, aber wie alle anderen großen Beutegreifer hätte sie Schwierigkeiten, sich unbemerkt so nah heranzupirschen. Große Körper entdeckt man eher als kleine: Man sieht sie leichter, man hört sie eher, wenn sie sich anzuschleichen versuchen, und man riecht sie früher, denn sie verströmen einen stärkeren Geruch. Zebras sind sehr gut in allen drei Disziplinen – ständig sichern, lauschen und wittern sie, um unliebsamen Begegnungen vorzubeugen. Wenn ein Zebra seinen reptilischen Widersacher rechtzeitig riecht, bevor er zuschlagen kann, muss es einfach nur seinen leistungsstarken, aeroben Motor einschalten und ruhig davonschreiten. Ist die Echse schon so nah, dass sie einen Spurt wagt, kann das Zebra einen höheren Gang einlegen, so lange galoppieren, bis der Verfolger erschöpft aufgibt, und dann ganz entspannt weitergehen.

Bei einem Wettlauf gegen Löwen haben Zebras hingegen schlechtere Karten. Normalerweise jagen mehrere Löwinnen gemeinsam eine Gruppe Zebras. Meist bekommen die Zebras frühzeitig Wind davon, dass sich Ärger anbahnt, und fliehen, bevor die Raubkatzen zuschlagen können. Die Jagd weitet sich oft zu einem ausgedehnten Hin und Her aus, die Beutetiere laufen im Kreis oder durcheinander, die Löwen rennen zwar flott, aber nicht mit Höchstgeschwindigkeit um sie herum. Die Löwinnen bleiben dicht an der Seite der fliehenden Tiere, suchen die beste Angriffsposition, stürzen sich ins Gewühl, wählen ein Opfer aus und trennen es von der Herde. Erst danach beschleunigt eine der Raubkatzen (manchmal auch ein Duo) auf Höchstgeschwindigkeit und bringt die Aufgabe zu Ende. Erst bei diesem brutalen letzten Akt zeigt sich, wie leistungsstark die Löwen-Beschleunigungspumpe wirklich ist, aber damit es überhaupt so weit kommt, müssen die Tiere zuvor eine beträchtliche aerobe Ausdauerleistung erbringen.

Löwen sind, wie alle Großkatzen, letztlich Sprintjäger, die ihre Opfer in relativ kurzer Zeit einholen müssen; sie verfolgen also eine ähnliche Beutetaktik wie unsere hypothetische Savannen-Riesenechse. Anders liegt der Fall bei den Wölfen oder Hyänen: Wenn diese Tiere ihrer Beute zum Teil stundenlang zügig nachsetzen – deutlich langsamer als beim Endspurt, aber deutlich schneller als im Schritttempo –, sehen wir das Warmblüter-Stoffwechselsystem in seiner reinsten Ausprägung am Werk. Hat sich ein Hunderudel erst einmal auf ein bestimmtes Opfer geeinigt und sich an dessen Fersen geheftet, so geht es nur noch darum, wer den längeren Atem hat. Manchmal behält das gehetzte Tier lange genug die Nerven, oder die Meute verliert die Geduld, aber oft genug geht die Beute einfach vor Erschöpfung in die Knie, sodass die Hunde leichtes Spiel haben. Die Ausdauer jener Säugetiere, die von der Langstreckenjagd leben, kann (und konnte) kein großes wechselwarmes Tier aufbringen; diese Lebensweise wird zweifellos auf immer den Warmblütern vorbehalten sein.

Durchhaltevermögen ist vielleicht der ökologische Hauptvorteil, den große Säuger aus ihren kräftigen Stoffwechselmaschinerien ziehen, aber auch die Vorzüge einer hohen und stabilen Körpertemperatur sollte man nicht unterschätzen. Warmblüter können jagen, fliehen, kämpfen und fressen, wann immer es sinnvoll ist: bei Tag oder bei Nacht, in jeder Jahreszeit und bei beinahe jedem Wetter. Da unsere Körper ständig die optimale Betriebstemperatur haben, können wir ohne Verzögerung angemessen auf Gefahren oder günstige Gelegenheiten reagieren. Die

Körperinnentemperatur eines großen, in der offenen Landschaft lebenden Reptils wäre längst nicht so stabil; seine Reaktionsfähigkeit und seine physiologische Effektivität unterlägen viel größeren Schwankungen. Anhaltend nasskaltes Wetter würde seinen Körper auskühlen, die Leistungsfähigkeit seiner Muskulatur mindern und damit seine Geh- und Laufgeschwindigkeit reduzieren. Selbst unter idealen klimatischen Bedingungen erscheint es fraglich, ob sich große Reptilien in der offenen Landschaft gegen die warmblütige Konkurrenz behaupten könnten, und wenn man an die kühlen Morgenstunden, an den Winter oder anhaltende Regenfälle denkt, wird klar, dass große Kaltblüter gleich großen Säugetieren energetisch in fast jeder Hinsicht unterlegen wären.

So viel zur Theorie. Dennoch gibt es große Reptilien, die es schaffen, sich in terrestrischen Lebensräumen zu behaupten. Viele sind es nicht, und keines erreicht eine Größe, die es zu einer ernsten Konkurrenz für Flusspferde, Nashörner und Elefanten machte, aber einige der Arten, mit denen wir diese Erde teilen, werden beachtlich schwer. Um die Regel zu überprüfen, dass in offenen terrestrischen Lebensräumen die großen Warmblüter gegenüber den großen Kaltblütern das Rennen machen, müssen wir uns die Ökologie und Biogeografie jener Reptilienarten genauer ansehen, die heutzutage in der Schwergewichtsklasse antreten.

Ein besonders faszinierendes und Angst einflößend großes Reptil ist nur auf einigen wenigen Inseln östlich von Bali zu Hause. Die Insel, auf die sich der Name dieser Echse bezieht, markiert die Ostgrenze seines Verbreitungsgebietes; außerdem findet man den Komodowaran (Abb. 4.7) auch noch auf den benachbarten Inseln Rintja, Gili Mota, Padar und an der Westseite der viel größeren Insel Flores, und manchmal tauchen einzelne Tiere auch auf anderen Inseln der Region auf. Leutnant van Steyn van Hensbroek, ein Angehöriger der holländischen Kolonialverwaltung, hörte im Jahre 1910 von Perlenfischern auf Komodo, die Warane könnten atemberaubende fünf bis sieben Meter lang werden. Obwohl er keine einzige Echse aufspüren konnte, die auch nur in die Nähe dieser Größenordnung vorgestoßen war, begann die Fünf-bis-sieben-Meter-Mär Kreise zu ziehen, und seither geistert dieser Wert durch die Literatur. Während der 1934er-Komodo-Expedition des Surabaya-Zoos berichteten die Zeitungen mehrfach von Sichtungen fünf bis sechs Meter langer Warane, die angeblich von einigen der Expeditionsteilnehmer bezeugt werden konnten. Lady Broughton schrieb 1936 in *National Geographic*: »Sie [die Warane] werden manchmal über 110 Kilogramm schwer und erreichen eine Länge von gut dreieinhalb Metern.« Genau diese Angaben wurden seit 1936 immer wieder in Sachbüchern und Lexika reproduziert, sodass sich die Vorstellung, auf Komodo gebe es wahre Drachen, über die ganze Welt verbreitete.

Die Wahrheit über Warane sieht ein bisschen anders aus. Ende der dreißiger Jahre kam ein Forscher auf die Idee, Einheimische über die Größe der sagenumwobenen Echsen zu befragen. Er legte zwei Stöcke in sieben Metern Abstand auf den Boden und erklärte den Dörflern, einige Europäer hätten behauptet, Warane von dieser Länge gesehen zu haben. Die Anwesenden schüttelten sich vor Lachen – anschließend korrigierte einer von ihnen den Abstand der Stöcke auf etwa drei Meter. Im Gegensatz zu ein paar früheren Berichten, die den Eindruck erweckt hatten, hysterische Einheimische hätten etwas von zehn Meter langen, eine Tonne schweren Ungeheuern gefaselt,[21] zeigte sich, dass die Leute auf den Sunda-Inseln ein ziemlich realistisches Bild von ihrer Riesenechse hatten – anders als manch europäischer Gast, der sich in Übertreibungen gefiel. Drei Meter, im Extremfall vielleicht ein paar Zentimeter mehr, länger wird sie nicht. Walter Auffenberg hat von 1969 bis 1971 50 Warane gefangen und vermessen; die zwölf größten Exemplare waren 2,25 bis 2,6 Meter lang und wogen im Schnitt 47 Kilogramm. Klarer Fall: Die »Drachen« von Komodo sind einfach nur umwerfend große Echsen.[22]

Die Komodowarane gehören zur Familie der *Varanidae*, den einzigen Reptilien, die das Fleisch ihrer Opfer tatsächlich mithilfe der Zähne zerteilen. (Schildkröten zerschneiden ihre Beute mit den scherenartigen Schuppen, die den Mund umgeben, und alle anderen Reptilien würgen die herausgerissenen Brocken, bestenfalls durch ein paar hastige Kaubewegungen zerquetscht, in einem Stück hinunter.) Diese blutige und eigentlich für Säugetiere charakteristische Art des Nahrungsaufschlusses hat sicher ihren Teil zum üblen Ruf der Komodowarane beigetragen. Wenn ein Waran sich über einen Kadaver hermacht, reißt er für gewöhnlich zunächst das Gedärm heraus und bereitet es mundgerecht zu, indem er heftig den Kopf schüttelt – der zweite gute Grund, sich von einem fressenden Komodowaran fern zu halten. Danach zieht er das Zwerchfell, das Herz und die Lungen aus der Leibeshöhle und verschlingt sie. Sind die leckeren Innereien alle, setzen die Warane ihre sägeartigen Zähne ein, um den Rest des Kadavers zu zerlegen. So gehen sie zumindest bei großen Beutetieren wie Büffeln vor.

Walter Auffenberg, ein durch und durch glaubwürdiger Beobachter der Lebensweise und des Verhaltens der Warane, hat einmal zugesehen, wie eine 2,5 Meter lange Echse ein 15 Kilogramm schweres, ausgeweidetes Wildschwein am Stück hinuntergewürgt hat. Ein anderes Tier, ein 42 Kilogramm schweres Weibchen, konnte sein Gewicht in 17 Minuten nahezu verdoppeln, indem es ein 30-Kilogramm-Schwein vertilgte. Komodowarane sind zwar nicht die Monster, als die die Überlieferung sie hingestellt hat, aber sie sind doch äußerst kräftige und gefräßige Tiere.

Warane machen sich über jedes Stück Aas her, das ihnen unterkommt, aber außer den natürlich verendeten Tieren fressen sie auch viel selbst Erjagtes. Normalerweise liegen sie im Wald-

[21] Piazzini 1960.

[22] Das Gewicht eines Komodowarans hängt jedoch stark davon ab, ob (und was) er gerade gefressen hat (s. Haupttext). Außerdem wachsen die meisten großen Reptilien in Gefangenschaft, wo ihnen die Mahlzeiten einfach vor die Nase gelegt werden, oft schneller als in freier Wildbahn. Der schwerste genau gewogene Waran hatte sein Gefangenenleben lang stets gut im Futter gestanden: ein Männchen, das der Sultan von Birma 1928 einem amerikanischen Zoologen schenkte. Als es 1937 für kurze Zeit im Zoologischen Garten von St. Louis (Missouri) ausgestellt wurde, war es 310 Zentimeter lang und 166 Kilogramm schwer.

dickicht neben Wildwechseln oder im dichten, hohen Savannengras auf der Lauer. Wenn ein Hirsch oder ein Wildschwein des Weges kommt, schießt der Waran aus dem Hinterhalt hervor und packt das unglückliche Opfer mit seinen Zähnen, die an Steakmesser erinnern. Oft überwältigt und tötet er die Beute sofort, aber vielen Opfern gelingt es, sich aus seinen Fängen zu befreien und sich in die Büsche zu schlagen. Oft tragen sie dabei aber ernste Verletzungen an den Beinen oder Flanken davon, die Bauchhöhle ist aufgeschlitzt, die Sehnen in den Läufen sind gezerrt oder gerissen, und sie stehen (verständlicherweise) unter Schock, sodass sie sich gegen einen erneuten Angriff kaum noch wehren können. Außerdem haben Warane eine extrem schlechte Mundhygiene, sodass die Wunden, die sie ihren Opfern zufügen, oft eitern und faulen. Sobald sich die Wunden entzündet haben, können die Warane einfach dem Gestank folgen, bis sie ihre Beute – geschwächt, zusammengebrochen oder bereits verendet – doch noch einholen. Infektionen sind nach Bissen keine Seltenheit; so sterben zum Beispiel viele Karibukälber an den Spätfolgen von Luchsbissen. Große, wechselwarme Beutegreifer profitieren besonders von dieser Taktik des Verwundens und Verfolgens, denn mit ihren kurzfristig leistungsstarken, aber schnell erschöpften Stoffwechselmaschinen können sie keinen Langstreckenwettlauf mit flinken und kräftigen Beutetieren bewältigen.

Heutzutage erbeuten die Warane zumeist Hirsche, aber sie mögen auch Schlangen, Vögel, Ratten, Hunde, Schweine, Ziegen, Pferde und Wasserbüffel und dann und wann einen unvorsichtigen Menschen. Gerade bei den größeren ihrer Beutetiere, die sie selten auf Anhieb überwältigen, lautet die Devise: verwunden, die Sehnen durchtrennen und dem Flüchtling eine ordentliche Portion Bakterien mit auf den Weg geben. Die Fähigkeit der Komodowarane, große Tiere auf Raten zu töten, wirft ein interessantes Licht auf einen rätselhaften Aspekt ihrer Entwicklungsgeschichte. Das Problem: Hirsche, Schweine und Büffel, heute die wichtigsten Beutetiere ausgewachsener Komodowarane, sind allesamt erst vor wenigen 1000 Jahren von den Menschen auf Komodo und den Nachbarinseln eingeführt worden. Ansonsten besteht die Fauna der Sunda-Inseln größtenteils aus kleinen Vögeln und Reptilien, also nicht gerade vollwertigen Mahlzeiten für derart große und wilde Beutegreifer. Was haben die Warane wohl gegessen, bevor wir Menschen ihre Speisekarte mit unseren Haustieren aufgebessert haben? Fossilien von der Insel Flores deuten darauf hin, dass die womöglich einzigen Beutetiere, die den Waranbestand des Pleistozän sicherten, Elefanten waren! Zwergelefanten, zugegeben, aber selbst die kleinere der beiden Arten, *Stegodon sompoensis*, war so schwer wie ein Büffel. Die Warane dürften von ihrem Aas gelebt und ihre Jungtiere direkt erlegt haben, aber vielleicht waren auch die ausgewachsenen Exemplare nicht vor ihnen sicher. Selbst wenn ein Angriff auf einen erwachsenen Elefanten unmittelbar nicht mehr einbrachte als einen Bissen Frischfleisch, so war dieser Appetithappen zugleich ein Vorgeschmack auf das Gelage, das einige Tage später folgte, sobald der kränkelnde Koloss das verräterische, verlockende Aroma der brandigen Wunde zu verströmen begann und damit den Echsen den Weg wies.

Wenn sich die Komodowarane im Pleistozän größtenteils von Elefantenfleisch ernährt haben sollten, würde das ihren Riesenwuchs durchaus erklären, aber es gilt auch andere Faktoren zu berücksichtigen. In den Savannen Afrikas dienen Tiere von der Größe der Zwergelefanten – nämlich Büffel, Wildschweine und Rusahirsche – Löwen, Leoparden, Geparden, Hyänen und verschiedenen Wildhundarten als Nahrung. Auch in der Nachbarschaft Komodos leben einige große, pelztragende Raubtiere, zum Beispiel Leoparden, Malaienbären und Tiger, auf den größeren indonesischen Inseln sowie Großkatzen, Hyänen und Wölfe in Südostasien. Aber auf Komodo selbst gibt es keine großen, räuberischen Säugetiere, und wenn wir uns auf die Fossilienfunde verlassen können, hat es auch nie welche gegeben. Ist das vielleicht der Hauptgrund für die Entwicklung des Komodowarans zu seiner heutigen, furchteinflößenden Größe? Konnten sich diese *Varanidae* nur deshalb als große, mächtige Beutegreifer profilieren, weil sie ihre evolutionäre Kindheit in einem Garten

Eden verbrachten, in dem es keine konkurrierenden Tierarten mit Hochleistungs-Stoffwechselmaschinen gab?

Mit Bestimmtheit werden wir das nie wissen, aber alle biogeografischen und paläontologischen Befunde würden zumindest zu dieser Erklärung passen. Es ist schon verdächtig, dass die größte Fleisch fressende Echsenart der Welt ausgerechnet auf ein paar einsamen Inseln im Indischen Ozean anzutreffen ist, in deren Besiedlungsgeschichte es niemals große, räuberische Säugetiere gegeben hat. Angesichts dieser augenfälligen geografischen Besonderheit tun die Komodowarane der Regel, dass warmblütige Tiere ihre wechselwarmen Konkurrenten im Kampf um die Nische der großen Landlebewesen normalerweise ausstechen, keinen Abbruch.

Wie steht es um die Schildkröten? Riesenschildkröten erreichen über 250 Kilogramm Gewicht und sind somit die schwersten aller heute auf Erden wandelnden Landreptilien. Wie die Komodowarane findet man sie nur auf ein paar isolierten Inseln, die keinen einzigen großen, warmblütigen Beutegreifer beherbergen, nämlich auf den Galapagos-Inseln vor der Küste Ecuadors und am entgegengesetzten Ende der Welt, auf der Seychellen-Insel Aldabra im Indischen Ozean. Könnte die Abwesenheit großer Säugetiere in diesen entlegenen Weltgegenden die Ursache für den Riesenwuchs der Schildkröten sein? Wohl kaum; bestenfalls hat die Abgeschiedenheit der Galapagos-Inseln und Aldabras die Reptilien vor der warmblütigen Konkurrenz geschützt. Tatsächlich hat es in der Nach-Dinosaurier-Ära eine Vielzahl von Riesenschildkröten auf der Erde gegeben, und einige Arten von ihnen besiedelten auch die kontinentalen Landmassen, auf denen Säugetiere reich vertreten waren. (Die frühesten eindeutig schildkrötenartigen Fossilien stammen aus dem Eozän, aber einige Indizien weisen darauf hin, dass diese Reptilienordnung bereits am Ende der Kreidezeit existiert hat. Man kennt etwa 200 Landschildkrötenarten, von denen heute noch ungefähr 30 leben.)

Überall auf der Welt, auch auf dem kontinentalen Festland, hat man versteinerte Überreste eines zwei Millionen Jahre alten

Kolosses namens *Geochelone (Megalochelys) sivalensis*[23] gefunden. Die Schätzungen des Körpergewichts dieser Giganten gehen weit auseinander, ja sie grenzen an wilde Raterei. Das großzügigste Angebot liegt bei über vier Tonnen, aber mit ein bis zwei Tonnen kommt man der Wahrheit vermutlich näher. Wie schwer die Tiere auch gewesen sein mögen: Mit zwei Metern Länge und einem Meter Höhe stellen diese vierbeinigen Volkswagen-Käfer ihre gesamte heute lebende Verwandtschaft in den Schatten. *Geochelone sivalensis* ist ein Extrem-, aber kein Einzelfall: Eine ganze Reihe von großen Schildkröten lebte – wie die südamerikanischen Vorfahren der heutigen Galapagos-Riesenschildkröten – eine Zeit lang Seite an Seite mit großen Säugetieren. Tatsächlich sind die Schildkröten seit dem Niedergang der Dinosaurier der einzige Ast des Reptilienstammbaums, der immer wieder großwüchsige, landbewohnende Arten hervorgebracht hat, die den großen Säugetieren die Vorherrschaft streitig zu machen versuchten.

Der Erfolg der Landschildkröten ist auf einige wenige charakteristische Anpassungen zurückzuführen, deren auffälligste der Panzer ist. In der gesamten Entwicklungsgeschichte hat kein anderer Vierfüßer so konsequent den defensiven Weg – hin zu totaler Abschirmung – eingeschlagen wie diese Ordnung. Bis zum Eintreffen der Menschen machte sich die Schildkrötenstrategie bezahlt: Die Tiere tun niemandem etwas zuleide und sind so mühsam zu fressen, dass sie in Ruhe gelassen werden – von ein paar hartnäckigen Plagegeistern abgesehen.[24] Auch ihre rein

[23] Manchmal auch *Colossochelys atlas* oder *Geochelone atlas* genannt.

[24] Im Nahen Osten töten Steinadler und Bartgeier regelmäßig Maurische Landschildkröten, indem sie sie aus einer Höhe von 30 oder mehr Metern auf den größten verfügbaren Felsbrocken fallen lassen. Die Verluste können beträchtlich sein, vor allem in der Brutsaison der Vögel. (Ein einziges Adlerpaar hat mit dieser Methode im Verlauf von vier Monaten 84 Schildkröten zerschmettert.) Manche rezenten oder ausgestorbenen Fleisch fressenden Säugetiere mögen zwar so starke Kiefer haben, dass sie die Panzer kleiner Landschildkröten knacken können, aber soweit man weiß, hat sich kein einziges Raubtier auf diese Kost spezialisiert. Wasserschildkröten führen ein viel weniger sicheres Leben: Viele von ihnen müssen vor Krokodilen auf der Hut sein, die in fast allen Süßwassern der Tropen heimisch sind und mit denen wir uns gleich noch befassen werden.

vegetarische Kost hebt die Schildkröten von den anderen Landreptilien ab. Es versteht sich von selbst, dass sie mit ihren schweren Panzern nicht gerade für Verfolgungsjagden geschaffen sind. Überfälle aus dem Hinterhalt mögen für die wendigen und flinken Komodowarane das Richtige sein, aber eine Fleisch fressende Riesenschildkröte, die sich auf Hirsche spezialisiert hätte, müsste wahrscheinlich sehr lange auf der Lauer liegen, bis ihr einmal ein Überraschungscoup gelänge. Schildkröten müssen nicht gewandt, schnellfüßig, angriffslustig oder scharfklauig sein, um ihre Mägen zu füllen, und können sich schwere Schutzpanzer zulegen, ohne dass ihnen dadurch große Nachteile entstehen.

Heutzutage sind die einzigen terrestrischen Reptilien, die von der Größe her mit den Landschildkröten mithalten können, Schlangen – allesamt aus der Familie der *Boidae*, der Riesenschlangen. Anakondas, drei Pythonarten – der südostasiatische Netz-, der indische Tiger- und der afrikanische Felsenpython – sowie Abgottschlangen *(Boa constrictor)* können über fünf Meter lang werden; Prachtexemplare der Anakondas und der Netzpythons erreichen manchmal neun Meter Länge. Eine wohlgenährte Anakonda kann über 200 Kilogramm schwer werden und macht so unmissverständlich klar, dass sie nach allen plausiblen Kriterien zur Megafauna gezählt werden muss. Alle Riesenschlangen sind leidenschaftliche Fleischfresser, und im Gegensatz zum Komodowaran besiedeln sie eine ganze Reihe verschiedener Habitate in den tropischen und subtropischen Gebieten beider Amerikas, Afrikas und Asiens. Verstoßen die Riesenschlangen also gegen die Kaltblüterregel? Keineswegs, aber um diese scheinbaren Ausnahmen zu verstehen, muss man etwas weiter ausholen als bei den Landschildkröten und Waranen.

Im Allgemeinen sind Schlangen schlechter gegen Fressfeinde gefeit als die gut gepanzerten Schildkröten. Erwachsene Tiere landen oftmals im Maul eines großen Fisches oder Frosches, viele fallen Fleisch fressenden Echsen, anderen Schlangen, Treiberameisen, Säugetieren und Vögeln zum Opfer, und der Nachwuchs wird beim Spießrutenlauf zwischen Raubspinnen und Skorpionen dezimiert. Die Bestände überleben nur, weil Schlangen genug Eier legen, um diese Verluste auszugleichen. Und immerhin haben die meisten Schlangen, da sie lebende Tiere fressen, gute Angriffswaffen, die sich auch bei der Verteidigung bewähren. Alle Schlangen tragen spitze Zähne im Maul, die bei vielen Arten zudem mit Giftkanälen ausgestattet sind. Das Rasseln einer Klapperschlange, der in die Höhe gereckte Kopf und schildartig erweiterte Hals einer Kobra oder das rot-schwarz-gelbe Ringelmuster einer Korallenschlange sind selbstbewusst zur Schau gestellte Warnungen vor dieser Gefahr, die alle potenziellen Fressfeinde bis auf einige wenige Spezialisten von solchen Mahlzeiten Abstand nehmen lassen.

Die bei Schlangen beliebteste Form der Verteidigung ist jedoch weder das Giftspritzen noch die Drohgebärde, sondern schlicht das Verkriechen. Dank ihrer charakteristischen Körpergestalt und ihrer Tarnfarben und -muster können sich viele Schlangenarten in ihrer natürlichen Umwelt praktisch unsichtbar machen, um einerseits unbemerkt ihrer Beute aufzulauern (oder sich an sie heranzupirschen) und sich andererseits den gierigen Blicken ihrer Feinde zu entziehen. Wie schon in Kapitel 2 angesprochen, haben nur wenige Warmblüter denselben Entwicklungspfad wie die Schlangen – hin zu einer lang gestreckten, schlanken Gestalt – eingeschlagen, da diese Körperform große Energieprobleme mit sich bringt. Doch Schlangen nehmen den Großteil ihrer Körperwärme aus der Umwelt auf, sodass ihre Stoffwechselmaschinen mit winzigen Treibstoffmengen auskommen und sie sich richtig »dünnmachen« können; die Kunst des Versteckens beherrschen sie viel besser als andere, kompakter gebaute Tiere.

Die fünf genannten Riesenschlangen sind in Färbung und Verhalten ebenso unauffällig wie die anderen nichtgiftigen Schlangenarten, genießen aber zusätzlich durch ihre schiere Größe und Muskelkraft[25] einen gewissen Schutz vor Fressfeinden. Außerdem haben sich diese *Boidae* dank ihres ungewöhnlichen

[25] Gelegentlich greifen ausgehungerte Jaguare oder Kaimane Anakondas an, aber auf den Ausgang solcher Zweikämpfe ist schwer zu wetten: Es sind Fälle belegt, in denen Anakondas bis zu zwei Meter lange Kaimane eingewickelt und erwürgt haben.

Wuchses Nischen und Nahrungsquellen aufgetan, die den etwa gleich großen Fleisch fressenden Säugetieren, mit denen sie ansonsten konkurrieren müssten, verschlossen bleiben.

Die Anakondas Lateinamerikas und die Netzpythons Südostasiens und Indonesiens sind zum Beispiel typische Dschungelschlangen, die die dichte Vegetation der tropischen Regenwälder als Sichtschutz nutzen und in Ruhe den vorüberziehenden Pekaris, Wasserschweinen, Hirschen, Antilopen, Wildschweinen, Rindern und manchmal auch Menschen auflauern. Nach einer Mahlzeit ziehen sich diese eher langsamen Tiere – manchmal für Wochen – noch tiefer in den Schutz des Waldes zurück, um ihre Beute zu verdauen. Beide Arten leben halbaquatisch; vor allem Anakondas treiben oft regungslos im Wasser strömungsarmer Flüsse, in Seen voller Wasserpflanzen oder in Sumpftümpeln, um unachtsame Tiere zu überrumpeln.

Die *Boa constrictor*, das Klischeemonster vieler schlecht recherchierter Abenteuerfilme, kann in Wahrheit als kleinste der fünf großen Riesenschlangen dem Menschen gar nicht gefährlich werden. Auch sie lebt in den tropischen Wäldern Mittel- und Südamerikas. Das Verbreitungsgebiet der Abgottschlangen überschneidet sich mit dem der Anakondas, aber sie sind häufiger und haben auch Lebensräume erobert, in denen ihre größeren Vettern nicht vorkommen. Da sie zu langsam sind, um ihrer Beute nachzujagen, vertrauen auch die Boas auf ihre Tarnung und lauern auf zufällig vorbeikommende Tiere. Die afrikanischen Felsenpythons sind vor allem in den tropischen Wäldern Westafrikas anzutreffen, wo sie sich auf Bäumen und im Buschdickicht ebenso zu Hause fühlen wie im Süßwasser, weshalb sie auch Wasserpythons genannt werden. Gelegentlich halten sie sich auch in der Savanne auf, wo sie aufgrund ihrer flachen Gestalt und Grasfärbung ebenfalls schwer zu entdecken sind. Indische Tigerpythons bevorzugen Baumbestände, sei es in immergrünen oder in lichteren, Laub abwerfenden Wäldern. Sie können hervorragend klettern und begeben sich oft auf Beutefang in die Wipfel. Wie ihre größeren asiatischen und südamerikanischen Vettern findet man sie aber auch an Fluss- und Seeufern und im Sumpfland. Tigerpythons vertilgen vor allem kleine Säuger, aber wenn sich die Gelegenheit bietet, nehmen sie es auch mit deutlich größeren Tieren auf.

Die Äste und Wipfel der Bäume, dichtes Buschwerk, die Laubschichten am Waldboden, Uferzonen und dicht mit Wasserpflanzen durchsetzte Gewässer sind für große Schlangen ideale Aufenthaltsorte, da sie hier reichlich Schlupfwinkel finden. Die meisten Säugetiere sind zu sperrig und zu hungrig, um derart schwierige Lebensräume zu erobern, in denen man entweder geduldig still sitzen muss, bis die Mahlzeit vorbeispaziert, oder gewaltsam durchs Dickicht brechen, von Ast zu Ast springen oder sich durchs Wasser kämpfen muss, um Beute aufzuspüren. Natürlich kommen sich große Schlangen und warmblütige Beutegreifer manchmal bei der Futtersuche in die Quere, und wenn sich eine Gelegenheit ergibt, werden sie einander auch fressen, aber meist führen sie eine friedliche Koexistenz – einfach indem sie einander aus dem Wege gehen und verschiedene ökologische Strategien verfolgen. Man kann sich nur schwer vorstellen, wie zwei Populationen über 30 Kilo schwerer Fleischfresser es fertig bringen, denselben Lebensraum zu teilen, ähnlich große Beute zu jagen und sich dabei so gut wie nie zu begegnen. Wenn jedoch die eine Art sieben Meter lang und dabei nur 15 Zentimeter schmal ist, steht ihr eine reptilientypische, ja -spezifische Lebensweise offen, von der fast alle warmblütigen Beutegreifer ausgeschlossen sind. Unsere Regel hält also auch dem Schlangenhärtetest stand.

Komodowarane, Riesenschildkröten und Riesenschlangen sind zurzeit die einzigen riesigen Festlandreptilien der Erde, aber es gibt eine Weltgegend, in der sich eine so ungewöhnliche Vielfalt an Reptilien – einschließlich einiger beachtlich großer Arten – gehalten hat, dass wir unser Augenmerk eine Zeit lang dorthin lenken sollten. Die einzigartige Reptilienfauna der trockenen Landstriche Australiens hat im Laufe der Jahre vielen Biologen Rätsel aufgegeben. Allein sechs Arten großer, 85 Zentimeter bis 2,4 Meter langer Warane durchstreifen diesen Lebensraum: getüpfelte Baumwarane, Pazifikwarane, Gouldwarane, Mertenssche Wasserwarane, Bunt- und Riesenwarane. Insgesamt gibt es in Australien 17 Waranarten, weit mehr als in den klimatisch ähnlichen Regionen Afrikas und Nordamerikas, und viele der mittelgroßen bis großen Arten scheinen in Australien jene Nischen auszufüllen, die andernorts durch Säugetiere wie Wiesel, Frettchen, Mungos, Dachse, Hunde und Katzen besetzt sind. Der Umstand, dass es in Australien praktisch keine großen räuberischen Säugetiere gibt, ist bemerkenswert und verwirrend: Die einzigen nicht vom Menschen eingeschleppten Fleischfresser, die über fünf Kilogramm Körpergewicht erreichen, sind der Beutelteufel, ein Aasfresser und Kleintierräuber, und der Tüpfel-Beutelmarder, der wie eine kleine Raubkatze wirkt. Zum Vergleich: In Ostafrika sind 20 Fleisch fressende Säugetiere von über fünf Kilo Gewicht heimisch, in Nordamerika 27 und allein im relativ kleinen Thailand 24 Arten.

Angesichts dieser Bilanz kann es kaum verwundern, dass die Biologen der vergangenen Generationen glaubten, irgendeine Besonderheit im Beuteltierast des Säugetierstammbaums – zum Beispiel die relativ kleinen Gehirne – habe die evolutionäre Entstehung größerer Fleischfresser innerhalb dieser Ordnung verhindert, während dem bei den höheren Säugetieren nichts im Wege stand.[26] Aber in Südamerika hat es früher diverse Fleisch fressende Beuteltiere gegeben, darunter auch ökologische Entsprechungen zu Bären, Hunden, Wölfen, Zibetkatzen und Säbelzahntigern, und auch in Australien selbst war die Palette der großen Beutelräuber früher – im Känozoikum, als ein Großteil des Kontinents mit vielfältig strukturiertem und an Pflanzenarten reichem Regenwald bedeckt war – recht breit, sodass die Vermutung, Beuteltiere hätten irgendeine eingebaute Wachstumsbremse, nicht aufrechtzuerhalten ist. Wenn es aber im Laufe der

[26] Australien ist zu Recht für seine Beuteltiere berühmt, aber genau genommen sind 50 Prozent der australischen Säugetierfauna beutellose Plazentatiere – je zur Hälfte Fledermausarten und Nagetiere. Kürzlich hat man in Murgon im Südosten von Queensland ein Fledermausfossil gefunden, das belegt, dass diese vollendeten Weltenbummler Australien bereits zu Beginn des Känozoikum (spätestens vor 55 Millionen Jahren) besiedelten; die Nagetiere ziehen vermutlich seit dem Spät-Miozän über diesen Kontinent. Weitere –

Beuteltier-Evolution keine intrinsische Schranke gab, warum gibt es dann in Australien so wenig große Beutel-Raubtiere? Hat man erst einmal die Antwort auf diese Frage gefunden, so dürfte auch die zweite Besonderheit dieser Weltgegend, die Häufung großer Reptilien, weniger rätselhaft erscheinen.

Im Jahr 1981 hat A. V. Milewski die kluge Hypothese ins Spiel gebracht, die ungewöhnliche Zusammensetzung von Australiens Vierfüßer-Gemeinschaft sei letzten Endes auf eine Kombination zweier Faktoren zurückzuführen: einerseits auf das trockene Klima und das oft unwägbare Wettergeschehen, andererseits auf die nährstoffarmen Böden dieses Kontinents.[27] In den ariden und (klimatisch) mediterranen Teilen Nordamerikas liegt zum Beispiel die Phosphorkonzentration der Böden typischerweise bei über 300 ppm (parts per million, d. h. Tausendstel Promille), niemals aber unter 100 ppm.

In Australien hingegen gibt es riesige Landstriche mit extrem phosphorarmen Böden, die manchmal gerade noch 25 ppm dieses Elements enthalten. Phosphor ist ein Schlüsselelement für das Pflanzenwachstum, sodass ein Phosphormangel im Boden die Produktivität des ganzen Ökosystems hemmen kann. Die Gründe für die Unfruchtbarkeit australischer Böden sind zum einen im niedrigen Phosphorgehalt der vorherrschenden Gesteine – Granit, Gneis und Sandstein – zu suchen, der notwendig zum Phosphormangel in den daraus entstandenen Böden führte. Zum anderen hat Australien eine ungewöhnlich stabile tektonische Vergangenheit; in der erdgeschichtlich jüngeren Zeit sind

allerdings umstrittene – Fossilienfunde aus Murgon deuten darauf hin, dass die Condylartha oder Urhuftiere – eine Säugetiergruppe, aus der in anderen Weltgegenden zum Beispiel die Wale, Kühe, Pferde und Hunde hervorgegangen sind – im frühen Känozoikum auch in Australien vertreten gewesen sein könnten. Oft hört man, die Beuteltiere herrschten in Australien vor, weil es den Plazentatieren nie gelungen sei, auf dem isolierten Inselkontinent Fuß zu fassen. Die paläontologischen Befunde lassen diesen Erklärungsversuch jedoch fragwürdig erscheinen, und manche Wissenschaftler äußern jetzt die Vermutung, dass die Beuteltiere in Australien dominieren, weil sie während des Früh-Känozoikum ihren – vermeintlich höher entwickelten – plazentalen Vettern im Konkurrenzkampf überlegen waren.

[27] Eine andere, Milewski jedoch nicht notwendig widersprechende Auslegung findet man bei Wroe (1999).

kaum nennenswerte Gebirge entstanden, sodass es nur wenige Gebiete gibt, in denen der Fels angehoben und den Kräften der Witterung und Erosion ausgesetzt wurde. Mangels Erosion höher gelegener Gesteinsformationen ist der Nachschub an Nährstoffen gering, während das versickernde Regenwasser und das Grundwasser die ohnehin schon mageren Böden Australiens immer weiter auswaschen.

Inwiefern könnte der Nährstoffmangel den Raubreptilien gegenüber ihren Säugetierkonkurrenten einen Vorteil verschafft haben? Offenbar haben sie nicht unmittelbar, sondern über das Zwischenglied der Vegetation von diesem Mangel profitiert, vor allem in den ariden Gebieten. Herrscht ein Mangel an jenen chemischen Elementen, die die Pflanzen zum Wachstum benötigen, so wachsen sie langsam und entwickeln oft ledriges, harzreiches, dorniges Blattwerk. Die Herstellung harter, unangenehm schmeckender Blätter ist zwar »teurer« als die Produktion weichen, zarten Grüns, zahlt sich aber aus, weil die Weidetiere abgeschreckt werden. So minimieren die Pflanzen den Verlust an wertvollen, raren Nährstoffen, die sie dem mageren Boden so mühsam abgerungen haben, und sie haben bessere Chancen, ihren langsamen Lebenszyklus ohne übermäßige Fraßschäden zu überstehen. Die bodendeckende Vegetation auf unfruchtbaren Böden besteht meist nicht aus einjährigen Kräutern, sondern aus ausdauernden Stauden, da für ein schnelles, saisonales Wachstum einfach nicht genug Nährstoffe zur Verfügung stehen. Übers ganze Jahr betrachtet, tragen trockene und unfruchtbare Böden daher, so paradox es scheint, oft mehr Vegetation als trockene, aber fruchtbare Böden, und vergleicht man Australien mit den klimatisch ähnlichen Gegenden Nordamerikas und Südafrikas, so sticht dieser Unterschied tatsächlich ins Auge.

Das Blattwerk, das solche Pflanzen hervorbringen, brennt wie Zunder, und die Vegetation erneuert sich alle zehn bis 20 Jahre durch Feuerkatastrophen. Die Regenerationsdauer der Pflanzendecke ist recht uneinheitlich, da sie wesentlich von der verfügbaren Wassermenge abhängt, und in den Wüstenregionen Australiens fällt der Regen völlig unvorhersagbar. Außerdem beeinflusst der El-Niño-Zyklus das Wettergeschehen und beschert dem Kontinent teilweise lang anhaltende Dürreperioden, sodass Australiens Buschland mit die unzuverlässigsten langfristigen Wettervorhersagen der Welt hat. Alles in allem ist die australische Flora deswegen besonders unproduktiv und für Weidetiere schwer verdaulich, und in großen Gebieten löst sie sich durch häufige, aber unvorhersagbare Buschbrände phasenweise ganz in Rauch auf.

Generell sind Säugetiere mit ihren leistungsstarken und Brennstoff schluckenden Stoffwechselmotoren auf eine ausreichende und zuverlässige Nahrungszufuhr angewiesen, und das gilt für Pflanzen- und Fleischfresser gleichermaßen. Ist ein Lebensraum produktionsschwach, so nährt er nur wenige Pflanzenfresser, die weit verstreut leben, und wenn die Fruchtbarkeit und das Pflanzenwachstum weiter absinken, so kann das Habitat eine Grenze erreichen, unterhalb derer die Pflanzenfresserdichte nicht mehr ausreicht, um eine dauerhaft überlebensfähige Fleischfresserpopulation zu versorgen. Die Auswirkungen unvorhersehbarer Systemstörungen verschärfen die Lage zusätzlich: Wenn ein Buschbrand 90 Prozent einer ohnehin spärlichen Graslandvegetationsdecke verzehrt, so reicht das Futter nur für einige wenige Weidetiere. Diese wenigen Individuen mögen ausreichen, um die Pflanzenfresserpopulation wieder aufzubauen, aber dass sich der Fleischfresserbestand bei einer derart unsicheren, angespannten Versorgungslage langfristig erholt, ist sehr unwahrscheinlich. Daher sind Gegenden, die sich *sowohl* durch niedrige Biomasseproduktivität *als auch* durch gravierende Versorgungsengpässe auszeichnen, schlecht für Säugetiere im Allgemeinen – und verheerend für Raubsäugetiere im Besonderen.

Kaltblütige Konsumenten hingegen, die weniger Nahrung brauchen und längere Fastenzeiten überstehen, sollten unter solchen Umweltbedingungen im Vorteil sein. Vergleicht man die Faunen von Gebieten mit ähnlichem Klima, aber unterschiedlich fruchtbaren Böden, so findet man diese Annahme bestätigt. Samen fressende Nagetiere sind beispielsweise in den trockenen Regionen Nordamerikas und Südafrikas achtmal häufiger als in den klimatisch entsprechenden Zonen Australiens. Auch findet man in den ariden Teilen Australiens keine Lerchen, keine kleinen Trappen und keine Fasane, wohingegen diese Vögel in den vergleichbaren Gebieten Afrikas rund ums Jahr anzutreffen sind. Der Mangel an kleinen, warmblütigen Pflanzen- und Samenfressern in Australien dürfte wiederum die Ursache für die extreme Seltenheit aller Fleischfresser sein, die sich auf solche Beutetiere spezialisiert haben, also Raubsäuger, Raubvögel und bestimmte Schlangen.

Die wichtigsten kleinen Laub- und Samenfresser in den Trockengebieten Australiens sind weder Nagetiere noch Vögel, sondern kaltblütige Wirbellose: Blatt fressende Insekten vertilgen zum Beispiel in den mittelmeerähnlichen Floren Australiens einen größeren Anteil des Laubwerks als in der entsprechenden Vegetation im Süden Afrikas. Australien ist auch die Heimat einer immensen Vielzahl von Ameisenarten, von denen viele Samen sammeln. Die wichtigsten Fressfeinde dieser Wirbellosen gehören zur selben Kategorie wie in den anderen Trockenregionen der Erde auch: Echsen. Aber in Australien haben es die Echsen besonders leicht, da das Angebot an wirbellosen Beutetieren üppig, die Konkurrenz durch räuberische Säugetiere und Vögel schwach und die Auswahl an geeigneten Verstecken unter dem Blattwerk der langsam wachsenden, ausdauernden und widerstandsfähigen Pflanzen groß ist. Australien beherbergt mehr träge, nachtaktive Echsenarten als jede andere Weltgegend, vielleicht weil es keine nachtaktiven Säugetiere gibt, die Jagd auf sie machen oder mit ihnen um Beute konkurrieren. Australien hat weltweit die meisten Spezies Ameisen fressender Echsen, von denen viele ungeschützt in der offenen Landschaft hocken und auf die Ameisen warten, die ihnen vor die Füße laufen: eine Strategie, die in Ökosystemen mit hohen Dichten räuberischer Säugetiere und Vögel zweifellos Fressfeinde anlocken würde. Der dichte und winterharte Bodenbewuchs bietet zahlreichen kleinen Echsen Unterschlupf und Jagdgründe, etwa den Skinken, von deren Fleisch wiederum größere Echsen leben. Am oberen Ende der Nahrungskette stehen noch größere Echsen, die in Australiens Wüstengebieten gedeihen können, weil sie sich größtenteils von anderen Echsen ernähren, deren Zahl vermutlich zu klein ist und zu sehr schwankt, um als Hauptnahrungsquelle für Säugetiere von der Größe eines Warans infrage zu kommen.

Wenn Milewski Recht hat, verdankt Australien seine reiche Reptilienfauna also den Vorzügen der Kaltblütigkeit unter den gegebenen Umweltbedingungen: Trockenheit, starke Klimaschwankungen und Nährstoffmangel. Wenn dem so ist, dürfen wir annehmen, dass sich die Faunen anderer nährstoffarmer Gegenden unter denselben klimatischen Umständen in eine ähnliche Richtung entwickelt haben, ganz gleich auf welchem Kontinent. Milewski war sich bewusst, dass seine Hypothese sich auf dem Prüfstand solcher Vergleiche bewähren musste, und untersuchte folglich die Faunen von Testgebieten in Westaustralien und Südafrika, die sich in puncto Klimaverlauf und sehr niedriger Bodenfruchtbarkeit stark ähnelten, auf Parallelen und Unterschiede. Dabei fielen ihm einige bemerkenswerte Übereinstimmungen auf. In beiden Gebieten sind Säugetiere rar, und Bauten grabende Nager, große Huftiere sowie Raubtiere, die auf große Beute spezialisiert sind, fehlen völlig. Die häufigsten tagaktiven Echsen beider Regionen ähneln sich sowohl im Aussehen als auch im Verhalten, und auch die Schlangen scheinen dieselben Nischen besetzt zu haben, obwohl es sich in Südafrika um Vipern, in Australien hingegen um Giftnattern handelt – also nur entfernt verwandte Familien.

Natürlich stieß Milewski auch auf eine Menge Unterschiede zwischen den Faunen beider Testgebiete, aber die meisten Differenzen konnte er plausibel auf ganz offensichtliche Unterschiede in den Floren, den Nahrungsquellen und den Fressfeindbeständen zurückführen. Zum Beispiel sind Sträucher, die für Ameisen interessante Samen produzieren, in Australien häufiger, und da wundert es uns nicht, dass er dort auch mehr Ameisen fressende Echsen gezählt hat. In Südafrika gibt es dafür mehr Pflanzen mit unterirdischen Speicherorganen wie Zwiebeln und Knollen, von denen sich die Mulle ernähren – Kleinsäuger, die in Australien nicht vorkommen. Südafrikanische Reptilien sind im Allgemeinen stärker gepanzert, und die Schlangen sind angriffslustiger als ihre australischen Gegenstücke, worin sich vermutlich die größere Vielfalt und Verbreitung von Säugetierfressfeinden wie Mungos, Wildkatzen, Füchsen und Pavianen widerspiegelt.

Milewskis faszinierende Theorie ist plausibel und im Detail eindeutig überprüfbar, und sie ruft förmlich nach Weiterungen bezüglich der Verteilung der Lebensformen auf unserem Planeten. Wenn er Recht hat, dann steht eines fest: Kaltblütige Stoffwechselmaschinen können unter bestimmten Umständen sogar dann ihren warmblütigen Konkurrenzmodellen überlegen sein, wenn sie in ziemlich große Festlandtiere eingebaut sind, die in offenem Gelände leben. Dass fast überall auf der Erde dennoch die Säugetiere über die Megafauna-Nischen herrschen, könnte einfach daran liegen, dass fast überall mehr Nährstoffe zur Verfügung stehen und stabilere Witterungsverhältnisse herrschen als im heutigen Australien.

Im Grunde ist Australien gar nicht so rätselhaft. Die Unfruchtbarkeit dieser Scholle der kontinentalen Kruste ist nichts als ein historischer Zufall. In der Zukunft kann Afrika ein ähnliches Schicksal blühen: Einmal von seiner Verankerung losgerissen, könnte es in die Isolation davontreiben. Wenn es dabei nie mit anderen Landmassen zusammenstieße, sodass sich keine neuen Gebirge auffalteten, würden die Höhenzüge allmählich erodieren (oder, wie eine moderne geologische Lehrmeinung besagt, in Ultrazeitlupe »zerfließen«), bis seine Oberfläche wieder eingeebnet wäre. Die Nährstoffe würden aus dem Boden ausgewaschen, und die mittlere Bodenfruchtbarkeit ginge wohl allmählich zurück. Wenn dieser Prozess über Dutzende von Jahrmillionen ungestört abliefe, was würde dann aus den Elefanten, Giraffen, Antilopen, Löwen und Hyänen, die heute noch die Savannen dieses Kontinents beherrschen? Müssten sie nach und nach Riesenschildkröten und -waranen weichen, deren Stoffwechselmaschinen besser an die Dürftigkeit und Unzuverlässigkeit der Umwelt angepasst wären? Ein faszinierendes Gedankenspiel.

Und was geschähe, wenn alle Teile der kontinentalen Kruste zusammenstießen und wieder einen gigantischen Superkontinent bildeten, wie einstmals am Ende des Perm (Abb. 3.1)? Bei einer solchen Massenkarambolage würden sich bestimmt neue Gebirgszüge auftürmen, außerdem könnte die Verkeilung für einige Jahrmillionen jedwede Kontinentaldrift unterbinden. Wenn das Gebilde lange genug intakt bliebe, könnten große Flächen denselben unausweichlichen Weg der Nährstoffverarmung gehen, der zum heutigen Zustand Australiens geführt hat. Darüber hinaus neigen die Kerngebiete großer Landmassen zur Versteppung und Wüstenbildung, da sich die Wolken über dem Meer bilden und in Küstennähe abregnen, bevor sie das Hinterland erreichen. Also könnte das Festland der Erde schließlich in einem Riesenkontinent enden, der nährstoffarm *und* weitenteils arid wäre. Was hätte das für Folgen? Würde dann eine wahre Reptilienära anbrechen, ein Zeitalter, in dem sich das Blatt wendete und große, kaltblütige Landbewohner sich gegen ihre warmblütigen Verwandten durchsetzten?

All denen, die an der Vorstellung einer stetig aufwärts gerichteten Evolution festhalten und in der Abfolge Amphibien–Reptilien–Säugetiere–Mensch eine Entwicklung hin zu immer überlegeneren Lebensformen sehen, müssen diese Spekulationen absurd erscheinen, aber wenn wir uns von diesem Fortschrittskonzept verabschieden (wofür es 140 Jahre nach Darwin höchste Zeit ist), dann liegt eine solche evolutionäre Kehrtwende durchaus im Bereich des Möglichen. Die Evolution setzt im mer auf das Pferd, das auf der jeweiligen Rennstrecke den besten Erfolg verspricht, und auf bestimmten Parcours schlagen kaltblütige Stoffwechselmaschinen die warmblütigen Modelle um Längen. Wer weiß, welche Überraschungen die Zukunft für unseren ständig im Wandel begriffenen Planeten bereithält und welche Lebensformen vor dem unbestechlichen Auge der natürlichen Auslese Bestand haben und diese Welt bevölkern werden?

Bei unserer Suche nach einer Antwort auf die Frage, warum es nur so wenige große Reptilien auf der Erde gibt, haben wir uns bis jetzt auf die heute lebenden Tiere und Tiergemeinschaften konzentriert. Aber die moderne Welt ist nichts als ein dünnes Scheibchen am obersten Ende der geologischen Geschichte. Wie steht es um die Vergangenheit? Harmoniert die Fossilienfundlage mit der Regel, dass sich große Reptilien in den meisten Festlandökosystemen nicht gegen große Säugetiere durchsetzen können? Die Funde liefern zumeist tatsächlich ein ganz ähnliches Bild, aber es gab unter den Reptilien ein paar interessante Kandidaten, die sich als Ausnahmen zur Regel qualifizieren könnten.

Der erste Bewerber, eine Riesenechse, hat im Große-Echsen-Paradies Australien fast bis in die Gegenwart überlebt. Wie schon sein Name *Megalania* anzeigt, haben wir es hier nicht mit einer mauerkletternden und schlupflochliebenden Feld-, Wald- und Wieseneidechse zu tun: Jüngste Schätzungen veranschlagen für diese Raubechse etwa eine Tonne Gewicht. Von der Größe einmal abgesehen, scheinen diese Tiere den heutigen Komodowaranen (Abb. 4.7) in vielerlei Hinsicht geähnelt zu haben: Sie hatten die typische Echsengestalt mit einem langen Schwanz und seitlich abgespreizten Gliedmaßen und trugen in ihren kräftigen Kiefern Reihen von Sägezähnen. Angesichts der Wunden, die ein Komodowaran mit seinen vergleichsweise stumpfen Waffen einem Hirsch oder Büffel zufügen kann, kann man sich vorstellen, dass ein *Megalania*-Angriff, mit der Wucht von einer Tonne geführt, ein unvergleichlich schreckliches (und gnädigerweise sehr kurzes) Erlebnis gewesen sein muss. Was hat die Echse *Megalania* gefressen? Der Ökologe David Quammen hat es einmal, halb im Scherz, auf den Punkt gebracht: vermutlich alles, wonach ihr der Sinn stand. Riesenkängurus und Wombats dürften den größten Teil ihrer Beute ausgemacht haben. Hat sie aus dem Hinterhalt gejagt? Wir können uns nicht sicher sein, aber wenn *Megalania* eine reptilientypische Stoffwechselmaschine hatte und Kängurus erlegen wollte, dann dürfte ihr nichts anderes übrig geblieben sein, als sich auf die Lauer zu legen. Manche Paläontologen meinen, *Megalania* habe – wie heutzutage die ausgewachsenen Nilkrokodile – halbaquatisch gelebt und in den Uferzonen gejagt. Sie könnte aber auch – wie heutzutage die Komodowarane – auf dem Festland gelebt und ihren Mahlzeiten im Dickicht verborgen aufgelauert haben. Versteinerte Überreste von *Megalania* sind leider sehr selten und meist sehr unvollständig, sodass wir wohl oder übel weitere Fossilienfunde abwarten müssen, bevor wir eine wirklichkeitsgetreue Vorstellung von der Lebensweise dieser faszinierenden Geschöpfe entwickeln können.

Die Paläontologen haben Überreste einer weiteren Tiergruppe ans Licht gebracht, die unsere Vorstellung von der Unterlegenheit großer terrestrischer Reptilien fragwürdig erscheinen lässt. Von allen Reptilien der Nach-Dino-Ära dürften dies die eigentümlichsten sein. Krokodile der Gattung *Pristichampsus* gediehen von der späten Kreidezeit bis zum Eozän (Abb. 3.1) in weiten Teilen der Welt, und von der späten Kreidezeit bis zum Pliozän lebte in Südamerika ein auf den ersten Blick ähnliches, aber mit dieser Gattung nur entfernt verwandtes Tier namens *Sebecosuchia*. Den beiden war eine Reihe von ziemlich unkrokodilhaften anatomischen Zügen gemein. Sowohl prähistorische als auch moderne Krokodile haben normalerweise kegelförmige Zähne, mit denen sie ihre Beute greifen und fest halten. Größere Mahlzeiten zerlegen sie entweder durch Hin-und-Her-Schleudern, oder sie wirbeln sie unter Wasser herum und nutzen den Wasserwiderstand, um die Kadaver zu zerfetzen. *Pristichampsus* und *Sebecosuchia* hatten jedoch – ganz wie die Raubdinosaurier und die Komodowarane – seitlich abgeflachte Zähne mit gezackten Rückseiten, was darauf hindeutet, dass sie Happen aus den Kadavern herausbeißen konnten.

Die Art der versteinerten Knochen, die man in der Nähe früherer *Pristichampsus*-Exemplare gefunden hat, lässt vermuten, dass sie Säugetiere erbeutet haben, darunter auch die kleinen Vorfahren der Pferde. Waren sie nun Süßwasser-Hinterhaltjäger wie die heutigen Krokodile? Möglicherweise, aber für Krokodile hatten sie ungewöhnlich lange Beine, ihre Schwänze waren im Querschnitt rund, und ihre Füße trugen hufartige Klauen: alles Indizien für ein Leben, das sich größtenteils auf dem Festland abspielte. Terrestrische Krokodile, die imstande waren, Pferdchen hinterherzujagen und sie einzuholen? Kein Wunder also, dass die Paläontologen diese Reptilien oft mit dem Attribut »schwer einzuordnen« versehen – einem in Wissenschaftlerkreisen gängigen Euphemismus für alles, was so gar nicht ins Bild passen will.

Diese Tiere scheinen ihren Zenit kurz nach dem Aussterben der Dinosaurier, aber noch vor der Blütezeit der großen Raubsäugetiere im späten Känozoikum erreicht zu haben. Offenbar standen die Nischen für große landlebende Beutegreifer in dieser Phase leer, und da die Krokodile beim großen Sterben in der Kreidezeit relativ glimpflich davongekommen waren, hatten sie beim Wettlauf um diese Nischen eine ideale Ausgangsposition. Sobald dann aber die ersten großen Fleisch fressenden Säugetiere auf der Bildfläche erschienen, scheinen die *Pristichampsus*-Krokodile Europas und Nordamerikas ziemlich schnell abgetreten zu sein. Niemand kann einen ursächlichen Zusammenhang dieser beiden Ereignisse wirklich nachweisen, aber der zeitliche Verlauf ist schon verdächtig. Und ist es ein Zufall, dass diese Krokodile ausgerechnet in Australien bis fast in die Gegenwart hinein überleben konnten? In australischen Gesteinsformationen aus dem Pliozän und dem späten Pleistozän hat man Zahn- und Schädelfragmente einer Krokodilgattung gefunden, die *Quinkana* getauft wurde und – wer weiß? – damals vielleicht auch auf die frühen menschlichen Siedler Jagd gemacht hat. Australien muss den Säugetieren im Pleistozän als besonders unwirtliche Heimat erschienen sein, da dort sowohl *Quinkana* als auch *Megalania* auf Beute lauerten – jedenfalls, *wenn* diese Rätseltiere denn lauerten.

Komodowarane, Riesenschildkröten, Boa-Schlangen und die seltsame Fauna Australiens sind heute die einzigen potenziellen Stolpersteine für die Regel, dass große Warmblüter gegenüber großen Wechselwarmen im offenen Gelände zumeist im Vorteil sind. Was *Megalania* und die anderen ausgestorbenen Landkrokodile angeht, so haben wir einfach zu wenig Gewissheit über ihre Lebensweise. Angesichts des Zeitpunktes, zu dem sie ihre Blüte erlebten, und angesichts ihres Fortbestandes nur in jenen

Gegenden, die aus verschiedenen Gründen besonders für Tiere mit geringen Ansprüchen an ihre Nahrungsquellen geeignet scheinen, können wir sie jedoch trotz unserer Wissenslücken als weitere Kandidaten für Ausnahmen von der Regel gelten lassen.

Anhand der Lebensweisen heutiger wie ausgestorbener Tiere haben wir die Regel von der Vorherrschaft warmblütiger großer Landlebewesen unter den meisten Umweltbedingungen einer eingehenden Überprüfung unterzogen, und dabei hat sich herausgestellt, dass sie sich in den meisten Fällen gut genug bewährt, um – mit aller gebotenen Vorsicht – als eine Art Grundprinzip des Lebens anerkannt zu werden. Große Tiere, die ihr Dasein auf einer weitgehend zweidimensionalen Ebene fristen müssen, haben wenig Gelegenheit, sich der Aufmerksamkeit anderer Festlandbewohner zu entziehen. Sogar im Wald, wo man sich noch am ehesten verstecken kann, haben kleine Tiere bessere Chancen, unentdeckt zu bleiben, als große. Mit zunehmender Körpergröße ist die Erdanziehungskraft immer schwerer zu überwinden, und sowohl die Räuber als auch die Beutetiere sind immer leichter zu entdecken. Wenn kein Loch mehr groß genug ist, um sich darin zu verkriechen, wenn kein Baum breit genug ist, um dahinter in Deckung zu gehen, und wenn die dritte Dimension einem aus Gewichtsgründen verschlossen bleibt, dann wird das Jagen aus dem Hinterhalt zum Problem und das Verstecken vor dem Fressfeind zur allzu riskanten Überlebenstaktik. Wenn große Beutegreifer ihren Hunger stillen wollen, müssen sie sich sehr ins Zeug legen, und wenn große Pflanzenfresser vermeiden wollen, zur Mahlzeit zu werden, müssen sie sogar noch schneller sein. Je weiter der eigene und der gegnerische Blick reichen, desto wichtiger werden die Überlebenstaktiken Flucht, Verfolgung und Zweikampf, und die geborenen Wettläufer und Krieger der Tierwelt sind nun einmal die Warmblüter.

Genau wie all unsere Mitsäugetiere können Sie und ich uns glücklich schätzen, dass ein Großteil der Welt ökologisch reichhaltig, fruchtbar und klimatisch relativ stabil ist. Unsere Stoffwechselmaschinen halten uns so warm, dass wir im Handumdrehen, ohne Vorwärmzeit, auf jede Bedrohung und jede Gelegenheit reagieren können, und unsere Motoren sind, wenn es darauf ankommt, leistungsstark und ausdauernd. Der Preis für unsere ökologische Munterkeit ist hoch: Um den Hunger zu stillen, müssen wir aktiv werden; Aktivität macht hungrig – unser ganzes Leben lang sind wir Stunde um Stunde, tagein, tagaus in dieser Tretmühle gefangen. Genau wie die Rote Königin in »Alice hinter den Spiegeln« sind wir ständig in Bewegung, nur um auf der Stelle zu bleiben. Gegenwärtig haben die meisten terrestrischen Lebensräume ein ausreichend großes, beständiges Nahrungsangebot, um uns diesen hektischen Lebensstil zu ermöglichen, aber das ist keine Selbstverständlichkeit, und es kann sich in Zukunft durchaus ändern. Sollte sich das Klima erwärmen (wie in der Vergangenheit geschehen), sollten die Böden verarmen, sollte der Nahrungsnachschub auf den größten kontinentalen Landmassen durch unvorhersehbare Störungen ins Stocken geraten, dann ist auch unsere Stellung als vorherrschende Lebensform in der Nische der großen Festlandbewohner in Gefahr. Und wer würde uns vom Thron stoßen? Unter den heutigen Bedingungen mögen uns die Nachfahren der ehemals weltbeherrschenden Reptilien jämmerlich erscheinen, aber wenn es nicht mehr um schiere Körperkraft und Marathontauglichkeit geht, sondern um den längeren Atem beim Überdauern von Fastenzeiten und Durststrecken, könnten wir Säuger diejenigen sein, die es zu bedauern gilt. Auf dieser ständig sich wandelnden Erde steht keineswegs fest, wohin das blinde Walten der natürlichen Auslese – die unsere Fortschrittsgläubigkeit nicht teilt – letztlich führt.

Aber zurzeit verhelfen uns die ökologischen Spielregeln für große Tiere in den meisten Festlandregionen der Erde zur Herrschaft über unsere reptilischen Vettern. Als große Landlebewesen können wir auf unsere Errungenschaften stolz sein und die Früchte unserer ökologischen Versiertheit genießen. Dabei sollten wir jedoch nicht vergessen, dass das Festland von Adern durchzogen ist: Ohne das Wasser, das aus dem Himmel auf uns herabregnet und sich in Bächen, Flüssen und Seen sammelt, gingen wir in kürzester Zeit zugrunde. Im nächsten Kapitel wenden wir uns diesen Süßwasserökosystemen zu – um festzustellen, dass unsere auf dem Festland mühsam verteidigte Großtierregel dort außer Kraft gesetzt ist.

7.
Die Adern der Erde

In den Flüssen, Seen und Sümpfen beider Amerikas sind neben den Mississippi-Alligatoren vier Krokodil- und sechs Kaimanarten zu Hause.[28] In den Süßwassern Afrikas ziehen Stumpf-, Panzer- und Nilkrokodile (Abb. 7.1) ihre Runden, in den Flüssen des indischen Subkontinents lauern Sumpfkrokodile und Ganges-Gaviale, und im indopazifischen Raum muss man vor Sunda-Gavialen sowie Siam-, Mindoro-, Südostasien-, Australien- und Leistenkrokodilen auf der Hut sein. Krokodile sind die bekanntesten Riesenreptilien, die heutzutage die Süßwasserökosysteme der Welt unsicher machen, aber bei weitem nicht die einzigen. Die Wasserstraßen der Neuen Welt beherbergen Geierschildkröten, die über 80 Kilogramm schwer werden, Arrau-Schildkröten, Schnappschildkröten, Tabasco-Schildkröten, Florida-Weichschildkröten (oder Wilde Dreiklauen), Peninsula-Schmuckschildkröten und eine Unmenge weiterer, weniger imposanter Arten. Zu den Schildkröten Afrikas, Indiens und des indopazifischen Raums zählen großwüchsige Sumpfschildkröten, die Afrikanische Weichschildkröte, die südasiatische Riesenweichschildkröte, die bis zu 1,2 Meter lang wird, sowie eine besonders bissige Spezies: die Kurzkopf- oder Chitra-Weichschildkröte, die nachweislich selbst Ziegen anfällt. Man ergänze die Liste um den Arapaima, den Nilbarsch, den Tarpun, den Langnasen-Knochenhecht, den Riesentiger-

[28] Spitz-, Orinoko-, Kuba- und Beulenkrokodil; Brillen-, Yacare-, Breitschnauzen-, Mohren-, Keilkopf-Glattstirn- und Brauen-Glattstirnkaiman. Die Familie *Crocodylidae* umfasst drei Unterfamilien: Zu den *Alligatorinae* zählen der Mississippi- und der China-Alligator sowie sechs Kaimanarten. Die zwölf Echten Krokodile, das Stumpfkrokodil und der Sunda-Gavial werden in der Unterfamilie *Crocodylinae* zusammengefasst, und die *Gavialinae* bestehen aus einer einzigen Art, dem Ganges-Gavial.

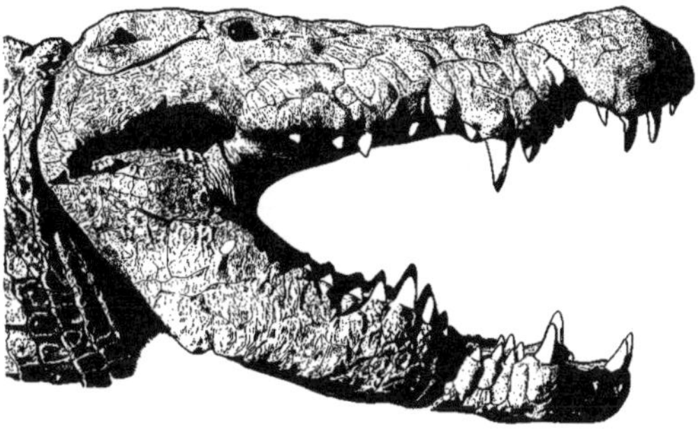

7.1 Das furchterregende Nilkrokodil wird bis zu fünf Meter lang.

fisch, den Hecht, den Zander und eine ganze Reihe weiterer großformatiger Raubfische, und es hat den Anschein, als wimmelten die Süßwasserökosysteme von großen, wechselwarmen Fleischfressern.

Und wo bleiben die Säugetiere? Die einzige furchterregende Spezies, die man heute noch im Süßwasser findet, ist das Nilpferd, ein oft übellauniges Geschöpf, dessen Körpermasse seinen Wutanfällen den nötigen Nachdruck verleiht. Rasende Flusspferde haben Nilkrokodilen gelegentlich sogar schon den Kopf abgebissen. Dennoch stellen sie keine ernste Konkurrenz für die Krokodile dar, denn sie ernähren sich rein vegetarisch und gehen zum Grasweiden an Land. Durchforstet man alle Süßwasserökosysteme der Welt, so findet man tatsächlich kein einziges Säugetier, das sich in Sachen Ernährung und Lebensweise mit den Krokodilen messen könnte. Schnabeltiere, Schwimm-Beutelratten, etliche Spitzmäuse und Hasenmäuler (südamerikanische Fledermäuse) beziehen zwar einen Teil oder die Gesamtheit ihrer Nahrung aus dem Süßwasser, aber all diese Fleischfresser sind selbst klein und auf kleine Beutetiere spezialisiert. Biber, Bisamratten, Wasserratten, Nutrias und Capybaras halten sich zwar oft am oder im Wasser auf, suchen ihr Futter aber meist an Land und verzichten weitgehend oder völlig auf fleischliche Kost. Jaguare, Tiger, einige weitere Großkatzen, Wieselkatzen, Waschbären, Marderhunde und manche Bären jagen zwar gelegentlich im

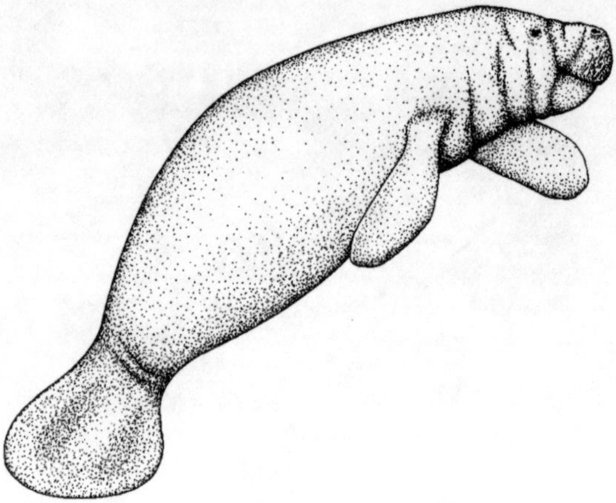

7.2 Flussmanatis (Rundschwanz-Seekühe) werden knapp drei Meter lang.

Flachwasser, sind aber eindeutig Festlandraubtiere, die diese zusätzlichen Jagdgründe zur Erweiterung ihrer Speisekarten nutzen. Otter, Nerz und Wasserzivette (eine Zibetkatze) haben sich stärker der aquatischen Lebensweise verschrieben, sind aber allesamt recht zierlich,[29] fressen vornehmlich Kleintiere und jagen auch an Land. Die einzigen Säugetiere, die sich rund um die Uhr im Wasser der Seen und Flüsse aufhalten und von der Größe her mit den Krokodilen mithalten können, sind die zu den Rundschwanz-Seekühen zählenden Flussmanatis aus Südamerika (Abb. 7.2) sowie die vier Arten der Flussdelphine (Abb. 7.3). Die Manatis sind – wie die Nilpferde – strikte Vegetarier, sodass sie als potenzielle Konkurrenten der Krokodile von vornherein ausscheiden, aber die Flussdelphine – 70 bis 160 Kilogramm schwere Fleischfresser – kämen durchaus in Betracht. Wir werden diese Frage bald wieder aufgreifen.

Wenn wir die Delphine mal für einen Augenblick beiseite lassen, ist die Vorherrschaft großer Wechselwarmer im Süßwasser mindestens so ausgeprägt wie die Vorherrschaft der großen Säu-

[29] Die Männchen des südamerikanischen Riesenotters halten mit 25 bis 30 Kilogramm den Gewichtsrekord unter den Wassermardern.

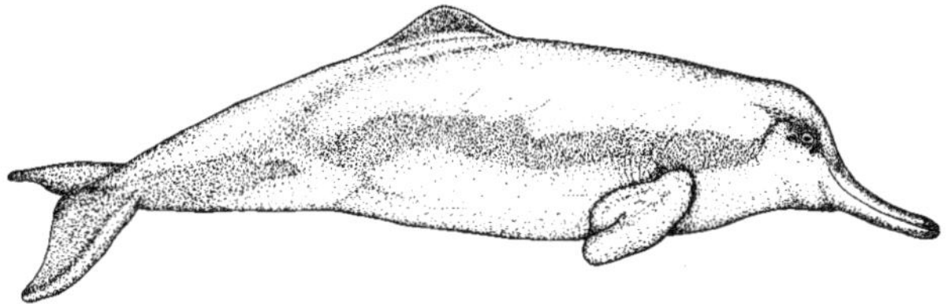

7.3 Der Chinesische Flussdelphin, ein Süßwasser-Zahnwal aus dem Jangtse, wird bis zu zweieinhalb Meter lang und bis zu 160 Kilogramm schwer.

getiere auf dem Festland. Dieser Kontrast ist derart augenfällig, dass man meinen sollte, die Wissenschaft sei den ökologischen Ursachen für die Stoffwechselunterschiede zwischen den Herrschern über die beiden großen terrestrischen Reiche längst auf den Grund gegangen. Ich jedenfalls nahm das an, als ich in den siebziger Jahren der Faszination der Krokodile erlag. Zwanzig Jahre habe ich vergebens nach entsprechender Literatur gesucht; offenbar war dieses Thema außer mir kaum jemandem in den Sinn gekommen. Dieses verwirrende und bedauerliche Defizit spiegelt wohl die Spezialisierung fast aller professionellen Ökologen auf einen der beiden Lebensräume wider, durch die alle Fragestellungen, die das Festland *und* das Süßwasser überspannen, aus dem Blickfeld geraten. Es mag auch eine Rolle spielen, dass fast alle großen Süßwassertiere, Kalt- wie Warmblüter, in den Tropen und Subtropen heimisch sind,[30] während die Mehrheit der Naturwissenschaftler in den letzten Jahrhunderten kaum über das Kerngebiet ihrer Verbreitung, die gemäßigten Zonen Europas und Amerikas, hinausgekommen ist. Um erst gar keine falsche Hoffnung aufkommen zu lassen: Auch dieses Kapitel kann nicht mit einer definitiven Antwort auf die Frage aufwarten, warum die großen Kaltblüter in den Flüssen und

[30] Dass in diesem Kapitel vor allem die Süßwasserökosysteme der niedrigen Breiten beleuchtet werden, hat seinen Grund in ihrer langen, vergleichsweise stabilen Besiedlungsgeschichte: Die Tiere hatten – seit dem Ende der Kreidezeit – 65 Millionen Jahre Zeit, diese Regionen zu erobern, während das Festland nördlich der Großen Seen in Nordamerika bzw. in Europa nördlich von Deutschland einen Großteil seiner jüngeren geologischen Geschichte unter dicken Eisschichten verborgen war.

Seen ihre warmblütige Verwandtschaft in den Schatten stellen, aber ich möchte zumindest versuchen, den Gegenstand dieses faszinierenden, ungelösten Rätsels etwas näher zu beleuchten.

Der naheliegendste Ausgangspunkt für eine Erörterung dieses Themas ist eine Untersuchung der physikalischen Eigenschaften von Wasser und Luft sowie die Frage, welche Folgerungen sich daraus für die verschiedenen Tierarten ergeben, die in diesen Medien leben. Da Wasser ein sehr guter Wärmeleiter ist, stehen einem warmblütigen Tier, das sich die meiste Zeit in Flüssen oder Seen aufhält, nur vier Alternativen offen: Es kann sich von der Thermoregulation verabschieden und seine Körpertemperatur von der Umgebungstemperatur abhängig machen; es kann sich nur in den wärmsten Gewässern aufhalten, um den Wärmeverlust zu minimieren; es kann eine möglichst effiziente Dämmschicht ausbilden und unterhalten; und schließlich kann es seine Stoffwechselrate und damit die freigesetzte Wärmemenge erhöhen.

Soweit bekannt, verfolgt kein aquatisches Säugetier die erste Strategie. Die Manatis scheinen eine Kombination aus den Optionen zwei und drei zu praktizieren: Für Säugetierverhältnisse sind ihre Stoffwechselraten außergewöhnlich niedrig, aber zum Ausgleich haben sie massige Körper mit dicken Fettschichten, und sie suchen Bereiche mit Wassertemperaturen von über 18°C auf (bei unter 15°C erleiden diese Seekühe rasch Unterkühlungen und sterben). Die schnell schwimmenden, Beute jagenden Otter kombinieren hingegen die dritte und die vierte Lösung: Sie haben zwar keine Fettschicht, aber ihr luftgefülltes, ölimprägniertes Fell isoliert sehr gut, und sie haben deutlich höhere Stoffwechselraten als die meisten gleich großen Landsäugetiere. Interessanterweise scheint sich in diesen Raten die Zeit widerzuspiegeln, die die Tiere im Wasser verbringen: Bei den Flussottern liegt sie etwa 50 Prozent höher, bei den Meerottern etwa zweieinhalbmal höher als bei Landsäugern vergleichbarer Größe.

Trotz dieser beeindruckend hohen Wärmeproduktion scheint das wärmedämmende Otterfell die wichtigere Anpassung zu sein. Bis vor relativ kurzer Zeit starben in den Zoos etwa 35 Prozent aller Otter vorzeitig an Lungenentzündungen und ähnlichen Infektionen, weil man nicht wusste, dass diese Tiere in ihren Gehegen ziemlich große Festlandflächen benötigen, um ihr Fell zu trocknen und zu imprägnieren. Eine versuchte Umsiedlung von Meerottern endete in einer Katastrophe, weil man die Tiere zum Transport in so enge Kisten gepfercht hatte, dass sie sich nicht pflegen konnten. Als sie schließlich in die Freiheit entlassen wurden, waren ihre Pelze in einem so desolaten Zustand, dass sie bis auf die Haut durchnässt wurden. Einige der unglücklichen Tiere konnten wieder eingefangen werden, aber die anderen erlitten Unterkühlungen und gingen ein. In freier Wildbahn verwenden Otter viel Zeit und Mühe darauf, diesem Schicksal zu entgehen, und halten ihr Fell immer in einem erstklassigen Zustand. Meerotter verbringen etwa zehn Prozent ihres Lebens mit diversen Übungen und Verrenkungen, um ihren Pelz absolut wasserabweisend zu machen. Sie krümmen und verbiegen sich, um auch das Rückenfell zu erreichen, sie »baden« in Wolken aus Luftbläschen, die sie erzeugen, indem sie das Wasser heftig verquirlen, sie drücken das Wasser mit den Pfoten aus ihrem Haarkleid und pumpen das Fell auch gezielt auf, indem sie ihre Atemluft hineinpusten. Wer als schlanker, pelziger, warmblütiger Fleischfresser in kaltem Wasser zu Hause ist, muss tagtäglich eine Menge Aufwand treiben, um dem Kältetod zu entgehen.

Von den allerwärmsten Gewässern einmal abgesehen, stellt ein aquatischer Lebensraum für jedes Säugetier eine gewaltige Herausforderung dar. Für die Wechselwarmen scheinen die physikalischen Eigenschaften des Wassers hingegen wie geschaffen. Wasser hat eine viel größere thermische Trägheit als Luft, sodass es seine Temperatur langsamer ändert und folglich weniger starke Temperaturschwankungen mitmacht. Aquatische Reptilien entgehen so den extremen und potenziell lebensbedrohenden Hitze- und Kältephasen, mit denen ihre an Land lebenden Verwandten fertig werden müssen. Da sie ihre Körpertemperatur nur durch ihr Verhalten anheben und sich, wenn es sein muss, auch in Kältestarre fallen lassen können, bleibt den Reptilien der hohe

Preis, den Säugetiere wie die Otter für ihre Warmblütigkeit entrichten müssen, erspart.[31]

Schon diese einfachen Überlegungen zur unterschiedlichen thermischen Situation von warm- bzw. kaltblütigen Wasserlebewesen lassen die Umkehr der Machtverhältnisse im Süßwasser plausibler erscheinen. An Land scheint das Schicksal eher uns großen Warmblütern zugeneigt: Wir können unsere massigen Körper mit Geschwindigkeiten über die Erdoberfläche bewegen, bei denen jeder ähnlich große Kaltblüter auf die Dauer erschöpft zu Boden gehen würde, und da wir unsere Temperatur konstant halten, können wir auch tags, nachts und in Jahreszeiten aktiv bleiben, in denen die Leistungsfähigkeit wechselwarmer Reptilien stark beeinträchtigt ist. Aber im Wasser verwandeln sich Vor- in Nachteile – und umgekehrt: Die Reptilien profitieren von der thermischen Stabilität des Mediums, sodass sie einen größeren Teil ihrer Zeit im oder nahe am optimalen Temperaturbereich verbringen, während die aquatischen Säugetiere gegenüber den ohnehin schon hohen Stoffwechsel-Betriebsausgaben ihrer Vettern auf dem Land nochmals höhere Heizkosten begleichen müssen. Die Flussmanatis haben einen vergleichsweise billigen Lösungsweg eingeschlagen: Sie sind groß, hüllen sich in eine Fettschicht und beschränken sich auf einen Lebensraum, in dem die Temperatur keine Kapriolen schlägt. Diese Taktik geht

[31] Die meisten Krokodile halten sich einfach warm, indem sie sich in warmen tropischen und subtropischen Lebensräumen aufhalten. Einige Arten können jedoch auch einen starken Temperaturabfall ihrer Umgebung verkraften, ohne ihre Energiereserven mit irgendwelchen thermoregulatorischen Gegenmaßnahmen zu belasten. Das Verbreitungsgebiet des Mississippi-Alligators erstreckt sich zum Beispiel nach Norden bis in die gemäßigte Zone, in der die Oberflächen stehender Gewässer im Winter oft zufrieren. Mit radiotelemetrischen Studien konnte man in Erfahrung bringen, wie die Alligatoren mit klirrender Kälte fertig werden: Sie ziehen sich in ruhige tote Flussarme zurück und legen sich ins Flachwasser am Ufer, sodass ihre Nasenlöcher gerade eben über die Oberfläche reichen. Sie setzen ihre langen Schnauzen wie Schnorchel ein und halten ein Atemloch in der Eisdecke frei, wenn das Gewässer zufriert. Man hat sogar Exemplare gefunden, deren Schnauzen in der Eisschicht festgefroren waren. Das scheint ungefährlich zu sein, solange die Atemwege frei bleiben: Die Tiere bleiben einfach liegen, bis das Tauwetter sie befreit. Implantierte Thermometer verzeichneten während schlimmer Kältewellen Körperkerntemperaturen von teilweise nur 5°C, ohne dass die Tiere erkennbare Gesundheitsschäden davontrugen.

aber nur auf, weil ihre Heimatgewässer reichlich Nahrung enthalten, die ihnen nicht davonschwimmt. Die Flussotter hingegen, die schneller sein müssen als ihre sehr beweglichen Mahlzeiten – größtenteils Fische –, würden verhungern, wenn sie fett und träge wären. Die deutlich erhöhte Stoffwechselrate, im Verbund mit einer Dämmschicht aus öligem, Luft speicherndem Fell, das ständiger Pflege und Aufmerksamkeit bedarf, scheint ein brauchbarer Notbehelf zu sein, aber man fragt sich schon, ob die Otter nicht besser dran wären, wenn sie an Land auf Rattenjagd gingen. Sollte das schon des Rätsels Lösung sein? Reicht die physikalische Feindseligkeit aquatischer Lebensräume gegenüber warmblütigen Tieren aus, um zu erklären, warum die großen Säugetiere in den Süßwassern der Welt so schlecht abschneiden?

Die Antwort lautet nein, und um das einzusehen, müssen wir dem Flusslauf einfach bis zu seiner Mündung folgen. Die Weltmeere sind genauso nass und oft viel kälter als Seen und Flüsse – und bieten dennoch allen möglichen großen Säugetieren eine Heimat. Die Bilanz beläuft sich weltweit auf 113 Arten, 78 davon aus der Ordnung *Cetacea* (Barten- und Zahnwale, darunter die Delphine); hinzu kommen 33 Robbenarten (Sattelrobben, Walrosse, Seelöwen, -hunde, -bären usw.) sowie der Meerotter und ein naher Verwandter der Manatis, der Dugong, auch Gabelschwanz-Seekuh genannt. Und umgekehrt: Wenn das Wasser den Eigenarten der Reptilien so sehr entgegenkommt – wo stecken dann all die erfolgreichen Meeresreptilien? Zwar kommt man weltweit auf beeindruckende 80 Arten, aber auf den zweiten Blick erkennt man, dass darunter 71 Seeschlangen sind, von denen wiederum 70 ausschließlich in einem Teilgebiet des Indischen Ozeans vorkommen, nämlich zwischen Indien und Nordaustralien. (Nur die Pelagische Seeschlange hat ein größeres Verbreitungsgebiet, das sich über den ganzen Pazifik und westwärts bis an die Ostküste Afrikas erstreckt.) Von den übrigen neun marinen Reptilienarten sind sieben Schildkröten; in den Gewässern um die Galapagos-Inseln findet man die Meerechse, einen halb aquatischen Leguan, und die letzte Art ist das Leistenkrokodil aus dem Indopazifik. Sowohl auf dem Festland wie auch in den

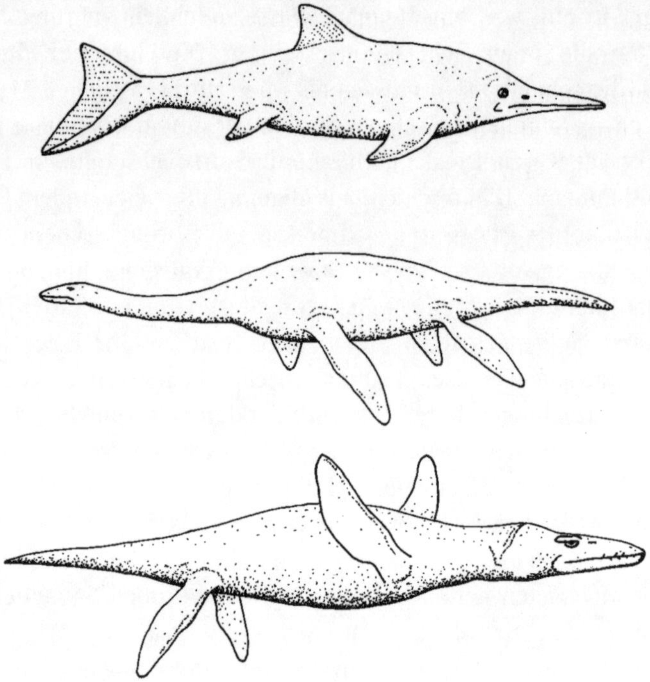

7.4 Von oben nach unten: Ichthyosaurier, Plesiosaurier und Pliosaurier.

Meeren stechen die großen Säugetiere die großen Reptilien in den Disziplinen Artenvielfalt, Verbreitung und Biomasse aus, und wir sind bei der Lösung des Rätsels, warum es sich im Süßwasser umgekehrt verhält, wieder an den Anfang zurückgeworfen.

Versuchen wir es mit einem anderen Ansatz. Was haben Festland und Meer gemeinsam; was fehlt dem Süßwasser? Welcher Parameter könnte den Unterschied in den biogeografischen Verteilungsmustern erklären? Eine naheliegende Möglichkeit erschließt sich beim Blick in die frühe Entwicklungsgeschichte der Reptilien und Säuger. Im Mesozoikum waren die zahlreichsten großen Vierfüßer allüberall »Reptilien«: krokodilartige im Süßwasser,[32] Plesiosaurier, Ichthyosaurier und Mosasaurier im Meer (Abb. 7.4) und Dinosaurier an Land. Am Ende des Mesozoikum waren alle Dinosaurier und die größten marinen Reptilien ausgestorben, aber bei den Süßwasserkrokodilen hielten sich die Verluste in Grenzen, sodass viele Arten das Heraufdämmern des Känozoikum erlebten.[33]

Für den wilden Haufen kleiner Säugetiere, die sich am Ende der Kreidezeit-Krise aus den Wäldern wagten, war es nicht weiter schwer, in den entvölkerten Landstrichen und im verödeten Meer evolutionäre Brückenköpfe aufzubauen, aber in den känozoischen Süßwassern heimisch zu werden, wollte ihnen nicht gelingen: Sich in Ökosystemen ohne nennenswerte Konkurrenz gemächlich vom mausgroßen Insektenfresser zum furchterre-

[32] Außerdem scheinen in den Süßwassern Afrikas, Brasiliens und Europas auch ein paar eigenartig aussehende Dinosaurier mit sehr langen, schmalen Schnauzen und Krokodilzähnen gelebt zu haben, die man Spinosauriden nennt. Der jüngst entdeckte *Suchomimus tenerensis* war ein elf Meter langes und an der Hüfte zweieinhalb Meter hohes Tier von grob *tyrannosaurus*- oder vogelartiger Gestalt. Die Vorstellung, dass *Suchomimus* größtenteils vom Fischfang gelebt hat, will mir nicht recht einleuchten, aber angesichts der Form seiner Kiefer und Zähne muss man wohl bis auf weiteres davon ausgehen.

[33] Für diese unterschiedlichen Überlebensquoten sind eine ganze Reihe Erklärungen vorgeschlagen worden, die alle viel Spekulation enthalten. Der plausibelste Ansatz geht von den Nahrungsketten aus. Man erinnere sich, dass das Mesozoikum vermutlich mit dem Aufprall eines Himmelskörpers endete, der Millionen Tonnen Staub in die Atmosphäre schleuderte, dadurch die Erde in Dunkelheit hüllte und die Fotosynthese zum Erliegen brachte. Diese Katastrophe muss die terrestrischen und marinen Lebensräume besonders hart getroffen haben, da in beiden Grünpflanzen an der Basis der Nahrungsketten stehen. Die Funktionalität der Binnengewässer hängt hingegen weniger von »grünen« als von »braunen« Nahrungsketten ab: Abfolgen von Vertilgern und Vertilgten, die auf der Grundlage abgestorbener organischer Materie (Detritus) existieren, welche entweder in den Gewässern selbst anfällt oder vom Festland her eingetragen wird. Die Primärkonsumenten ernähren sich von diesen Partikeln, werden ihrerseits von Sekundärkonsumenten vertilgt und so weiter, bis die Kette in Tieren wie den Ottern endet. Wie weit ein Süßwasserökosystem allein auf dieser »braunen« Basis fortbestehen kann, wenn nicht zusätzlich Phytoplankton, Uferpflanzenmaterial und Mikroflora in die Bilanz einfließen, ist kaum bekannt, aber wir wissen, dass diese Ketten zur Gesamtproduktivität von Binnengewässern viel mehr beitragen als zu der des Festlands oder der Meere. Wenn das Einschlagsszenario zutrifft, dürfte sich die Erde auf Jahre hinaus verdunkelt haben, wodurch die grünen Nahrungsketten zusammenbrachen. Der Nachschub an Detritus und das Einfließen bereits gelöster organischer Substanzen in Bäche und Flüsse dürfte aber noch lange nach dem Absterben der Landpflanzen und der von ihnen abhängigen Landtiere weitergegangen sein. Natürlich wird der Aufprall mit seinen weitreichenden Konsequenzen auch die Lebensgemeinschaften in den Flüssen, Seen und Sümpfen heftig erschüttert haben, aber *vielleicht* haben die braunen Nahrungsketten das ganze System so lange auf ökologischer Sparflamme weiterköcheln lassen, bis sich der Staub abgesetzt hatte und wieder so etwas wie Normalität einkehrte.

genden Raubtier zu entwickeln ist eine Sache, aber dasselbe in einer Umgebung fertig zu bringen, in der hinter jeder Ecke ein Krokodil lauert, ist eine ganz andere.

Könnte das die Antwort sein? Sind große Säugetiere im Süßwasser einfach deshalb rar, weil die Krokodile früher da waren? Ein verführerischer Gedanke, der vom wissenschaftlichen Standpunkt her jedoch einen gewaltigen Pferdefuß hat: Er ist nicht überprüfbar. Welcher Art müssten die Belege sein, die diese »Sorry,-alle-Nischen-besetzt«-Idee widerlegen könnten? Die Abwesenheit großer Säugetiere auch in solchen Binnengewässern, die keine Krokodile beherbergen – also in den Gewässern der mittleren und hohen Breiten, die für moderne Krokodile zu kühl sind –, könnte darauf hindeuten, dass Säugetiere mit Süßwasser prinzipiell Schwierigkeiten haben, aber andererseits unterscheiden sich diese Gewässer wahrscheinlich auch in Sachen Alter, Eiszeiteinfluss, Wassertemperatur, Strömungsstärke, Produktivität, Chemie und einer Vielzahl weiterer Faktoren von den tropischen Seen und Flüssen, sodass man aus ihrem Vergleich eigentlich gar nichts schließen kann. Der Mangel an Süßwassersäugern kann in den verschiedenen Teilen der Welt durchaus unterschiedliche Gründe haben. Andere Möglichkeiten, die These zu testen, kommen einem nicht so leicht in den Sinn. Die Krokodil-Idee ist natürlich nicht automatisch als falsch zu verwerfen, nur weil sie kaum falsifizierbar ist: Der Gang der Evolution schert sich nicht um unsere erkenntnistheoretischen Gütekriterien für Theorien. Mein Gefühl sagt mir, dass das Überleben der räuberischen Kreidezeit-Großreptilien in den Süßwassern und ihre Auslöschung in fast allen anderen Lebensräumen eine der Hauptursachen für die konträren Machtverhältnisse zwischen den großen Kalt- und Warmblütern an Land und im Meer einerseits sowie in Flüssen und Seen andererseits ist. Aber mir ist auch klar, dass dieser Standpunkt so verführerisch ist, eben weil er keiner Überprüfung standhalten muss.

Bevor wir uns mit einer so schwachen, bequemen Erklärung zufrieden geben, sollten wir zumindest noch ein paar Alternativen unter die Lupe nehmen. Um der wissenschaftlichen Redlichkeit willen wollen wir also einmal annehmen, dass die unterschiedlichen Überlebensraten am Übergang vom Mesozoikum zum Känozoikum zumindest nicht des Rätsels *ganze* Lösung sind. Gibt es irgendwelche ökologischen Mechanismen, die das gute Abschneiden der großen Reptilien im Süßwasser erklären könnten?

Vielleicht. Man rufe sich ins Gedächtnis, dass Säugetiere viel mehr Futter brauchen als gleich große Reptilien und sehr schnell in die Knie gehen, wenn es mit dem Nahrungsnachschub aus irgendwelchen Gründen hapert. Man erinnere sich auch daran, wie A. V. Milewski auf der Grundlage dieser beiden Fakten eine plausible Theorie für die ungewöhnlich artenreiche Reptilienfauna Australiens errichtet hat. Da wir also Grund zu der Annahme haben, dass Tiere mit sparsamen, PS-schwachen Stoffwechselmaschinen sich in relativ unproduktiven oder instabilen Lebensräumen besonders gut behaupten, sollten wir die terrestrischen, marinen und Süßwasserökosysteme vielleicht einmal unter diesem Aspekt untersuchen, statt widerstandslos dem Charme der Krokodil-Idee zu erliegen.

Alle Tiere, um die es in diesem Kapitel geht, sind in ihrer Ernährung direkt oder indirekt von den Pflanzen abhängig, und die Ökosysteme, die wir vergleichen wollen, bringen teils riesige, teils eher bescheidene Mengen dieses Treibstoffs hervor. Die tropische Hochsee produziert zum Beispiel pro Flächeneinheit und Jahr 15- bis 20-mal weniger pflanzliche Biomasse als der tropische Regenwald, und der Grund für diese enorme Differenz liegt nicht direkt auf der Hand: Beide Umweltsysteme werden gleichermaßen von der Sonne verwöhnt, beiden stehen die chemischen Elemente, die Pflanzen zum Wachstum benötigen, in ausreichender Konzentration zur Verfügung. Die Vegetationsmengen, die pro Flächen- oder Volumeneinheit zu einem beliebigen Zeitpunkt in den Systemen präsent sind, klaffen deshalb so stark auseinander, weil die Systeme sich in ihrer Stabilität unterscheiden. Das Meer ist ständig in Bewegung, sodass die Wasserpflanzen ein unruhiges Leben führen: Sie können ans Ufer gespült werden, in die frostigen Polarmeere abtreiben oder so weit in die Tiefe gezogen werden, dass das Licht für die Fotosynthese nicht mehr ausreicht. Die Pflanzen der Weltmeere können nicht mit einem langen Leben rechnen, daher haben sie sich darauf eingestellt, mit halsbrecherischer Geschwindigkeit durch ihre einzelnen Lebensabschnitte zu jagen, um rechtzeitig eine neue Generation in die Welt zu setzen, ehe ein Unglück sie ereilt.[34]

Da die Meerespflanzen so schnell wachsen, für Nachwuchs sorgen, absterben und in die Tiefe sinken, sieht man in den oberen Wasserschichten immer nur sehr wenig von ihnen. Das Festland hingegen bietet seinen Pflanzen feste, zuverlässige Verankerungsmöglichkeiten, sodass sie sich ganz gemächlich zu enormer Größe aufschwingen und prunkvolle Blüten und saftige Früchte ausbilden können. Solch Zeit verschlingenden Luxus kann sich die Vegetation im ständig aufgewühlten Ozean nicht

[34] Die Überlebensstrategien der Pflanzen in den Ozeanen und den Regenwäldern stehen an den entgegengesetzten Enden eines Spektrums, in dem sich das Ausmaß der Störanfälligkeit der jeweiligen Ökosysteme widerspiegelt. Ackerland gehört beispielsweise zu den instabilsten terrestrischen Lebensräumen, weil es regelmäßig umgepflügt wird. Die einzigen Pflanzen (außer der angebauten Feldfrucht natürlich), die dieses jährlich wiederkehrende Trauma zu bewältigen gelernt haben, sind schnelllebige Einjährige, die so genannten Unkräuter. Sobald sie groß genug sind, um ihre Köpfe über die Krume zu recken, stecken sie all ihre verbliebene Kraft eilends in die Produktion möglichst vieler Samen. Sobald der Wind die Samen davongetragen hat, stirbt die Mutterpflanze. Mit etwas Glück landen zumindest einige ihrer Nachkommen auf Flecken nackter Erde, wo sie den Zyklus fortführen können. Eine ausgewachsene Eiche wird man hingegen auf bestelltem Boden nicht finden, einfach weil sie Jahrzehnte braucht, um ihren Lebenszyklus zu vollenden. Gelegentlich mag eine Eichel ihren Weg in ein Maisfeld finden und sich dort zu einem hoffnungsvollen Spross entwickeln, aber lange bevor dieser selbst wieder Samen ausbilden kann, fällt er unweigerlich der einen oder anderen landwirtschaftlichen Maschine zum Opfer. In stabileren Ökosystemen können sich die Eichen mit ihrer langsamen, auf Höhenwuchs ausgerichteten Überlebensstrategie gegen die Unkräuter durchsetzen, indem sie über die Konkurrenz hinauswachsen und ihr das Licht rauben. Erst wenn sie sich am Standort etabliert haben, beginnen sie Eicheln hervorzubringen – dann aber Jahr für Jahr, über Jahrhunderte hinweg. Deshalb waren große Teile des Festlandes in den gemäßigten Breiten vor der Besiedlung durch Ackerbau treibende Menschen mit Eichen und nicht mit einjährigen Kräutern bedeckt. Überall gilt die ökologische Regel: Je mehr das System gestört wird, desto klein- und schnellwüchsiger ist seine vorherrschende Vegetation. An Land herrscht auf den Ackerböden die größte Hast, aber verglichen mit den ruhelosen Ozeanen, in denen die Pflanzen ständig traumatisiert werden, geht es auf ihnen noch gemächlich zu.

leisten. Im Gewebe eines Regenwaldbaumriesen, vom jüngsten Blattgrün in seiner Krone bis zum ältesten Kernholz in seinem Stamm, ist die Aufbauleistung vieler Jahrhunderte konserviert, während man im Meer nur den Syntheseprodukten der letzten paar Stunden oder Tage begegnet.

Aber wenn auf dem Festland große Pflanzen mit langsamem Umsatz und in den Ozeanen winzige Pflanzen mit rasantem Umsatz gedeihen, müssten sich beide Faktoren dann nicht so weit ausgleichen, dass – übers Jahr summiert – in beiden Systemen letztlich doch etwa gleich viel Pflanzenmaterial anfällt? Zur Beantwortung dieser Frage müssen wir das Schicksal der Nährstoffe verfolgen, ohne die die Syntheseleistung der Pflanzen nicht möglich wäre. Das Laub der Regenwaldbäume landet auf dem Boden, wo es von Würmern, anderen kleinen Wirbellosen, Pilzen und Bakterien zersetzt wird, und die so freigesetzten Nährstoffe kehren rasch in den Kreislauf zurück: Sie werden von den Pflanzen aufgenommen und für neue Blätter, Zweige, Äste und Wurzeln verwendet. Der Boden des Regenwaldes enthält zu jedem beliebigen Zeitpunkt nur äußerst wenig Nährstoffe, aber diese Armut entsteht vor allem, weil er ständig von einem buchstäblichen Dschungel von Pflanzen ausgeplündert wird. Auch die Pflanzen des Ozeans nehmen Nährstoffe unmittelbar aus ihrer Umgebung auf, aber wenn sie (oder die Tiere, die von ihnen leben[35]) sterben, sinken ihre Überreste in die nachtschwarze Tiefe. Daher enthält die vom Sonnenlicht durchdrungene Oberflächenzone kaum freie Nährstoffe: nicht weil sie sofort wieder in neuen pflanzlichen Geweben gebunden würden, sondern weil sie im Schlick und Schlamm des Meeresbodens verschwinden. Das Umwälzsystem der Ozeane trägt zwar einen kleinen Teil der

[35] Normalerweise werden mindestens 80 Prozent des winzigen, nahrhaften Phytoplanktons der Meere von Pflanzenfressern vertilgt, größtenteils von Kleinkrebsen, aber auch von festsitzenden Filtrierern und großen, filtrierenden Wirbeltieren wie den Bartenwalen. Dieser Wert liegt damit dreimal höher als im Grasland und 15-mal höher als in den Wäldern. In den terrestrischen Ökosystemen meiden weidende Tiere häufig das zähe, faserige, zellulosehaltige und oftmals giftige Pflanzenmaterial; dieses wandert, wenn es abstirbt, in den Boden zurück, wo es zersetzt wird.

Nährstoffe langsam wieder an die Oberfläche zurück, wo sie neuen Pflanzengenerationen zugute kommen, aber dieses Recycling ist auf relativ kleine Meeresareale beschränkt, unter anderem auf das Flachwasser der Nordsee und die so genannten Auftriebsgebiete vor den Küsten von Peru und der Antarktis, in denen dank der Bodenformationen und der Meeresströmung viel nährstoffreiches Wasser aus der Tiefe an die Oberfläche geführt wird. Sogar in diesen Vorzugsregionen drückt der Mangel an Licht und/oder an bestimmten Nährstoffen, im Verbund mit der Gewalt der Dünung, die Pflanzenproduktivität meist auf ein Niveau, das deutlich unter dem für üppige terrestrische Systeme typischen Wert liegt.

Trotz dieser unterschiedlichen Mengen unmittelbar verfügbarer sowie übers Jahr umgesetzter Pflanzenbiomasse sind sich Festland und Meer unter einem sehr wichtigen Aspekt ähnlich: Die Verfügbarkeit des Pflanzenmaterials ist räumlich wie zeitlich ziemlich zuverlässig. Die Auftriebsgebiete des nährstoffreichen Wassers um die Antarktis wimmeln beispielsweise in jedem Sommer vor Phytoplankton und kleinen Wirbellosen, sobald die Sonne lange genug scheint; darauf können sich die vielen Robben und Wale verlassen, die sich alljährlich pünktlich hier einfinden. Solange sich die Lage der kontinentalen Landmassen und das Relief des Meeresbodens nicht gravierend ändern, wird dieses Gebiet auch fruchtbar bleiben. Zwar müssen die Meeressäugetiere zum Teil gewaltige Strecken zurücklegen, um an diesen reich gedeckten Tisch zu kommen, aber dafür leben sie auch in einem beinahe grenzenlosen, weltweit vernetzten System, und im Wasser kostet die Überwindung der Schwerkraft bei der Fortbewegung zudem weniger Energie als auf dem Festland.

Der tropische Regenwald bringt jährlich pro Quadratmeter Bodenfläche zwischen einem und dreieinhalb Kilogramm Pflanzenmaterial hervor, im Grasland der gemäßigten Zonen werden pro Jahr und Quadratmeter ein halbes bis anderthalb Kilo Biomasse produziert, und ähnlich wie im Meer ist der Ausstoß in diesen Gebieten von Jahr zu Jahr in etwa konstant. Zwar ist das Festland Dürreperioden, Überflutungen, Flächenbränden, Stürmen und dem Kommen und Gehen der Jahreszeiten ausgesetzt, aber die großen, beweglichen Pflanzenfresser finden meistens auch in Krisenzeiten irgendwo noch Weidegründe, die ihrer Population das Überleben ermöglichen. Die Savannen Afrikas dörren beispielsweise jedes Jahr in der Trockenzeit so sehr aus, dass das Gras stirbt, aber die Herden der großen Weidetiere überleben diese Mangelzeiten, indem sie entweder auf widerstandsfähigere Futterpflanzen umsteigen oder dem Regen quer durch den Kontinent folgen.

Die Vegetationsmengen, die von den verschiedenen Süßwassersystemen produziert werden, unterscheiden sich stark. Stehende Gewässer bringen normalerweise – aus ähnlichen Gründen wie das Meer – wenig Pflanzenmasse hervor, und folglich sind dort auch Tiere vom oberen Ende der Nahrungskette eher selten (was jeder Angler, der auf große Forellen aus ist, bestätigen wird). Die Sümpfe zählen hingegen zu den produktivsten Habitaten; in den Tropen reicht ihr Materialausstoß an den der Regenwälder heran – zumindest in den Jahren, in denen der Wasserstand ideal ist. Man nimmt an, dass Bäche und Flüsse im Vergleich zu den meisten Festland-Habitaten eher produktionsschwach sind, aber genau besehen wissen wir über die Ökologie der Wasserwege viel weniger als über jedes andere Ökosystem der Erde. Eine sorgfältige Erfassung der Jahrespflanzenproduktion einiger Flüsse und des angrenzenden Schwemmlandes wäre für alle Ökologen, die sich mit der Artenzusammensetzung der Tiergemeinschaften in diesen Systemen und den Wechselwirkungen zwischen ihnen beschäftigen, von großem Nutzen, aber solche Studien gibt es nicht. Tatsächlich können sich die Experten nicht einmal einigen, aus welchen Organismen sich die Flussvegetation überhaupt zusammensetzt, geschweige denn, wie man ihre Masse messen könnte. In der Literatur findet man oft einen für Flüsse und Seen gemeinsam ermittelten Durchschnittswert von 0,25 Kilogramm Pflanzenmasse pro Quadratmeter und Jahr, aber bei den Fließgewässern beruhen die Schätzungen für gewöhnlich nur auf dem Algenmaterial, das den Objekten im Flussbett anhaftet. Die Vegetation, die in den flachen Uferzonen der

Wasserwege gedeiht, kann ziemlich üppig wuchern, aber andererseits scheint es außer ein paar Fischarten wie den *Tilapias* und den Graskarpfen kaum Tiere zu geben, die sich von diesen Pflanzen ernähren. Warum das so ist, wo doch ganz ähnliche Pflanzen an Land einem erheblichen Weidedruck ausgesetzt sind, das ist ein weiteres ungelöstes Rätsel der Ökologie. Man kann die Randvegetation auch nicht einfach außer Betracht lassen, da ein Teil dieser Biomasse als Detritus (Schwebe- und Sinkstoffe) oder in Form bereits gelöster organischer Substanzen in die Nahrungsketten einfließt, wo sich eine umfangreiche Gemeinschaft von Insekten, Krebstieren, Pilzen und Bakterien an ihr gütlich tut. Auch ein Großteil der Fließgewässeralgen endet als Detritus, ebenso die abgestorbenen Festlandpflanzenteile, die vom Regen ins Wasser gespült oder vom Wind hineingeweht werden und deren Mengen naturgemäß stark variieren. Um es noch einmal zu wiederholen: Unsere Kenntnis dieser Materialeinträge, -verluste, -umwandlung und -nutzung steckt noch in den Kinderschuhen. Zwar scheint der allgemeine Eindruck, dass Fließgewässer deutlich weniger Biomasse produzieren als die angrenzenden Festlandlebensräume, in der Mehrheit der Fälle zuzutreffen, aber trotzdem besteht hier noch erheblicher Forschungsbedarf.

Auch wenn unser Verständnis von der Produktivität der Fließgewässer noch viel zu wünschen übrig lässt, wird doch deutlich, dass sich diese Lebensräume in zwei wichtigen Punkten von den marinen und terrestrischen Umweltsystemen unterscheiden: Sie sind durch das Festland (zum Beispiel Wasserscheiden) und die Meere voneinander isoliert, und sie sind oft hochgradig instabil. Fließgewässer sind sehr störanfällige Systeme, die ständig Gefahren ausgesetzt sind: Erosion, unterspülte Böschungen, Verschlammung, Verlandung, Austrocknung und extreme Schwankungen der Wasserqualität. Die jahreszeitlichen Niederschlagszyklen beeinflussen natürlich alle Lebensräume des Einzugsgebiets, aber auf die Flüsse wirken sie sich normalerweise am stärksten aus. Beispielsweise ist der Belize in Mittelamerika einer viermonatigen Trockenzeit ausgesetzt, was für tropische Verhältnisse eher moderat ist. Sein Wasserdurchsatz schwankt zwischen tosenden 200 Kubikmetern pro Sekunde im September und Oktober und kläglichen fünf bis 20 Kubikmetern pro Sekunde im Mai. Im Laufe der Jahrhunderte und Jahrtausende kommt es gelegentlich zu Ausnahmedürrezeiten, in denen der Belize über weite Teile seines Laufs völlig trockenfällt. Tatsächlich führen viele Flüsse mit einem kleinen – und auch etliche mit einem großen – Einzugsgebiet in verschiedenen Klimazonen nur episodisch Wasser. Der in den Trockenzeiten oft drastisch, teils bis auf null absinkende Wasserdurchsatz macht die Fließgewässer zu hochriskanten Lebensräumen, in denen nur solche Süßwasserorganismen überleben, die mit dem zeitweiligen Verschwinden ihres Mediums fertig werden können.

Und die Regenzeit ist nicht unbedingt angenehmer. Als der Brahmaputra das letzte Mal über die Ufer trat, standen zwei Drittel des Landes Bangladesch unter Wasser. Im Amazonas- und im Orinoko-Becken Südamerikas zerfallen die Flussläufe zum Höhepunkt der Trockenzeit regelmäßig zu Ketten flacher Tümpel, nur um kurz darauf den umliegenden Wald zu überfluten. Noch in einigen 100 Kilometern Abstand zu den Hauptflüssen steht das Wasser dann bis zu neun Meter hoch. Neben den saisonalen Wasserstandswechseln kommt es in unregelmäßigen Abständen zu Sturmfluten, die die Ufervegetation einschließlich der Auenbäume und fest sitzenden Algen fortreißen und ins Meer spülen können. Dabei wird das Flussbett großräumig umgestaltet; riesige Mengen an Sediment werden aufgewühlt und verwandeln den Strom in eine lichtundurchlässige Brühe, sodass die Fotosynthese für Tage oder Wochen zum Erliegen kommt. Alles in allem sind die Adern der Erde für jene Lebensformen, die ihnen gänzlich ausgeliefert sind, ziemlich unsicheres Terrain.

Welche Eigenschaften sollten Tierpopulationen aufweisen, um die Störungen zu überstehen, von denen Süßwasserlebensräume mit unschöner Regelmäßigkeit heimgesucht werden? Für das langfristige Überleben vieler Arten ist es unabdingbar, sich in Krisenzeiten in relativ sichere Enklaven zurückziehen zu können. Wären die Stand-, Strich- und Zugvögel nicht imstande, im Notfall davonzufliegen und das Gebiet von oben nach geeigneten Zufluchtsorten abzusuchen, so müsste sich das zeitweilige Trockenfallen der Wasserwege und Sümpfe auf die Vogelpopulationen verheerend auswirken. Auch Otter sind gute Wanderer und in Sachen Lebensraum und Nahrungsquellen erstaunlich flexibel. Zwar stellt man sich diese Tiere traditionell als Fisch-, Muschel- und Schneckenfresser vor, aber inzwischen weiß man, dass europäische und amerikanische Otter ihre Krallen auch in Frösche, Kröten, Salamander, Wassermolche, Panzerkrebse, Enten, Blässhühner, Teichhühner, Stelzvögel, Spatzen, Schwalben, Wasserratten, Spitzmäuse, Maulwürfe, Ratten, Mäuse, Nerze, Bisamratten, Biber und – zumindest in Schottland und Südengland – in zahllose Kaninchen schlagen, wenn sich die Gelegenheit ergibt. Auch legen sie große Strecken über Land zurück und hatten, bevor die Menschen sie dort vertrieben, viele Küstenregionen besiedelt. Die Küstenstriche bieten sich nicht nur als Rückzugsgebiete in Krisenzeiten an, sondern auch als Reiserouten von einem Flusssystem zum nächsten. Auch die afrikanischen und amerikanischen Manatis kommen sowohl in den Unterläufen und Mündungsgebieten der Flüsse als auch in den flachen Küstengewässern zurecht, sodass sie im Notfall ins Salzwasser fliehen oder in benachbarte, weniger turbulente Flüsse abwandern können, wenn ihre angestammte Umwelt ihnen zu schaffen macht.

Viele Krokodile und Schildkröten können ebenfalls auf dem Landweg abwandern, wenn die Flussbetten in der Trockenzeit kein Wasser mehr führen, und die meisten Krokodilarten halten es auch ein Weilchen im Salz- oder Brackwasser aus, sodass ihnen gleich mehrere Fluchtwege offen stehen. Von Zeit zu Zeit begegnet man zum Beispiel einem Nilkrokodil im Meer, und man weiß, dass diese Tiere jede Nacht bis zu zehn Kilometer zu Fuß zurücklegen können, um Wasser zu finden; tagsüber verstecken sie sich im dichten Gestrüpp, um der Hitze und den Begehrlichkeiten der Löwen zu entgehen. Im Unterschied zu allen Süßwassersäugetieren sind die Nilkrokodile darüber hinaus imstande, sich im Schlamm austrocknender Flussbetten einzugraben, wenn weit und breit keine Alternativen erreichbar sind, und einfach abzuwarten, bis der Regen wiederkehrt. Sie können monatelang lebendig begraben bleiben, oft in der Gesellschaft von Schildkröten, die sich derselben Ausharrstrategie verschrieben haben, und große, ausgewachsene Krokodilexemplare überstehen in ihren Schlammlöchern wahrscheinlich auch mehrjährige Durststrecken. Die Sumpfkrokodile des Indischen Subkontinents können in der Trockenzeit ebenfalls ins Brackwasser und in die Salzmarschen an der Küste ausweichen oder auf der Suche nach den letzten verbliebenen Wasserlöchern weite Strecken über Land zurücklegen. Werden sie nicht fündig, so graben auch sie sich ein und warten teilweise acht oder gar zehn Meter unterhalb der aufgesprungenen Schlammkruste auf den nächsten Monsun.

Dieses enorme Beharrungsvermögen ist sicher ein Schlüsselfaktor für den Erfolg der Kaltblüter in den Süßwasserökosystemen der Erde. Sosehr uns die Fähigkeit einzelner Krokodile, extrem lange Fastenzeiten zu überdauern, in Erstaunen versetzt: Um zu verstehen, wie weit der physiologische Überlebensvorteil wechselwarmer Tiere reicht, muss man die Population im Ganzen betrachten. Weil Reptilien mit relativ kleinen Futtermengen auskommen können und an lange Hungerphasen gewöhnt sind, können sie auch in Süßwasserhabitaten Fuß fassen und langfristig überleben, die für Warmblüter viel zu nahrungsarm und unzuverlässig sind. Das wiederum ermöglicht ihnen die Besiedlung größerer Areale, die der Konkurrenz verschlossen bleiben, sowie eine höhere Besiedlungsdichte als bei den anspruchsvolleren, hochtourigen Warmblütern vergleichbarer Größe und Ernährungsweise.

Wenigstens erweckt ein Vergleich der Verbreitungsgebiete und Populationsgrößen großer Reptilien und Säuger in den Süßwassern der Welt diesen Eindruck. In den tropischen und subtropischen Wasserläufen sind Krokodile und Schildkröten noch heute weit verbreitet, und vor einigen Jahrhunderten, als die Menschheit ihren Populationen noch nicht gefährlich werden konnte, waren insbesondere die Krokodile dort noch viel zahlreicher. Im Gegensatz dazu findet man die Flussmanatis nur in ausreichend tiefen Schwarzwasserflüssen (Flüssen im Amazonastiefland mit dunklem, saurem Wasser), Flussseen und Lagunen, die alljährlich zuverlässig vom Amazonas gespeist werden, und Flussdelphine sind auf jene Teile der allergrößten kontinentalen Flusssysteme beschränkt, die stets Wasser führen, nämlich auf den Orinoko und den Amazonas in Südamerika, den Ganges und den Indus in Indien und den Jangtse in China. Einige Meeresdelphin- und Tümmlerarten dringen gelegentlich in die Flussmündungen und -unterläufe vor, und genauso ist die Hand voll heutiger Süßwasserarten wohl entstanden, aber nur in den allergrößten, wirklich permanenten Flüssen konnten sie die Entwicklung hin zum reinen Süßwasserleben abschließen und sich bis in die Gegenwart hinein halten.[36] Fest steht: Delphine und Manatis bilden zwar Ausnahmen von der globalen Regel, dass das Süßwasser von großen Kaltblütern dominiert wird, aber diese Ausnahmen sind so rar, dass sie die Regel nicht gefährden.

Die Fähigkeit einer Population, unter den unterschiedlichsten ökologischen und geografischen Bedingungen ausreichend groß zu bleiben, stellt auch einen ausgezeichneten Schutz gegen das Aussterben bei plötzlichen, gravierenden Veränderungen der Umwelt dar, denen unflexiblere Arten leicht zum Opfer fallen. Weit verteilte, kopfstarke Populationen sind deutlich schwerer auszurotten als kleine, geografisch festgelegte Gruppen, sodass man bei ihnen eigentlich ausschließen kann, dass eine lokale Krise zu ihrem totalen Aussterben führt. Ein Vergleich der Schicksale, die Krokodile bzw. Delphine durch die Hand des Menschen erlitten, macht dies auf besonders drastische Weise deutlich. Während der letzten Jahrhunderte, insbesondere aber während der letzten 50 Jahre, sind die Krokodile massiv verfolgt worden. Die meisten Arten wurden schonungslos dezimiert, sei

[36] Der Finnenlose Schweinswal ist vermutlich der Wal mit dem weitesten Süßwasserverbreitungsgebiet: Man findet ihn in Flusssystemen und Seen (sofern diese mit Flüssen zusammenhängen) im ganzen indopazifischen Raum von Japan bis Nordaustralien. Im Unterschied zu den Flussmanatis und -delphinen fühlen sich die Schweinswale jedoch auch im Meer zu Hause, sodass wir ihr großes Verbreitungsgebiet nicht als Lohn einer besonders gelungenen Anpassung an die Härten und Widrigkeiten der Süßwasserlebensräume werten dürfen. Vielmehr nutzen sie die Süßwassersysteme *zusätzlich*, wann und wo immer sich ihnen die Gelegenheit bietet.

es im Rahmen des »Jagdsports«, sei es wegen ihrer begehrten Haut oder um Mensch und Vieh vor ihrem Appetit zu schützen. Schlimmer noch: Die Lebensräume aller Krokodile wurden geschädigt oder gar zerstört, weil die wachsende menschliche Bevölkerung dringend Siedlungsgebiete und Rohstoffe brauchte oder auch nur Platz, um ihre privaten oder industriellen Abwässer loszuwerden. Der Mississippi-Alligator war zum Beispiel einst in allen Süßwassern (außer den schmalsten Flüsschen und kleinsten Teichen) von Texas, Louisiana, Arkansas, Mississippi, Alabama, Georgia, Florida, North und South Carolina und selbst weiter nördlich, nämlich in Virginia, anzutreffen. Durch die Jagd, durch Krokoledermoden, Umweltzerstörung und -verseuchung sind die Populationen stark zurückgegangen; in vielen Gebieten ist der Alligator ganz ausgestorben, in anderen stark gefährdet. Auch das Verbreitungsgebiet des China-Alligators ist in den letzten 25 Jahren um 90 Prozent geschrumpft, weil Schadstoffe in die Umwelt eingeleitet, Dämme gebaut, Feuchtgebiete in landwirtschaftliche Nutzflächen umgewandelt und die Tiere wegen ihrer Häute, ihrer Verwendung in der traditionellen chinesischen Medizin oder einfach aufgrund der Intoleranz der Menschen erlegt wurden. Im Amazonas-Becken wurde der Mohrenkaiman so massiv verfolgt – teils wegen seiner Haut, teils angeblich, um das Vieh zu schützen –, dass er inzwischen auf der Roten Liste der vom Aussterben bedrohten Arten steht. Die Orinoko-, Siam- und Mindoro-Krokodile werden von den Artenschutzbehörden mittlerweile als »stark gefährdet« eingestuft, die Gaviale und Kubakrokodile als »gefährdet«, die Spitz-, Sumpf- und Stumpfkrokodile als »im Bestand verletzbar«. Hinter diesen eher trocken klingenden Kategorien wird das Ausmaß des schier unvorstellbaren Gemetzels der letzten Jahrzehnte kaum noch sichtbar.

Umso erstaunlicher (und erfreulicher) ist die Tatsache, dass die Krokodile diese hartnäckige Verfolgung durch die Menschen bisher nicht nur überlebt, sondern in einigen Weltgegenden sogar beachtliche Comebacks zuwege gebracht haben. So reichten zum Beispiel kleine Restbestände des Mississippi-Alligators, die in entlegenen Winkeln von der industriellen oder landwirtschaftlichen Erschließung verschont geblieben waren, als Gründerpopulationen für einen erneuten Aufschwung dieser Art aus, und zwar fast bis auf den alten Stand. Einigen Schätzungen zufolge gibt es heute allein in Louisiana wieder mehr als 380 000 Alligatoren, die jetzt sogar zeitweise wieder bejagt werden dürfen, um den Bestand wertvoller Pelztiere wie der Otter und Bisamratten zu schützen. Die Leistenkrokodile Neuguineas und Australiens können auf eine ähnliche Erfolgsgeschichte verweisen: Als ihre Bestände auf ein alarmierend niedriges Niveau gesunken waren, wurden Schutzmaßnahmen eingeführt, und sie erholten sich rascher als angenommen. Leider steht die Zukunft des China-Alligators noch in den Sternen, aber auch in seinem Fall konnten kleine Restpopulationen bislang überleben, indem sie sich – ähnlich wie ihre Verwandten am Mississippi – in Refugien am Unterlauf des Jangtse zurückzogen, die für uns Menschen wegen ihrer alljährlichen, massiven Überflutung kaum kommerziell nutzbar sind.

Alles in allem gibt es heutzutage guten Grund zu der Hoffnung, dass viele Krokodilarten der Welt vor dem Aussterben bewahrt werden können (oder sich vielmehr selbst vor dem Aussterben bewahren) – vorausgesetzt, der Gesetzgeber tut weiterhin genug zu ihrem Schutz. Dieser vorsichtige Optimismus wäre 1971 noch völlig fehl am Platze gewesen. Damals beschrieb Wilfred Neill die hoffnungslose Situation wie folgt:

»Ich bezweifle, dass auch nur eine Krokodilart die nächste Jahrhundertwende in freier Wildbahn erleben wird. Selbst wenn das Interesse an der Lebensweise der Krokodile plötzlich einen Boom erleben sollte, dürften diese Relikte der Reptilienära verschwunden sein, bevor wir ihre Biologie auch nur halb verstanden haben. Der nächste Verfasser eines Übersichtsartikels über Krokodile dürfte seine Informationen wohl fast ausschließlich aus früheren Publikationen und aus den Museen beziehen, in denen ihre Häute und Schädel konserviert werden.«

Ich schreibe diese Zeilen im letzten Jahr des alten Jahrhunderts und bin froh, Ihnen mitteilen zu können, dass all die Krokodilarten, deren unmittelbar bevorstehenden Untergang Neill beklagte, noch auf Erden weilen. Ich möchte keinesfalls einer selbstgefälligen Entwarnung das Wort reden und plädiere entschieden für eher noch strengere und konsequenter umgesetzte Schutzabkommen, aber man muss dennoch anerkennen, dass die Krokodile viel schwerer unterzukriegen sind, als wir noch in den siebziger Jahren glaubten. Gerade in den wohlhabenderen Ländern wie den USA haben die Umweltschützer sicher viel zum Umschwung beigetragen, aber in erster Linie ist es wohl der Fähigkeit der Krokodile selbst zu verdanken, in so ziemlich jedem kläglichen Rinnsal oder Schlammloch zu überleben (wenn man sie nur in Ruhe lässt), dass sie dem von Wilfred Neill düster prophezeiten Schicksal bislang entgangen sind.

Bezüglich der harmlosen Flussdelphine hat der Mensch dagegen nie gezielte Ausrottungsabsichten gehegt, doch die Beschränkung dieser Tiere auf bestimmte Lebensräume und damit auf relativ kleine Bereiche des globalen Süßwassersystems hat die Auswirkungen der »normalen« menschlichen Eingriffe vervielfacht und katastrophale Rückgänge der Bestände herbeigeführt. Die drei Populationen des Amazonas-Delphins, auch Inia oder Boto genannt, im Flachwasser des oberen Amazonas, im Orinoko-Stromgebiet und im Oberlauf des Río Madeira sind zwar nicht akut, mittel- bis langfristig aber sehr wohl gefährdet, da die Wasserkraftnutzung, Abholzung, Überfischung und Wasserverschmutzung in Venezuela, Kolumbien, Ecuador, Bolivien, Peru, Guyana und Brasilien weiter voranschreiten. Der im Ganges und im Indus heimische Susu oder Ganges-Flussdelphin wird traditionell wegen seines als Fischfangköder geschätzten Specks bejagt, aber wahrscheinlich setzen die anthropogenen Umweltveränderungen seinen Beständen weit mehr zu. Heute gilt er als gefährdet. Der Chinesische Flussdelphin scheint am Rande des Aussterbens zu stehen, und der Mississippi-Delphin hat sich bereits in aller Stille verabschiedet, sodass wir nur noch seine knöchernen Überreste bewundern können. Es gibt einfach keine abgelegenen Rückzugsgebiete für diese Tiere, die nur in den stabilsten Teilstücken der größten kontinentalen Stromgebiete überleben können.

Die Regenerationsfähigkeit der Krokodilbestände trotz der massiven Verfolgung durch den Menschen ist zweifellos nur eine weitere Facette jener Flexibilität, die es diesen bemerkenswerten Geschöpfen nicht nur ermöglichte, in einigen der störungsanfälligsten und unzuverlässigsten Ökosystemen der Erde Fuß zu fassen, sondern ihnen auch half, Meteoriteneinschläge, die Abkühlung der Erde während der Eiszeiten, steigende und sinkende Meeresspiegel, tektonische Umwälzungen, ausgeprägte Klimaveränderungen und 200 Millionen Jahre Konkurrenzkampf mit mehreren Dynastien ansonsten sehr erfolgreicher terrestrischer Tiere zu überstehen. Um es noch weiter zuzuspitzen: Nicht trotz, sondern wegen ihrer niedertourigen Stoffwechselmaschinen haben sich die Krokodile als nahezu unausrottbar erwiesen. Diese Deutung passt auch ganz hervorragend in den konzeptuellen Rahmen, den A. V. Milewski zur Erklärung der reptilienreichen Fauna Australiens aufstellte: Wenn schon so unscheinbare Faktoren wie eine niedrige pflanzliche Biomasseproduktion, periodische Beeinträchtigungen des Futternachschubs durch Brände und langsame Wiederbegrünung wegen unregelmäßiger Niederschläge ausreichen, um das Kräftegleichgewicht an Land zugunsten der Reptilien zu verlagern, dann leuchtet unmittelbar ein, dass die drastischen Störungen, denen die meisten Süßwassersysteme häufig ausgesetzt sind, zu ähnlichen Dominanzverhältnissen führen können. Wenn überhaupt ein Unterschied in der Plausibilität auszumachen ist, dann scheint mir Milewskis Theorie auf das Süßwasser noch besser zu passen als auf die terrestrischen Trockengebiete, die ursprünglich ihr Gegenstand waren.

Nach ihrer mittlerweile 200 Millionen Jahre überspannenden Erfolgsstory ist es an der Zeit, die Krokodile als das anzuerkennen, was sie in der Tat sind: als die womöglich beste Annäherung an den ökologischen Idealzustand, die der Vierfüßerstammbaum im Laufe seiner Evolution hervorgebracht hat. Wie die heutige Vielfalt an Meeressäugetieren beweist, haben die Warmblüter zwar das Potenzial, höchst erfolgreiche Wassertiere hervorzubringen, aber in den tropischen und subtropischen Süßwassern ist es ihnen auch nach 65 Millionen Jahren noch nicht gelungen, den Thron der allmächtigen Krokodile zum Wackeln zu bringen. Die grundlegende Überlegenheit der Krokodile in dieser Art von Ökosystemen – eine Überlegenheit, die unauflöslich mit dem Design ihrer Stoffwechselmaschinen verknüpft ist – ist heute nicht minder deutlich als damals im Mesozoikum, als ihre Vorfahren unvorsichtige Dinosaurier in die Flüsse und Sümpfe zerrten. Und kein Zweifel: Wenn die intelligenteste, mächtigste und rücksichtsloseste Spezies, die je die Erde bewohnte, ihnen etwas mehr Ellbogenfreiheit gewährt, werden die Krokodile losstürmen, um auf den besten Plätzen zu sitzen, wenn das Spektakel beginnt: das Heraufdämmern der nächsten erdgeschichtlichen Ära – wann auch immer das sein wird.

8. Abheben

Das Känozoikum (s. Abb. 3.1), also jener Abschnitt der Erdgeschichte, der mit dem kreidezeitlichen Meteoriteneinschlag beginnt und sich bis in die Gegenwart erstreckt, wird allgemein als Ära der Säugetiere bezeichnet. Angesichts der spektakulären Diversifizierung der Säugetiere im Laufe der letzten 65 Millionen Jahre und der Entwicklung zahlreicher Tierarten, die groß genug sind, um sowohl in lebender als auch in versteinerter Form ins Auge zu fallen, erscheint das gerechtfertigt. Der Aufstieg unserer nächsten Verwandten während des Känozoikum ist wahrlich beeindruckend, aber wir sollten uns davon nicht blenden lassen. So heißt es in einer kürzlich auf den Markt gekommenen Tierenzyklopädie, es gebe »etwa 4000 Arten von Säugetieren... heute die anpassungsfähigste und vielfältigste Wirbeltierklasse der Erde«.[37] Die anpassungsfähigste? Vielleicht, aber Anpassungsfähigkeit ist ein schwer zu fassender Begriff, der sich nur mühsam quantifizieren lässt. Welches Maß man auch wählen mag: Auf jeden Fall wird es ein Kopf-an-Kopf-Rennen mit den Vögeln. Und die vielfältigste? Auf keinen Fall. Die Erde beherbergt zurzeit etwa 4325 Amphibienarten, 6900 Reptilien-, 9700 Vogel- und 45 000 Fischarten. Die Säuger sind heute die *am wenigsten* vielfältige Wirbeltierklasse der Welt. Wenn wir Artenreichtum als Maßstab wählen und uns auf die Tiere beschränken, die eine Wirbelsäule haben, dann müssen wir die Erdneuzeit – und überhaupt einen Großteil der Wirbeltier-Entwicklungsgeschichte – eindeutig als Ära der Fische bezeichnen.

Außerdem sind die Säugetiere nicht die einzige Klasse der Wirbeltiere, die sich während des Känozoikum stark diversifi-

[37] *The Illustrated Encyclopedia of Animals* (1998), hrsg. v. P. Whitfield.

ziert hat. Da die Vögel sich in derselben Zeitspanne noch explosionsartiger vervielfältigt haben und diese Klasse heute folgerichtig mehr als doppelt so viele Spezies aufzuweisen hat, spricht viel dafür, das Känozoikum die Ära der Vögel zu nennen. Und wenn sich die Vögel wirklich aus den Theropoden entwickelt haben, was heute als gesichert gelten kann, dann folgt daraus, dass das Zeitalter der Dinosaurier im Grunde nie zu Ende gegangen ist. Die Ungeheuer des Mesozoikum sind lediglich ein wenig eingeschrumpft und haben Flügel ausgebildet, aber sie sind immer noch die vielfältigste Vierfüßerklasse der Erde.

Also lässt sich das Schlagwort von der Säugetierära weder durch die heutige Artenvielfalt noch durch das Ausmaß der känozoischen Diversifizierung rechtfertigen. Bleiben als Möglichkeiten nur noch, dass die Chronisten der Entwicklungsgeschichte des Lebens einem Säugetierzentrismus erlagen oder sich auf den Erfolg der Säugetierklasse beim Hervorbringen besonders großer, auffälliger Arten bezogen. Eine Tendenz zum Säugetierzentrismus gibt es unter Biologen zweifellos, aber der Umstand, dass Säugetiere viel häufiger als Vögel große Arten hervorgebracht haben, ist schon faszinierend genug. Zu den rezenten Großsäugern zählen beide noch lebenden Elefantenarten, viele Primaten und zahlreiche Unpaarhufer (Pferde, Tapire und Nashörner), Raubtiere (Hunde, Katzen, Hyänen, Bären) und Paarhufer (Schweine, Pekaris, Flusspferde, Kamele, Hirsche, Giraffen, Rinder, Antilopen, Schafe und Ziegen). Von den 9700 rezenten Vogelarten bringen nur der Strauß, der Emu und drei Kasuararten mehr als 50 Kilogramm auf die Waage (Abb. 8.1). In der jüngeren Vergangenheit hat es auch ein paar noch schwerere Vögel gegeben, von denen wir einigen gleich begegnen werden, aber die gesamte Klasse der känozoischen Dinosaurier landet in diesem Größenwettstreit deutlich abgeschlagen hinter den Säugern auf Platz zwei.

Dabei besitzen auch die Vögel starke Stoffwechselmaschinen, halten ihre Körpertemperatur konstant auf hohem Niveau und haben eine extrem hohe aerobe Leistungsfähigkeit, sodass sie von der energetischen Grundausstattung her den Säugetieren

8.1 (a) Strauß, (b) Emu, (c) Kasuar; alle drei können über 50 Kilogramm schwer werden.

ähnlicher sind als alle anderen Vierfüßer. Die Vögel sind im Inneren sogar wärmer als die meisten Säuger (39°C bis 42°C), sie haben – relativ zu den Körpern – größere Herzen, und das Durchstromprinzip ihrer Atemsysteme lässt die blasebalgartigen Sackgassen-Lungen der Säugetiere geradezu primitiv erscheinen. Mit anderen Worten: Die Fähigkeit, auf der Grundlage eines Sauerstoff veratmenden Stoffwechsels aktiv zu sein, ist bei den Vögeln mindestens so gut ausgeprägt wie bei den Säugetieren, oft sogar besser. Dass sie nicht in der Lage waren, ebenso imposante Geschöpfe zur Megafauna der Erde beizusteuern, kann nicht am Konstruktionsprinzip ihrer Stoffwechselmaschinen liegen.

Wir sollten auch nicht vergessen, dass man sehr viel Energie aufwenden muss, um als kleines Tier eine hohe Körpertemperatur zu wahren. Die Stoffwechselmaschinen kleiner Vögel arbeiten mit viel mehr Umdrehungen pro Minute als die Motoren ihrer größeren Verwandtschaft, daher müssen sie täglich einen größeren Prozentsatz ihres Körpergewichts an Futter vertilgen. Natürlich müssen größere Tiere, absolut gesehen, mehr fressen als kleine, einfach weil sie mehr Zellen mit Brennstoff versorgen müssen, aber sie kommen auch weiter herum, haben größere Reichweiten und größere Mäuler, um die Futtermengen zu bewältigen. Und große Tiere profitieren in vielerlei Hinsicht von ihrer Massigkeit: Ihre Körpertemperatur bleibt stabiler, sie können dicke Dämmschichten produzieren, haben eine große Speicherkapazität für Nahrung und Wasser, können lange Fastenzeiten überdauern und haben weniger Fressfeinde – je größer sie sind, desto weniger müssen sie fürchten, selbst als Futter zu enden. Natürlich wiegen diese Größenvorteile nicht immer und überall schwerer als die Kosten – sonst gäbe es nicht so viele kleine Warmblüter –, aber die potenziellen Pluspunkte liegen doch so sehr auf der Hand, dass uns die große Zahl der Säugetiere nicht überraschen kann, die sich im Laufe der letzten 65 Millionen Jahre auf den evolutionären Pfad zum Riesenwuchs begeben hat. Aber warum haben so wenige Vögel denselben Weg eingeschlagen? Alle Arten von Warmblütern unterliegen doch denselben mathematischen und physikalischen Gesetzen – warum sind Riesenvögel dann so rar?[38]

Einen der Gründe können wir unmittelbar aus den offensichtlichen Fähigkeiten und Schwächen heute lebender kleiner, mittlerer und großer Vögel ableiten. Ein Spatz muss zum Beispiel einfach nur in die Luft hüpfen und ein, zwei Flügelschlä-

[38] In der folgenden Erörterung geht es mir vor allem um die Evolution schwerer terrestrischer Tierarten (etwa ab 20 Kilogramm) und um die Frage, warum so viel mehr Säugetiere als Vögel in diese Größenklasse vorgedrungen sind. Eine faszinierende Theorie über einen möglichen Zusammenhang zwischen der jeweiligen Körpergröße bzw. -gestalt von Vögeln und Säugern einerseits und den besonderen Anforderungen des Fliegens bzw. der Energie, die zur Reproduktion erforderlich ist, andererseits findet man bei Maurer (1998), der auch weitere Quellen zum Thema anführt.

ge tun, um abzuheben. Das klatschende Gelärme, das von einem Schwarm auffliegender Tauben ausgeht, wird durch die heftig rudernden Flügel verursacht, deren Spitzen über den Rücken der Tiere zusammenschlagen. Und bei den Geiern reicht das Hochspringen überhaupt nicht mehr; um sich in die Lüfte zu schwingen, müssen sie mit weit ausgestreckten Flügeln gegen den Wind hoppeln und den Auftrieb nutzen. Schwäne wirken ausgesprochen majestätisch, wenn sie durchs Wasser gleiten oder über unsere Köpfe hinwegfliegen, aber den Übergang von der einen eleganten Fortbewegungsart zur anderen, das lautstarke und mühsame Gestrampel quer über den See, kann man wohl kaum anmutig nennen. Rechnet man diesen Zusammenhang von Körpergewicht und Startgeschwindigkeit flugfähiger Tiere hoch, so müsste ein Strauß, wollte er sich in die Lüfte erheben, beim Anlaufen auf ein Tempo von 1000 Kilometern pro Stunde beschleunigen.

Dass es für große Vögel so mühsam ist, vom Boden abzuheben, hängt – wieder einmal – mit der aus Kapitel 1 bekannten Beziehung zwischen Flächen und Massen zusammen. Wenn wir uns eine Anzahl von Vögeln denken, die bei gleichbleibender Gestalt immer größer werden, dann wächst ihr Volumen schneller als ihre Flügelfläche, sodass das Gewicht, das an einem Quadratzentimeter Flügel zerrt – die so genannte Tragflächenbelastung –, immer höher wird. Theoretisch könnte dieses Gewicht durch ein überproportionales Anwachsen der Flügelfläche bei den großen Vögeln kompensiert werden, aber in der Praxis würden die Flügel dann rasch so schwer und plump, dass sie den Dienst quittieren müssten. Der Riesenflügelansatz mag bei Segelflugzeugen funktionieren, die zum Teil Spannweiten von über 25 Metern haben, aber bei Tieren, die mit den Flügeln schlagen müssen, um abzuheben, sind diesem Gestaltungsprinzip enge Grenzen gesetzt. Die einzige Alternative zu unpraktisch großen Flügeln ist die Erhöhung der Take-off-Geschwindigkeit. Jumbo-Jets beschleunigen auf der Startbahn viel stärker als kleine einmotorige Maschinen, und aus demselben Grund müssen Schwäne quer über den See rennen. Falken, Adler, Geier und viele

Küstenvögel springen von Bäumen oder Klippen, um genügend Schub und damit Auftrieb zu erreichen.

Und der Start ist ja nicht das einzige Problem großer flugfähiger Tiere. Vögel aller Größenklassen müssen pro Kilo Körpergewicht ungefähr dieselbe Arbeit leisten, um in der Luft zu bleiben. Wie wir im ersten Kapitel sahen, haben große Tiere eine niedrigere Ruhestoffwechsel-Umsatzrate als kleine, und zum Fliegen muss der Stoffwechsel auf ein deutlich über dem Grundumsatz liegendes Niveau hochgeschraubt werden. Die Stoffwechselmaschine eines vier Gramm leichten Kolibris arbeitet im Flug zum Beispiel mit der dreifachen Umdrehungszahl wie beim Ruhen, aber ein sieben Kilogramm schwerer Geier muss seine Stoffwechselrate auf das Zwanzigfache anheben. Die Stoffwechselmaschinen terrestrischer Säugetiere arbeiten, wenn sie sich sehr anstrengen müssen, höchstens zehn- bis 15-mal so schnell wie im Normalbetrieb, und wenn wir noch in Betracht ziehen, dass Vögel relativ größere Lungen und Herzen haben, können wir wohl vermuten, dass die größten rezenten Vögel, die sich ohne zusätzliche Thermik etc. in der Luft halten können, mit ihrem Energieverbrauch bereits nahe an der Obergrenze des theoretisch Machbaren liegen. Diese Kluft zwischen der zum Fliegen notwendigen und der im Mittel verfügbaren Energie erklärt auch, warum Geier, Störche und viele andere Riesen der Lüfte der Schwerkraft möglichst oft ein Schnippchen schlagen, indem sie sich in thermische Aufwinde einklinken. Die größeren der mesozoischen Pterosaurierarten haben vermutlich dasselbe Prinzip ausgenutzt (Abb. 8.2).

Ein 100 Gramm schwerer Vogel verbraucht beim Fliegen etwa doppelt so viel Energie wie ein gleich schweres Säugetier beim Laufen, aber daraus sollte man nicht schließen, dass Fliegen unbedingt eine ineffiziente Methode ist, um von A nach B zu gelangen. In Abbildung 8.3 werden die Energiekosten der Fortbewegung durch die Luft, durch das Wasser und über das Land miteinander verglichen. Die Zahlen an der senkrechten Achse geben an, wie viel Energie mindestens benötigt wird, um ein Kilogramm Gewicht bei der sparsamsten Transportgeschwindigkeit über eine Strecke von einem Kilometer zu bewegen. Die Schwerkraft, gegen die man in der Luft mühsamer ankommt als im Wasser, macht sowohl das Laufen als auch das Fliegen viel teurer als das Schwimmen. Die ausgedehnten Reisen vieler mariner Säugetiere quer durch die Weltmeere müssen gerade uns Menschen, die wir uns im Wasser so schwer tun, zutiefst beeindrucken, aber für ein Tier, das allen anatomischen Anforderungen dieses Mediums gerecht wird, ist das Schwimmen mit Abstand die energiesparendste Fortbewegungsmethode.

Der Vergleich zwischen Fliegen und Laufen führt zu einem Ergebnis, das viele Leute überraschen mag. Bei niedrigen Körpergewichten entpuppt sich das Fliegen als die weniger kostspielige Fortbewegungsmethode, und in der Zehn- bis Hundert-Gramm-Klasse kann die Energieersparnis immens sein. Zwar verbrennen Vögel im Flug die Energie doppelt so schnell wie laufende Säuger, aber dafür sind sie auch viel schneller. Ein Vogel, der eine gegebene Strecke mit dem doppelten Brennstoffverbrauch in einem Drittel der Zeit durchquert, verbraucht insgesamt weniger Energie. Dank der hohen Fluggeschwindigkeit ist diese Fortbewegungsmethode *relativ*, d. h. auf die Strecke umgerechnet, effizient, und viele kleine Singvögel können bei ihren Zügen pro Tag 1000 Kilometer zurücklegen, ohne Rast zu machen – eine Tagesleistung, an die kein kleines Landsäugetier auch nur im Entferntesten heranreicht. Ab etwa zwei Kilogramm Körpergewicht ist hingegen das Gehen oder Laufen die effizientere Fortbewegungsmethode. Ginge es nur um die Verringerung des Energieverbrauchs, so müssten alle größeren Vögel das Fliegen längst aufgegeben haben. Natürlich können auch einem ziemlich schweren Vogel durch seine Flugfähigkeit Vorteile entstehen, die die Mehrausgaben beim Transport mehr als ausgleichen: Zwar könnte ein sieben Kilo schwerer Geier Brennstoff einsparen, wenn er die Savanne zu Fuß durchquerte, aber offenbar ist es für ihn ungleich wichtiger, den Kadaver eines verendeten Tieres zu erreichen, bevor die Konkurrenz ihn blank genagt hat, und um dieses Ziel zu erreichen, gibt es nichts Besseres als die schnelle Reise auf dem Luftweg. (Genau genommen wäre der

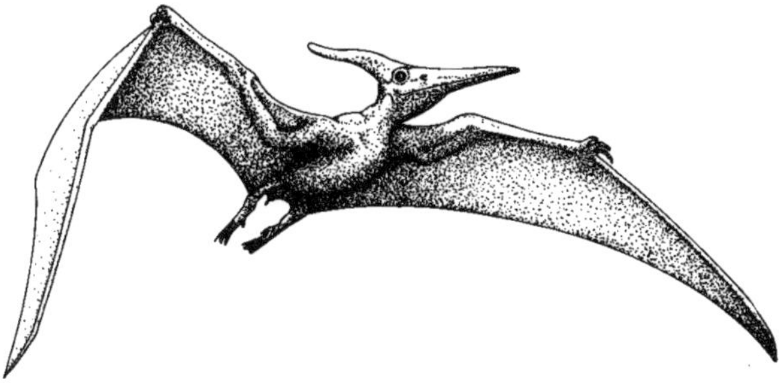

8.2 *Pteranodon*, der größte Pterosaurier, von dem wir halbwegs vollständige Skelette kennen, hatte eine Flügelspannweite von über sieben Metern. Dank seines leichten Knochenbaus wog er vermutlich nicht mehr als 15 Kilogramm. Der größte flugfähige Vogel der Gegenwart – die afrikanische Riesentrappe – wiegt etwa ebenso viel.

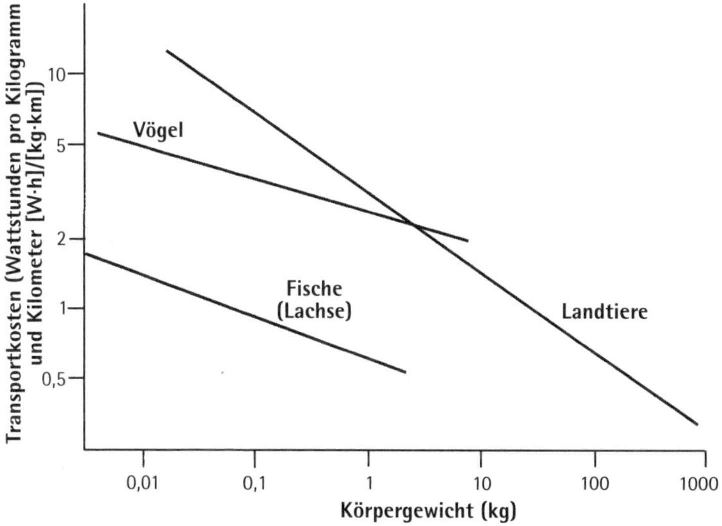

8.3 Energieaufwand des Schwimmens, Fliegens und Laufens; nach McMahon und Bonner (1983).

Fußmarsch für den Geier nur dann effizienter, wenn er an diesen Fortbewegungsmodus angepasst wäre. Ähnliches gilt für das Schwimmen: Für Fische und aquatische Säugetiere mag es die sparsamste Transportmethode sein, aber für uns Menschen ist es äußerst Energie heischend, weil wir die falsche Gestalt haben, unsere Muskeln an den falschen Stellen sitzen und unsere Extremitäten als Paddel nicht recht taugen.)

Es hat sich also gezeigt, dass kleine Vögel relativ billig fliegen und dass ihnen die Flugfähigkeit eine ganze Reihe von Vorteilen eröffnet: Sie können bei der Futtersuche große Flächen überstreichen, können sich dreidimensionale Lebensräume (zum Beispiel Wälder) erschließen, können sich Fressfeinden und Konkurrenten durch Flucht in die Senkrechte entziehen, können relativ sparsame Fernreisen unternehmen, um je nach Jahreszeit optimale Umweltbedingungen auszunutzen, und sie können örtlich begrenzten Katastrophen wie Bränden, Überschwemmungen und Dürren entfliehen. Auch hat sich klar herausgestellt, dass Vögel, die wirklich groß werden, auf die Eroberung der Lüfte und alle damit einhergehenden Privilegien verzichten müssen. Den Säugetieren, die sich auf den Entwicklungspfad zum Gigantismus begeben, wird kein ähnlich großes Opfer abverlangt (von den Fledermäusen und Flughunden einmal abgesehen), und das allein reicht vielleicht schon aus, um zu erklären, warum es so viele Arten von Großsäugern gibt.

Dieser einfachen Erklärung für die Seltenheit von Riesenvögeln wollen wir eine Reihe anderer Ansätze entgegenstellen, die – zum Teil sehr fragwürdige – Gewichtungen der Vor- und Nachteile von Säugetier- und Vogeleigenschaften enthalten. So hat man den vermeintlichen Erfolg aller känozoischen Säugetiere, insbesondere aber der großwüchsigen Arten, oft auf ihre Bezahnung zurückführen wollen. Die Zähne – harte, mit noch härterem Schmelz überzogene Gebilde – sind auf tausenderlei Weise an die verschiedensten Lebensbedingungen angepasst worden, sodass sich zu fast jeder Art von potenzieller Nahrung ein paar Säugetierarten finden, die sich auf diese spezialisiert haben. Nicht nur von Art zu Art unterscheiden sich die Säugetierzähne, auch im Mund eines einzelnen Tieres können sich ganz verschiedene Zahntypen finden. Viele kleine Säuger haben Reihen kleiner, scharfer Zähne herausgebildet, die sich hervorragend zum Knacken der Chitinpanzer von Insekten eignen.

Andere verfügen über breite Backenzähne mit dicken Schmelzschichten, mit denen sie Schalentiere aufbrechen können. Delphine und Tümmler haben zahlreiche kegelförmige Zähne, mit denen sich glitschige Beute wie Fische und Tintenfische packen lässt. Raubkatzen und Hunde haben große Eckzähne, um ihre Opfer zu greifen und zu erlegen, sowie messerscharfe Backenzähne, um das Fleisch in schluckbare Bissen zu zerteilen. Nagetiere haben zwei Paar ständig nachwachsender Schneidezähne, die nur an der Vorderseite mit hartem Schmelz beschichtet sind; das Zahnbein dahinter nutzt sich schneller ab, sodass an den Schneidekanten nur meißelartige Schmelzschichten stehen bleiben, die sogar mit Hartholz und Nussschalen kurzen Prozess machen können. Die wahrscheinlich wichtigste Eigenart der Säugetierkiefer und -bezahnung ist der Umstand, dass unsere Molaren und Prämolaren genau aufeinander passen und seitlich gegeneinander verschoben werden können – mit anderen Worten: Säugetiere können kauen, eine Fähigkeit, über die kein anderer heute lebender Vierfüßer gebietet. Die explosionsartige Vermehrung alles fressender bzw. Pflanzen fressender Säugetierarten im Känozoikum, vor allem die plötzliche Vielfalt an Nagetieren, Pferden, Schweinen, Kamelen, Hirschen, Rindern, Antilopen, Schafen und Ziegen, wird oft auf die scheinbar unbegrenzte Variationsfähigkeit der Säugetierzähne zum Aufschluss allen möglichen Pflanzenmaterials zurückgeführt.

Vögel hingegen haben Schnäbel. Zugegeben: Diese anpassungsfähigen Gebilde decken ein weites Werkzeugspektrum ab, vom kompakten Nussknacker bis zur nadeldünnen Nektarpipette, aber viele Biologen hatten wohl trotzdem den Eindruck, dass die Variationsmöglichkeiten dieses Prinzips – ein einfacher, mittlings durchtrennter Hornkegel – mit der Vielseitigkeit von Kiefern mit Zahnreihen nicht mithalten können. Vor allem können Vögel eben nicht kauen, was heißt, dass der mechanische Nahrungsaufschluss im Körperinneren geleistet werden muss. Die kräftigen Muskelmägen der Vögel sind mit einer harten Substanz ausgekleidet und enthalten oft zusätzlich Kieselsteinchen, die das Futter zermahlen. Dieses Mahlwerk im Verdauungstrakt mag noch so kräftig sein: Etliche Biologen sind davon überzeugt, dass es an die Mühlen in den Kiefern der Säuger nicht heranreicht. Diese Überzeugung wird durch die Tatsache genährt, dass sich nur eine Hand voll Vögel[39] von energiearmem Pflanzenmaterial wie Gras ernährt, während sich viele Säugetiere gerade darauf spezialisiert haben. Die Schlussfolgerung liegt auf der Hand: Zumindest entschiedene Pflanzenfresser sind mit einem ordentlichen Gebiss besser bedient als mit einem Muskelmagen.

Bislang spricht nichts wirklich gegen diese Schlussfolgerung.[40] Aber es gibt noch eine andere Interpretation, die – ob richtig oder falsch – zumindest den Vorzug hat, keinerlei Werturteile zu enthalten. Man erinnere sich daran, dass die Körperwärme kleiner Tiere sehr schnell in die Umgebung entweicht und ihre Stoffwechselmaschinen sehr schnell arbeiten müssen, um diese Verluste auszugleichen. Je kleiner das Tier, desto höher die Drehzahl – und desto größer das Mengenverhältnis von Nahrungszufuhr und Körpergewicht. Viele kleine Tiere versuchen möglichst energiereiche Nahrung zu sich zu nehmen, zum Beispiel Samen, Früchte, Nüsse oder das Fleisch anderer Tiere. So halten es im Grunde fast alle kleinen Warmblüter. Eine Spitzmaus könnte aus dem Aufschluss von energiearmem Gras und Laub, wie es beispielsweise Rinder fressen, einfach nicht genug

[39] Wehrvögel, Schopfhühner und Eulenpapageien fressen vornehmlich Blätter; bei einigen Hühnervögeln, Straußenvögeln, Gänsen, Pflanzenmähern und Rallen macht das Grünzeug zumindest einen großen Anteil an der Nahrung aus.

[40] Sie *kann* natürlich falsch sein: Post-hoc-Erklärungen dieser Art sollte man stets mit Vorsicht genießen. Tatsächlich könnten Muskelmägen unter bestimmten Umständen mechanische oder energetische Vorteile mit sich bringen. Elefanten sind bis zu 16 Stunden täglich damit beschäftigt, ihre gigantischen Körper mit Energie zu versorgen, und ein Großteil dieser Zeit entfällt aufs reine Kauen. Viele der sauropoden Dinosaurier waren noch viel größer als die Elefanten, hatten aber kleine Köpfe und Mäuler – und doch glauben manche Paläontologen, dass diese Tiere in der Lage waren, genug Pflanzenmaterial aufzuschließen, um sich einen hochtourigen Stoffwechsel zu leisten. Wenn das stimmt, dann müssen die Sauropoda zusätzliche Methoden des internen Nahrungsaufschlusses gekannt haben, da auch ihre Tage nur 24 Stunden hatten. Muskelmägen wären genau das Richtige gewesen. Bei Bakker (1986) wird diese Frage ausführlich erörtert.

Energie gewinnen, um ihre Stoffwechselmaschinerie mit der erforderlichen Drehzahl zu betreiben. Bei größeren Tieren ist der Wärmeverlust nicht so dramatisch, und die zum Unterhalt von einem Kubikzentimeter Körpergewebe erforderliche Nahrungsmenge ist geringer. Damit haben größere Tiere die Wahl: Entweder sie nehmen relativ wenig energiereiche Kost zu sich oder große Mengen energiearmen Futters. Anders formuliert: Nur Warmblüter oberhalb eines gewissen Grenzgewichts können sich ausschließlich von Pflanzenmaterial mit geringem Nährwert ernähren, und je größer das Tier, desto weniger riskant ist diese Futterstrategie. Für die Größe der Vögel hat das eine einfache Konsequenz: Die Massenverarbeitung von nährstoffarmer Biomasse ist nichts für kleine Tiere, und große Tiere können zwar eine Menge, aber eben nicht fliegen. Dass wir auf der Erde kaum »Weidevögel« finden, versteht sich dann von selbst: Das Fliegen ist eine derart vorteilhafte Kunst, dass nur wenige Vogelarten darauf verzichten können.

Angesichts der vielfältigen Vorzüge der Flugfähigkeit und der grundlegenden Umgestaltung, die der Vogelkörper im Rahmen der adaptiven Verbesserung dieser Fähigkeit erfahren hat, ist es vielleicht nicht weiter verwunderlich, dass die überwältigende Mehrheit der Vögel dieser Welt weniger als ein Kilogramm wiegt. Es wäre ganz sicher verfehlt, aus der zahlenmäßigen Überlegenheit der Säugetiere in den oberen Gewichtsklassen auf eine – wie auch immer geartete – evolutionär-ökologische Überlegenheit dieser Wirbeltierklasse zu schließen. Ebenso gut könnte man den Spieß umdrehen und aus der großen Artenvielfalt der Vögel sowie dem Umstand, dass etwa ein Viertel aller Säugetierarten zu den Fledertieren gehört, schließen, dass die flugunfähigen Wirbeltiere in den letzten 65 Millionen Jahren eine Riesenchance verpasst haben. Außerdem reichen die Ausnahmen von der Regel, also die flugunfähigen Vögel der Gegenwart und der Vergangenheit, aus, um den Gedanken einer grundsätzlichen Unterlegenheit sehr großer Vögel gegenüber ihren Säugetierkonkurrenten ad absurdum zu führen.

Die ältesten Riesenvögel des Känozoikum waren die *Diatry-*

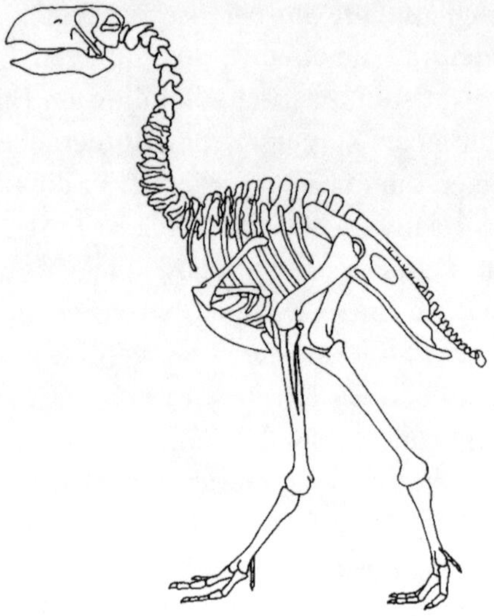

8.4 Skelett des nordamerikanischen *Diatryma steini* aus dem unteren Eozän, Höhe etwa 2,25 Meter.

mas (Abb. 8.4), gigantische Laufvögel, deren versteinerte Überreste man an etlichen Fossilienfundstellen in Europa und Nordamerika entdeckt hat. Mit *Diatryma gigantea* – zwei Meter hoch, die muskulösen Athletenbeine mit riesigen Krallen bewehrt, der Kopf so groß wie der eines Pferdes – war vermutlich nicht gut Kirschen essen. In den letzten Jahren ist eine wissenschaftliche Kontroverse über die Ernährungsweise dieser Vögel entbrannt. Der massige Kopf und der beilartige Schnabel deuten auf fleischliche Kost hin, aber die obere Schnabelhälfte der *Diatrymas* lässt die für Raubvögel so typische Hakenspitze vermissen. Außerdem spricht der untersetzte Körperbau für einen eher geruhsamen Lebenswandel. Das hat einige Forscher auf den Gedanken gebracht, dass der Vogel Vegetarier gewesen sei und seinen imposanten Schnabel nicht zur Jagd auf die frühen känozoischen Säugetiere, sondern zum Abernten der Vegetation benutzt habe. Inzwischen hat man die Bisskraft von *Diatryma gigantea* mathematisch rekonstruieren können, und es zeigt sich, dass der Schnabel für eine rein pflanzliche Ernährungsweise deutlich

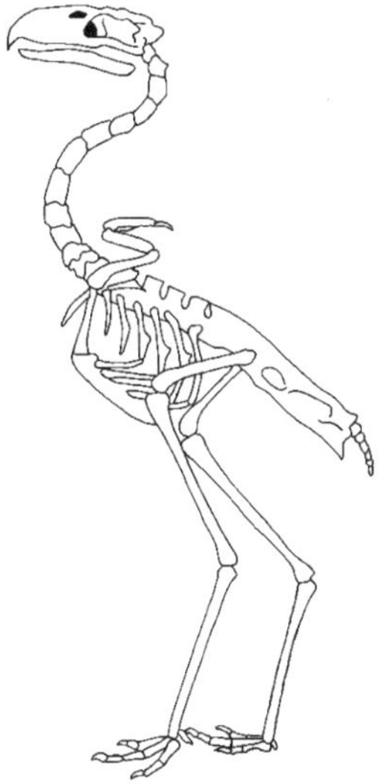

8.5 Skelett des südamerikanischen *Phororhacos* aus dem Miozän, Höhe etwa 1,6 Meter.

überdimensioniert war. Verglichen mit allen eindeutig Pflanzen fressenden Riesenvögeln der Gegenwart und der Vergangenheit hat *Diatryma* einen wahrlich gigantischen Schnabel, mit dem er selbst Knochen ohne Mühe zermalmen konnte. Die Forscher, die diese Berechnungen angestellt haben, vertreten denn auch die Ansicht, dass *Diatryma* ein Knochen knackender Jäger und Aasfresser gewesen sei, ähnlich den heutigen Hyänen.

Während über *Diatryma* noch gestritten wird, hegt kaum jemand Zweifel an der räuberischen Natur der *Phorusrhacidae* oder Terrorvögel (Abb. 8.5), die vom späten Paläozän bis zum Ende des Pliozän (s. Abb. 3.1) durch Südamerika zogen und im späten Pliozän und Pleistozän auch Nordamerika eroberten. Die Familie bestand aus etwa einem Dutzend Arten, anderthalb bis drei Meter hoch, von leichtem Knochenbau und damit offenbar schneller und wendiger als *Diatryma*. Die obere Schnabelhälfte weist jenen viel sagenden, nach unten gekrümmten Raubvogelhaken auf, der uns bestätigt, dass die Terrorvögel auf fleischliche Kost aus waren. Wahrscheinlich hetzten sie hinter schnell laufenden Tieren her, packten sie mit ihren krallenbewehrten Füßen und rissen mit den kräftigen Schnäbeln mundgerechte Fleischbrocken aus ihrer Beute.

Oft liest man, diese gigantischen Raubvögel seien in der Frühphase des Känozoikum deshalb so massiv in Erscheinung getreten, weil die Nischen für große, zweibeinige Beutegreifer nach dem Aussterben der Dinosaurier einladend offen standen und die großen Fleisch fressenden Säugetiere erst in der folgenden geologischen Epoche die ökologische Bühne betreten sollten. Von der Frage, ob es für zweibeinige und vierbeinige Raubtiere wirklich getrennte Nischen gibt, einmal ganz abgesehen: Die Fossilienfundlage zeichnet ein anderes Bild. Als *Diatryma* über die Erde streifte, gab es durchaus Pflanzen fressende und räuberische Säugetiere; wahrscheinlich machten Säugetiere sogar einen Großteil der Nahrung dieser Vögel aus. Zwar waren die meisten Säugerarten klein, aber zwei oder drei Spezies brachten sogar mehr Körpergewicht auf die Waage als *Diatryma*.

Ein anderer Versuch, den Erfolg der Terrorvögel zu schmälern oder wegzuerklären, geht von der Behauptung aus, dass die meisten Säugetiere Südamerikas vor der Entstehung der Landbrücke nach Nordamerika im späten Pliozän zu den »einfachen« Beuteltieren gehört hätten und die »höher entwickelten« Plazentatiere dort kaum vertreten gewesen seien. Auch für diesen Ansatz findet man wenig Belege: Die Auffassung, Plazentatiere seien den Beuteltieren »überlegen« – was auch immer dieses Wort heißen mag –, geht wohl vornehmlich auf die übliche familiäre Voreingenommenheit unsererseits zurück. Viele der damals verbreiteten hundeähnlichen Beuteltiere, der Borhyaeniden, waren groß und lebten räuberisch, und ich kenne kein einziges haltbares Argument dafür, dass sie ihren plazentalen Entsprechungen in anderen Teilen der Welt irgendwie unterlegen gewesen wären. Auch ist der Untergang der Terrorvögel Südamerikas oftmals auf das Eindringen nordamerikanischer Plazentatiere über den am Ende des Pliozän entstandenen Isthmus von Panama zurückgeführt worden, obwohl die Fossilienfunde eine andere Sprache sprechen: Die meisten *Phorusrhaci-*

dae waren längst ausgestorben, als die plazentalen Beutegreifer aus dem Norden eintrafen. Der größte aller Terrorvögel, *Titanis walleri*, erfreute sich damals hingegen noch bester Gesundheit und nutzte die neue Landenge sogar zur Expansion nach Norden. Er scheint von der Jagd auf die Plazentatiere Floridas ganz gut gelebt zu haben.

Die Gesamtheit aller heute verfügbaren paläontologischen Funde lässt sich am einfachsten so deuten: Nach dem kreidezeitlichen Massensterben machten sich sowohl Vögel als auch Säugetiere in den leer stehenden Nischen für große Beutegreifer breit, und in manchen Teilen der Welt waren die Vögel dabei nicht nur zu Beginn, sondern während eines Gutteils des Känozoikum sehr erfolgreich.

Die Vögel haben auch eine Reihe von sehr großen Arten hervorgebracht, die pflanzliche Kost bevorzugten. Uns sind heute vor allem die Strauße, Nandus, Emus und Kasuarvögel vertraut, die allesamt von Samen, Früchten, Grünzeug und Insekten leben und dann und wann vielleicht ein kleines Wirbeltier verspeisen. Kasuare und Emus kamen und kommen nur in Australien und auf den benachbarten Inseln vor; beide Familien waren in der jüngeren erdgeschichtlichen Vergangenheit viel artenreicher als heute. Erst in der jüngsten Vergangenheit sind in Tasmanien und auf einer Reihe kleinerer Inseln vor Australiens Südküste allein drei Emuarten ausgerottet worden. Die Nandu-Fossilien reichen in Südamerika bis ins mittlere Paläozän, in Europa bis ins späte Paläozän zurück, und einstmals zogen riesige Herden von Rheas oder Pampasstraußen durch das Grasland Südamerikas. Strauße leben heute wild nur noch im Süden Afrikas, wo sie ihren Lebensraum mit einer enormen Vielzahl an großen, Pflanzen wie Fleisch fressenden Säugetieren teilen, aber ihre versteinerten Knochen hat man auch in den Miozän-Lagerstätten der Moldau gefunden, und während des Plio- und Pleistozäns waren im Grasland Afrikas, Chinas, der Mongolei, der Ukraine, Kasachstans, Indiens und Griechenlands mindestens vier Straußenarten zu Hause.

Also: Pflanzen fressende Riesenvögel konnten mit großen

Säugetieren durchaus mithalten. Allerdings scheinen sie sich vor allem in solchen Weltgegenden gehäuft zu haben, in denen Pflanzen fressende Säuger ihnen nicht viel Konkurrenz machten. Die Riesenvögel, über die wir wohl am meisten wissen, sind die erst vor wenigen Jahrhunderten ausgestorbenen Moas, die auf Neuseeland lebten (Abb. 8.6). Ihr Größenspektrum reichte von 3,3-Meter-Titanen – damit waren sie vielleicht die größten Vögel des Känozoikum – bis zu Arten, die kaum größer als Truthähne wurden. Vor der Ankunft des Menschen war ihr Hauptfressfeind wiederum ein Riesenvogel, *Harpagornis*, der größte bekannte Adler, der eine Flügelspannweite von drei Metern erreichte. Dieser äußerst gewandte und starke Jäger war vermutlich imstande, einen voll ausgewachsenen Moa, der mehr als 200 Kilogramm wiegen konnte, am Hals zu packen und ihm das Genick zu brechen.

Sogar noch schwerer als der größte Moa wurde *Aepyornis maximus*, eine der sieben Elefantenvogelarten, die im Pleistozän auf Madagaskar heimisch waren. Die größten Exemplare erreichten zweieinhalb bis drei Meter Höhe und wogen vermutlich um die 400 Kilogramm. Auch Australien und Neuguinea waren einst von Pflanzen fressenden Riesenvögeln besiedelt: Die Donnervögel oder – in der Sprache der Ureinwohner – Mihirungs (»Riesenemus«) hielten sich in manchen Gegenden bis vor 26 000 Jahren. Ein typischer Mihirung wurde rund zwei Meter groß, aber eine oder mehrere Arten, von denen man nur einzelne Knochen gefunden hat, hätten vom Gewicht her durchaus mit den größten Elefantenvögeln Madagaskars mithalten können. Diese Kolosse wurden wahrscheinlich von Beutelwölfen und dem Riesenwaran *Megalania* gejagt, den wir in Kapitel 6 kennen gelernt haben. Man sollte sich eine solche Szene ruhig einmal ausmalen: eine Wolke ausgerissener und aufgewirbelter Federn, darin eine tonnenschwere Echse, die einen halbtonnenschweren Vogel niederringt. Nur die Paläontologie liefert uns derart starke Bilder, die unsere kurzsichtige Überzeugung, wir wüssten über die Spielregeln des Lebens Bescheid, zu erschüttern vermögen. Die alten Knochen und Steine zeigen uns, dass unsere vertraute All-

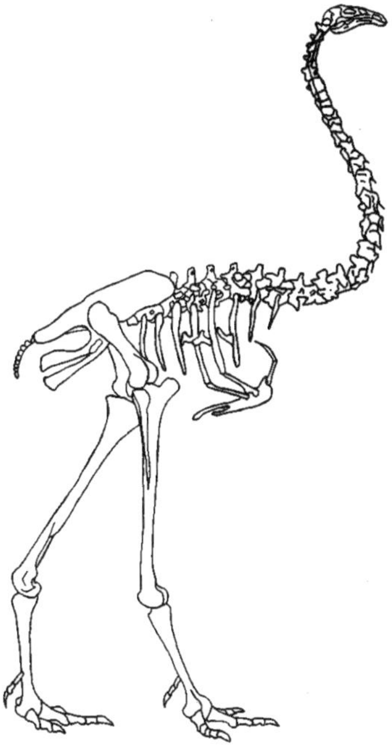

8.6 Skelett des von den Maoris ausgerotteten Riesenmoa *(Dinornis maximus)*, eines neuseeländischen Pflanzenfressers; Höhe etwa drei Meter.

tagswelt vor dem breiten Hintergrund des Känozoikum ausgesprochen ungewöhnlich ist.

Wie also können wir uns angesichts all dieser Fakten die relative Seltenheit der Riesenvögel in den känozoischen Ökosystemen erklären? Wenn es irgendwelche grundlegenden physiologischen oder anatomischen Wachstumsschranken geben sollte, so sind sie zumindest nicht leicht zu entdecken. Es ist nicht weiter schwer, Hypothesen über die Überlegenheit von Zähnen gegenüber Schnäbeln oder die Vorteile der Vierfüßigkeit gegenüber der Zweibeinigkeit aufzustellen, aber wenn die Diatrymas und Phorusrhaciden das Rennen gemacht hätten und heute über die Erde herrschten, gäbe es zweifellos ebenso plausible, aber genau entgegengesetzte Post-hoc-Theorien.

Die naheliegendste Erklärungsmöglichkeit besagt, dass alle

känozoischen Vögel von flugfähigen Vorfahren abstammen, sodass die Entwicklung hin zu schweren Körpern bei ihnen den Verlust dieser eigentlich klassentypischen Fähigkeit mit sich brachte, während alle känozoischen Säugetiere auf nicht flugfähige Ahnen zurückgehen, sodass ein verstärktes Größenwachstum ihnen kein vergleichbares Opfer abverlangte. Dass die meisten Vögel sich entschieden, ihre wertvollen Flügel zu behalten, ist im Grunde nicht verwunderlicher als der Umstand, dass die meisten Säugetiere nicht auf ihr bewährtes Gebiss verzichten wollten. Zwar gibt es die Ordnung der Zahnarmen – zu denen die völlig zahnlosen Ameisenbären gehören –, aber Zähne sind, wie Flügel, so nützliche Gebilde, dass sich die Zahl solcher Ausnahmen in Grenzen hält. Flugunfähige Vögel sind immer noch deutlich häufiger als zahnlose Säuger, aber die allermeisten von ihnen leben auf Inseln mitten im Ozean, auf denen die Fähigkeit zum Fernreisen ihre Bedeutung eingebüßt hat und es am Boden nur wenige oder gar keine Fressfeinde gibt. Unter solchen Bedingungen wogen die energetischen Herstellungs- und Unterhaltskosten einer flugtauglichen Muskulatur auf die Dauer schwerer als ihr Nutzen, sodass die Vögel das Fliegen aufgaben, aber in den meisten Gegenden der Erde sorgen die am Boden lebenden Raubtiere und die jahreszeitlichen Schwankungen im Nahrungsangebot dafür, dass die Vögel diese Kunst nicht verlernen. Die Flugfähigkeit ist eine kostbare Gabe, daher sind und waren die meisten Vögel klein genug, um deren Vorteile wahrzunehmen.

Die Seltenheit wirklich großer Vögel ist von daher nachvollziehbar, aber ein weiteres Rätsel müssen wir noch lösen: Die Artaufspaltung der Vögel in den letzten 65 Millionen Jahren stellt jene der känozoischen Säugetiere, von der viel häufiger die Rede ist, bei weitem in den Schatten. Wieso diese Hast? Warum hat sich die Artenbildung bei den Vögeln so viel schneller vollzogen als bei den Säugern?

Bei den Vögeln ist die Gewichtsklasse um 33 Gramm herum am dichtesten bevölkert, während ein durchschnittliches Säugetier etwa das Dreifache wiegt. Man weiß schon lange, dass taxonomische Einheiten, die aus kleinen Tieren bestehen, zumeist artenreicher sind als solche aus größeren Tieren – vermutlich weil die Welt für kleinere Tiere unweigerlich komplexer ist. Ein Baum stellt zum Beispiel für einen Hirsch kaum mehr als eine Futterquelle dar, während Hunderte von Insektenarten, die in ihm leben und sich ernähren, in ihm viele, ganz unterschiedliche Lebenszonen sehen: die verschiedenen Ebenen seiner Krone, die Blattober- und -unterseiten, die Risse in der Borke, der Bereich zwischen Rinde und Splintholz, die Laubschichten auf dem Boden und so weiter. Die Artenvielfalt korreliert im Allgemeinen stark mit der Zahl der unterschiedlichen Nutzungsmöglichkeiten einer Umwelt, und kleinen Tieren stehen für gewöhnlich viel mehr Alternativen offen als großen. Außerdem durchlaufen kleine Tiere in einem gegebenen Zeitraum mehr Vermehrungszyklen als große. Daher erwarten wir, wenn alle anderen Faktoren gleich sind, in der taxonomischen Kategorie mit den kleineren Tieren – hier in der Klasse der Vögel – eine raschere Artaufspaltung und letztlich eine größere Artenvielfalt.

Viele Vögel leben außerdem in Wäldern, und das heißt, in komplexen, dreidimensionalen Landschaften, die ein entsprechend weites Spektrum an möglichen Lebensbereichen bereitstellen. In den meisten Wäldern ist das Angebot an Blättern, Früchten, Samen und Insekten weit oberhalb des Bodens am größten. Kleine baumbewohnende Säugetiere müssen sich ihren Weg in und durch die Kronen mühsam entlang der Äste und Zweige suchen, wobei sie stets Gefahr laufen abzustürzen. Vögel können hingegen der Schwerkraft trotzen und frei in der Luft herumflattern oder sich an die dünnsten Ästchen und Zweiglein krallen: Sie sind wie geschaffen für diese ökologisch reichhaltigen, luftigen Labyrinthe.

Und entsprechend stürmisch ist die Artaufspaltung der Vögel in den Wäldern verlaufen. Die weltweit größte Vogelartenvielfalt findet man in der neotropischen Region (Abb. 8.7), die Mittel- und Südamerika, Südmexiko und die Westindischen Inseln umfasst und auch die riesigen tropischen Regenwaldgebiete Amazoniens enthält. In dieser tiergeografischen Region sind über

3000 verschiedene Vögel heimisch – fast ein Drittel aller Arten der Welt –, deren überwältigende Mehrheit in den Regenwäldern lebt. Die Säugetiere ballen sich hingegen nicht in diesen Ökosystemen: Im Nordteil Südamerikas sind 66 rein terrestrische Säugergattungen heimisch, aber nur 38, die auf oder von Bäumen leben (wobei wir die Fledertiere vorerst außer Betracht lassen wollen; wir kommen später auf sie zurück). Die Bedeutung der Wälder als Brutstätte neuer Vogelarten wird besonders deutlich, wenn wir die Artenzahlen in der Neotropis und der Äthiopis vergleichen. Beide Regionen enthalten große Festlandflächen innerhalb der tropischen Klimazone, aber die äthiopische Region beherbergt nur halb so viele Vogelarten. Man nimmt an, dass dies unter anderem an der viel größeren Regenwaldfläche der Neotropis liegt. Das insgesamt trockenere Klima im tropischen Afrika fördert die Entstehung von Savannen statt von geschlossenen Waldgebieten. Grasland ist im Allgemeinen viel besser für große, am Boden lebende, weidende Säugetiere und die von ihnen abhängigen Beutegreifer geeignet. Dieser Lebensraum ist in der Senkrechten relativ einfach strukturiert und hat den flugfähigen, also auf die Ausnutzung der dritten Dimension spezialisierten Tieren wenig zu bieten.

In der Größenordnung der Kontinente leuchtet der Zusammenhang zwischen Waldanteil und Vogelartenzahl ein, da ein derart großflächiges Habitat sich über mehrere Breitengrade erstreckt und ein weites Spektrum an topografischen, klimatischen, geologischen und hydrologischen Umweltbedingungen umfasst, also eine größere Vielfalt an Untersystemen enthält, aus der die örtliche Fauna und Flora schöpfen können. In fast allen ökologischen und biogeografischen Untersuchungen, sei es auf der Ebene ganzer Kontinente oder, am unteren Ende der ökologischen Größenskala, bei der Analyse einzelner Wäldchen oder Graslandinseln in einer andersartigen Landschaft, stieß man auf eine starke Koppelung zwischen Artenvielfalt und Fläche. Große Waldflächen bieten ausreichend vielen Individuen einer Vogelart mit hohen Revieransprüchen – Greifvögeln beispielsweise – ein Zuhause, um die Population langfristig am

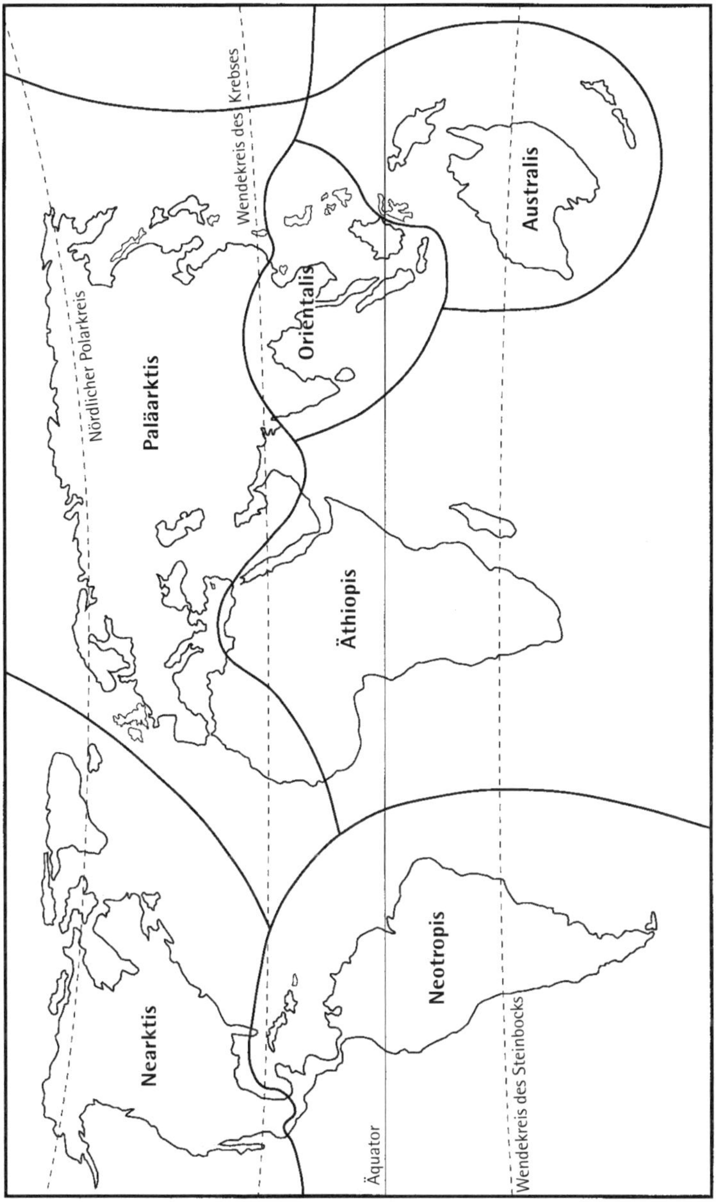

8.7 Tiergeografische Regionen der Welt.

Leben zu erhalten, während kleinere Gebiete hierfür nicht ausreichen. Kleine Flecken können nur kleine Populationen versorgen, und je geringer die Individuenzahl, desto größer die Gefahr des Aussterbens durch Zufallsfluktuationen in der Populationsstärke oder durch Umweltstörungen. Wenn sehr viele solcher isolierter Flecken eines Habitats über eine weite Fläche verstreut liegen, geht die Wahrscheinlichkeit, dass alle Subpopulationen aussterben, gegen null. Wenn eine Subpopulation eingeht, bestehen gute Chancen, dass der frei gewordene Lebensraum aus der Nachbarschaft heraus wieder besiedelt wird. All diese Faktoren wechselwirken miteinander – und zwar auf derart komplexe Weise, dass sie nur schwer zu entwirren sind – und wirken sich in größerem räumlichem Maßstab auf die Beziehung zwischen Fläche und Artenvielfalt aus. Aber diese positive Korrelation ist fast nie eine einfache, direkte Proportionalität; eine Verdoppelung der Fläche führt zwar zu einem Anstieg, aber bei weitem nicht zu einer Verdoppelung der Artenzahl. Das entspricht auch unserer Intuition, denn wir würden wohl nicht erwarten, dass die Mieter eines zehnstöckigen Wohnhauses sich aus doppelt so vielen Nationen rekrutieren wie die Bewohner des fünfstöckigen Nachbarhauses – und ebenso wenig dürfen wir vermuten, dass ein doppelt so großes Waldgebiet doppelt so viele Arten beherbergt. In dem höheren Gebäude werden im Schnitt zwar etwas mehr Nationalitäten vertreten sein, einfach weil wir es mit doppelt so vielen Wohneinheiten und somit mit einer größeren Stichprobe aus der Bevölkerung zu tun haben, aber wenn sich dort die Nationenzahl unserer Statistik verdoppeln würde, hätten wir allen Anlass zur Verblüffung.

Auch pro Flächeneinheit gibt es in den neotropischen Wäldern mehr Vogelarten als in den Waldgebieten Afrikas, vermutlich weil die Entwicklungsgeschichte der Wälder verschieden verlaufen ist. Während der relativ trockenen Phasen, die mit den Eiszeiten einhergingen, zerfielen die tropischen Regenwälder in weit voneinander entfernte Restbestände, zwischen denen sich weitläufige Savanne erstreckte.[41] Da zwischen diesen Waldinseln kaum ein genetischer Austausch stattfand, stieg die Wahrscheinlichkeit, dass sich die isolierten Populationen in verschiedene Richtungen weiterentwickelten. In den feuchteren Interglazialzeiten dehnten sich die Restwälder jedes Mal wieder aus und verschmolzen zu Riesenflächen, wodurch auch das Verbreitungsgebiet vieler der lokalen Vogelpopulationen anwuchs. Etliche Populationen unterschieden sich mittlerweile so stark von ihren Nachbarn, dass sie miteinander keinen Nachwuchs mehr zeugen konnten, und infolgedessen stieg die Artenzahl im ganzen Wald nach und nach an. Zwar nimmt man an, dass sich dieser zyklische Prozess des Zerfalls und Wiederverschmelzens sowohl in den neotropischen als auch in den afrikanischen Wäldern abgespielt hat, aber die Anzahl der Rückzugsgebiete während der Kaltzeiten wird für die Neotropis auf etwa 27, für die Äthiopis auf nur sechs geschätzt. Je mehr Refugien, desto mehr Gelegenheiten zur Auseinanderentwicklung und Artbildung, und so ist es nicht verwunderlich, dass in den Regenwäldern Südamerikas heute deutlich mehr Vogelarten leben.

Die Fledertiere (Fledermäuse und Flughunde), die einzige andere flugfähige Warmblüterordnung, sind ganz ähnlich über den Planeten verteilt. Die meisten Arten leben in den tropischen Regionen, wobei die stark bewaldeten Teile der Neotropis und der Orientalis die größte Vielfalt beherbergen. In Afrika ist die Artdichte in denselben Breiten zwei- bis dreimal geringer. James Findley hat einige interessante statistische Analysen durchgeführt, die dieses Muster zu verstehen helfen. Er zählte die Fledertierartenzahl, vermaß die Regenwaldfläche und schätzte die Zahl der Refugien in fünf Regionen: in Afrika, auf dem südostasiatischen Festland, in der Neotropis, auf Borneo und auf Neuguinea. (Die Refugien der Neotropis und Äthiopis sind vermutlich glazial bedingt, während der Regenwald des indoaustralischen Archipels einfach durch das Meer zwischen den Inseln zerteilt ist.) Er stieß auf eine starke Korrelation zwischen der Fledertier-

[41] Wie die meisten Rekonstruktionsversuche früherer Umweltbedingungen ist auch die Theorie von den Glazialrefugien umstritten. Bei Bush und Colinvaux (1990), bei Williams et al. (1998) sowie in den dort zitierten Quellen wird diese Theorie ausführlich diskutiert und mit anderen Entwürfen verglichen.

artenzahl und der Regenwaldfläche, und als er auch die Anzahl der Refugien in seine Rechnung einbezog, trat ein noch klarerer Zusammenhang zutage. Findley selbst beeilte sich hinzuzufügen, dass die Schätzungen der Refugienzahlen in den fünf Regionen mit erheblichen Unsicherheiten behaftet sind und dass – wie man sich stets vor Augen halten sollte – eine Korrelation nicht notwendig auf einen ursächlichen Zusammenhang hindeutet. Dennoch sind die Waldfläche und die Refugiengeschichte so offensichtliche potenzielle Einflussfaktoren, dass wir getrost davon ausgehen können, dass uns diese Statistiken wichtige Informationen über die Hintergründe des weltweiten Verteilungsmusters der Fledertierarten liefern.

Also lässt sich die starke Vermehrung flugfähiger Warmblüterarten im Känozoikum zum Teil auf die Geschichte der Waldökosysteme, zum Teil auf das breite Spektrum an Nischen, das sie zu bieten haben, und zum Teil auf die besonderen Vorzüge der Flugfähigkeit in dreidimensionalen Lebensräumen mit einer hohen Ressourcenkonzentration in großer Entfernung zum Boden zurückführen. Die besondere Begabung der Fledertiere und Vögel, von den Wäldern zu profitieren, ist vermutlich der wichtigste Grund für ihre große Artenvielfalt, aber ihre Flugkünste eröffneten diesen Tieren noch weitere Lebensräume und damit Diversifizierungsmöglichkeiten, die den am Boden lebenden Geschöpfen weitgehend verwehrt blieben. In Kapitel 7 haben wir erfahren, dass die Weltmeere zumindest aus der Sicht eines aquatischen Tieres den größten zusammenhängenden Lebensraumkomplex darstellen – aber das allergrößte Umweltsystem der Erde ist die Atmosphäre, die sich ohne Unterbrechungen rund um den Globus spannt. Im Gegensatz zu ihren erdgebundenen Konkurrenten haben flugfähige Tiere über den Luftraum Zugang zu allen terrestrischen Lebensräumen.

Und im Laufe des Känozoikum gab es eine Menge entlegener Fleckchen zu besiedeln. Vor etwa 125 Millionen Jahren löste sich weit unterhalb der Gegend, die wir heute als Westpazifik kennen, eine riesige Schliere geschmolzenen Gesteins vom äußeren Erdkern und stieg wie ein Ballon zur Kruste auf. Je höher sie stieg, desto weniger lastete das darüber liegende Gestein auf der Masse, und ihre dünnflüssigsten Anteile drängten als Magma zur Oberfläche, sodass am Meeresboden des pazifischen Beckens allmählich mehr und mehr unterseeische Vulkane aufbrachen. In der mittleren Kreidezeit waren die größten dieser gewaltigen Berge so hoch geworden, dass ihre Gipfel die Meeresoberfläche durchbrachen und zu Inseln wurden: Nach und nach tauchten Polynesien, Melanesien, Mikronesien und der Malaiische Archipel aus den Wellen auf. Auch heute noch entstehen auf diese Weise im Pazifik neue Inseln. Hawaii ist gerade einmal sechs Millionen Jahre alt. Kaum dass ein solches Eiland geboren ist, beginnen Wind, Wetter und Wellen auch schon ihr Zerstörungswerk, aber für ein Weilchen kann es jenen terrestrischen Tieren und Pflanzen, die die Reise über das Meer überstehen, durchaus eine wohnliche Heimstatt sein.

Tiere und Pflanzen können auf verschiedenen Wegen zu einer Insel mitten im Ozean gelangen. Vögel und Fledertiere kommen auf dem Luftweg und bringen dabei oftmals (in ihren Verdauungstrakten) keimungsfähige Samen Früchte tragender Pflanzen oder (in ihrem Gefieder) Eier von Insekten und Schnecken mit. Insekten, Spinnen und Samen können auch mit dem Wind reisen. Kokosnüsse und die Samenkapseln einiger anderer Küstengewächse treiben auf den Wellen. Liegt die Insel nah an einer kontinentalen Festlandmasse und ist das Meer dort flach genug, so können große Tiere bei besonders niedrigem Wasserstand hinüberwaten. Kleine Tiere werden bei Unwettern oft in einen Fluss und dann ins Meer gespült, und einige können sich lange aus eigener Kraft an der Oberfläche halten oder sich rechtzeitig auf ein Floß aus Treibgut retten. Welche dieser Transportformen für nicht flugfähige, Inseln besiedelnde Vierfüßer am wichtigsten ist, darüber haben sich die Wissenschaftler lange gestritten. Es gab zum Beispiel schier endlose Debatten über die Art und Weise, wie die Echsen die Karibik erobert haben könnten: Erreichten sie ihre Ziele übers offene Meer, oder gab es zwischen dem amerikanischen Festland und den Inseln früher Landbrücken oder zumindest »Trittsteine«, zwischen denen jeweils nur kurze

Schwimmstrecken lagen? Die Befürworter der Landbrückenthese beharren normalerweise darauf, dass Echsen-Fernreisen über Wasserflächen ein derart unwahrscheinliches Szenario seien, dass man es nicht weiter in Betracht ziehen müsse. Andere, zumeist Geologen und Paläontologen, die an die Vorstellung riesiger Zeiträume gewöhnt sind, halten dagegen, dass im Laufe von Jahrmillionen irgendwann auch das extrem Unwahrscheinliche, das fast Unmögliche geschehen kann – ja, muss. Der Disput ließ sich nicht beilegen, weil keines der Lager die Möglichkeit sah, die Besiedlung von jungfräulichem Inselterrain in Zeiten extrem niedriger Meeresspiegel oder die Eroberungsreisen von Tieren auf Treibgutflößen mit eigenen Augen zu sehen und zu dokumentieren.

Aber jüngst ergab sich doch eine Gelegenheit. 1998 legten Ellen Censky und ihre Mitarbeiter einen unwiderlegbaren Beweis für die Meeresüberquerung einer Gründerpopulation großer Reptilien vor. Es handelte sich um Grüne Leguane, stämmige und kräftige Echsen von bis zu 40 Zentimetern Länge (ohne Schwanz). Mindestens 15 dieser Tiere wurden am 4. Oktober 1995 zusammen mit den Überresten einer aus Bäumen und Treibholz bestehenden schwimmenden Insel an einen Strand der Insel Anguilla gespült. Die örtlichen Fischer berichteten, das Floß sei so groß gewesen, dass die Wellen zwei Tage gebraucht hätten, um es zur Gänze aufs Land zu schieben. Sie beobachteten auch die Leguane, wie sie auf den in der Bucht treibenden Baumstämmen hockten oder am Strand herumliefen. Genau einen Monat zuvor hatte der Hurrikan Luis die Karibik heimgesucht; ein paar Wochen nach ihm war der kleinere Hurrikan Marilyn hinterhergefegt. Aus der Wanderroute der Stürme und dem bekannten Verbreitungsmuster der Grünen Leguane auf den Kleinen Antillen vor 1995 schloss Censky, dass die Tiere vermutlich von einer der Guadeloupe-Inseln stammten – und folglich etwa 300 Kilometer nach Nordwesten getrieben waren. Je nachdem, welcher der beiden Wirbelstürme die Leguane mitsamt eines Teils ihrer alten Heimat aufs Meer hinausgezerrt hatte, müssen sie entweder zwei Wochen oder gar einen Monat lang auf ihrem Floß festgesessen haben. Im März 1998 lebten die Leguane immer noch auf Anguilla, und eines der Weibchen schien trächtig zu sein. Damit steht fest: Gründerpopulationen großer Tiere *können* weit über das Meer reisen und auf diese Weise Inseln besiedeln. Natürlich kommt so etwas nur selten vor, aber auch Geschehnisse, die wir mit unserem an menschlichen Lebensspannen orientierten Vorstellungsvermögen unwahrscheinlich nennen, spielen sich im Laufe von Jahrmillionen hinreichend häufig ab.

Die Besiedlung entlegener Meeresinseln durch Reptilien dürfte größtenteils, wenn nicht gar ausschließlich, auf Exemplare zurückgehen, die passiv der Meeresströmung folgen, sei es mit oder ohne Floß. Dasselbe gilt vermutlich für die flugunfähigen Landsäugetiere. Aber dem Ausbreitungsvermögen terrestrischer Säuger sind durch ihre Sprit heischenden Stoffwechselmaschinen enge Grenzen gesetzt. Ratten und Katzen werden nicht seltener ins Meer gespült oder auf Treibgutflößen verschleppt als Echsen und Schlangen, aber während Reptilien ziemlich lange passiv im Wasser treiben oder wochen- bis monatelang auf einem Floß ausharren können, gehen Säugetiere ohne Nahrung und Frischwasser innerhalb weniger Stunden bis Tage ein. (Je größer das Säugetier, desto länger kann es fasten und dürsten, aber andererseits sinkt mit zunehmender Größe die Wahrscheinlichkeit, dass ein Tier – ganz zu schweigen von einer überlebensfähigen Gründerpopulation – überhaupt ins Meer gerissen wird.) Auf einer schwimmenden Insel mag ein Tier zwar etwas Nahrung finden, aber ein Reptil kommt mit diesem Proviant wesentlich länger aus als ein Säugetier.

Diese grundlegenden Unterschiede in der Transportfähigkeit und im Durchhaltevermögen erklären die Verteilung der maximalen Reisedistanzen übers offene Meer, die in Abbildung 8.8 zusammengestellt sind. Winzige Tiere werden leicht vom Wind mitgeführt, Fledertiere und Vögel überfliegen die Meere aus eigener Kraft, und Schneckeneier reisen als blinde Passagiere im Gefieder oder Fell flugfähiger Tiere. Mit diesen drei Methoden lässt sich noch der weiteste, unwirtlichste Ozean überqueren. Auf Flößen können Echsen dank ihrer sparsamen Stoffwechselmaschinen ebenfalls beträchtliche Strecken überwinden. Schild-

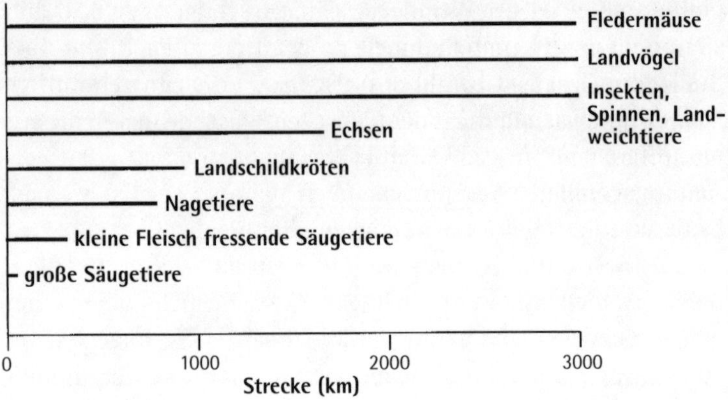

8.8 Größte nachgewiesene, selbstständig – das heißt ohne menschliches Zutun – über das Wasser zurückgelegte Strecken für verschiedene Tiergruppen; nach Gorman (1979).

kröten lassen sich wie Kokosnüsse mit der Strömung zu fernen Gestaden treiben. Flugunfähige Säugetiere, insbesondere die großen unter ihnen, sind hingegen schlechte Seefahrer. Die Nagetiere schlagen sich noch vergleichsweise wacker: Ratten und Mäuse sind klein, leben oft in großen Kolonien zusammen und sind nicht sehr wählerisch, was die Verköstigung angeht. Dank dieser Merkmalskombination halten sie es eine Weile auf einem Treibholzfloß aus und haben auch gute Chancen, sich in der neuen Umgebung an ihrem Reiseziel einzuleben. Wahrscheinlich sind die Ratten die besten flugunfähigen Neusiedler-Säugetiere: Auf den Inseln im Pazifik und auf vielen weiteren Archipelen rund um die Welt finden sich etliche endemische (das heißt nur an einem bestimmten Ort vorkommende) Rattenarten. Die in Abbildung 8.8 zusammengefassten Insel-Siedlerqualitäten verschiedener Tiergruppen spiegeln sich auch in ihrer biogeografischen Verteilung über die Erdoberfläche wider: Die alten kontinentalen Landmassen[42] waren die Wiegen, in denen sich fast die gesamte känozoische Säugetierfauna herausgebildet hat, während die Inseln schon immer Hochburgen der Artbildung von Pflanzen, Insekten, Spinnen, von eingeschleppten Schnecken und vor allem von geflügelten Warmblütern gewesen sind.

Besonders wichtig für die känozoische Artbildung der Vögel waren die Inseln und Archipele des westlichen Pazifik und des Indischen Ozeans. Obwohl dort im Laufe von wenigen tausend Jahren durch den Einfluss des Menschen Tausende von Arten ausgestorben sind, tragen diese Inseln mit etwa 730 Vogelspezies immer noch beträchtlich zur weltweiten Vielfalt bei – vor allem in Relation zu ihrer kleinen Fläche. Zum Vergleich: In der ziemlich komplexen und artenreichen neotropischen Region kommen 177 Vogelarten auf eine Million Quadratkilometer; in der madagassischen Region, die von der großen kontinentalen Insel Madagaskar dominiert wird, zu der aber auch die westlichen Inseln des Indischen Ozeans zählen, sind es schon 328 Arten pro Million Quadratkilometer. Und die Vulkaninseln des tropischen Pazifik liegen mit sensationellen 4894 einheimischen Vogelarten pro Million Quadratkilometer unangefochten vorn. Solche Vergleiche sind natürlich mit Vorsicht zu genießen, denn die Artendichte ist in kleineren Gebieten schon deshalb höher, weil die

[42] Kontinente sind dicke Schollen relativ leichten Gesteins, die zusammen mit der umliegenden, schwereren ozeanischen Kruste tektonische Platten bilden. Die Platten wandern, da sie von den mittelozeanischen Rücken, an denen Magma austritt und zu neuen Meeresbodenstreifen erstarrt, auseinandergeschoben werden. Wo zwei Platten zusammenstoßen, treten je nach Eigenart der beiden Krusten verschiedene Szenarien ein. Treffen zwei ozeanische Krusten aufeinander, so schiebt sich eine der beiden unter die andere und geht in Schmelze. Das Magma steigt auf und bildet Vulkane, die, wenn sie produktiv genug sind, schließlich als neue Inseln die Meeresoberfläche durchstoßen. Beim Zusammenstoß mit einer Kontinentalkruste wird die ozeanische Kruste, da dichter, nach unten weggedrückt. Prallen zwei leichte kontinentale Platten aufeinander, so faltet sich das Material zusammen und türmt sich auf, da keine Platte die andere nach unten schieben kann. Als Indien mit den kontinentalen Teilen Eurasiens und Chinas aneinander geriet, entstand auf diese Weise der Himalaja. Die ozeanischen Krusten werden also an einer Seite beständig eingeschmolzen, während sich an der anderen Seite – an den mittelozeanischen Rücken – neues Material anlagert. Durch dieses Recycling bestehen sie aus vergleichsweise jungem Gestein. Folglich sind auch alle Inseln – also Berge aus ozeanischem Krustengestein, die sich über den Meeresspiegel erheben – ziemlich jung. Die leichteren kontinentalen Krusten sind wegen des größeren Auftriebs im Laufe der Erdgeschichte nie wieder eingeschmolzen worden und bestehen folglich aus sehr altem Gestein. Seit Milliarden von Jahren haben die Meere an ihnen genagt und Sedimente auf ihnen abgelagert; Wind, Wellen, Flüsse und Eismassen haben sie abgeschliffen, sie sind zusammengeprallt oder entzweigebrochen, aber die ganze Zeit über standen sie ohne jede Spielpause als Bühnen für das Drama der terrestrischen Evolution zur Verfügung.

Artenzahl nicht proportional zur Fläche wächst, aber das Ausmaß, in dem sich die endemischen Vogelarten auf den Inseln des tropischen Pazifik ballen, ist schon atemberaubend.

Atemberaubend, aber nicht unbegreiflich. Die Pazifik-Inseln liegen zum größten Teil in den tropischen Breiten, und wie wir in Kapitel 5 erfahren haben, nimmt die Artenvielfalt im Allgemeinen zum Äquator hin zu, aber der Hauptgrund für die große Zahl nur hier heimischer Vögel ist die Zergliederung der verfügbaren Fläche in kleine, im Meer verstreute Brocken. Genau wie in klimatisch isolierten Regenwald-Restbeständen verändern die natürliche Auslese und die genetische Drift Inselpopulationen allmählich, wobei die Richtung durch das genetische Ausgangsmaterial und die Umweltbedingungen vorgegeben wird. Lässt man ihnen genügend Zeit, so entwickeln sich die Bestände so weit auseinander, dass sich ihre Angehörigen selbst dann nicht mehr erfolgreich miteinander paaren könnten, wenn sie sich begegnen würden. Von diesem Augenblick an haben wir es mit zwei Arten zu tun.

Zum Isolationseffekt kommt noch das breite Spektrum an vakanten ökologischen Nischen hinzu, das ozeanische Inseln normalerweise zu bieten haben, weil nur ein Bruchteil der Festland-Tierarten hier Fuß fassen konnte. Ein Pionier, der seinen Weg in einen neuen Inselwald gefunden hat, ist in einer völlig anderen Situation als seine Verwandtschaft daheim, denn die kontinentalen Wälder sind bereits dicht mit Tierarten besiedelt, die Jahrtausende Zeit hatten, sich anzupassen und sich diesen Lebensraum zunutze zu machen. Um die Insekten, die sich in der Borke der Bäume verkriechen, balgen sich vielleicht Spechte, Kleiber und Baumläufer; Meisen und Goldhähnchen gehen im Kronenbereich auf Insektensuche, Fliegenschnäpper jagen im Flug, Zaunkönige stöbern in Bodennähe herum und so weiter. Ein Fink hätte in einem kontinentalen Wald kaum eine Chance, allmählich die Lebensweise der Spechte anzunehmen, einfach weil es hier bereits jede Menge Spechte gibt, die ihren Stil längst vervollkommnet haben. Alle anderen Nischen sind ebenso dicht besetzt. Aber ein abtrünniger Fink, den es in einen jungfräulichen

Inselwald verschlägt, hat gute Chancen, dass hier einige – wenn nicht gar alle – dieser Vogeltypen fehlen. Auf den Baumstämmen tummeln sich womöglich Unmengen von Insekten und Maden, die nur darauf warten, gefressen zu werden, sodass jeder Versuch, sich ihrer zu bemächtigen – so stümperhaft er zunächst auch ausgeführt sein mag –, reich belohnt wird. Wenn die Ursprungsart nur genug Zeit hat, sich ohne großen Konkurrenzdruck zu entfalten, dann bringt sie schließlich vielleicht Borkenabsucher, Früchtefresser, Fliegenfänger, Nussknacker und Nektarsauger hervor, die unter weniger entspannten Umständen nie eine Chance zur allmählichen Spezialisierung gehabt hätten. Wo einstmals eine einzige Spezies mit kontinentaler Vergangenheit ein neues Zuhause fand, schwirren plötzlich (auf der geologischen Zeitskala gemessen) Vertreter zahlreicher neuer Vogelarten herum, die sich an verschiedene Lebensweisen angepasst haben und die es so – außer auf diesem Archipel – nirgends auf der Welt gibt. Diese Art der Entwicklung nennt man adaptive Radiation, und die Paradebeispiele, die man durchweg auf abgelegenen Inseln oder Inselgruppen findet, werden oft als »explosiv« bezeichnet.

Die Kleidervögel Hawaiis sind ein gutes Beispiel für so eine evolutionäre Explosion. Die Kette der vulkanischen Hawaii-Inseln liegt 3200 Kilometer westlich von Kalifornien und ebenso weit nördlich der Marquesas-Inseln, sodass nur wenige Tiere ihren Weg dorthin gefunden haben. Hawaii kennt keine einheimischen Reptilien, Amphibien oder Süßwasserfische und nur ein einziges einheimisches Landsäugetier: eine Fledermaus – was auch sonst. Andererseits hat der Archipel mindestens fünf Drosselarten hervorgebracht, von denen jede eine andere Insel oder Inselgruppe bewohnt. Ein kleiner Fliegenschnäpper, Elepaio genannt, ist nur auf den Hawaii-Inseln zu finden und hat auf Kauai und Oahu je eine, auf der Hauptinsel Hawaii selbst drei Unterarten herausgebildet. Die bemerkenswertesten hawaiischen Vögel sind zweifellos die Kleidervögel. Der Urahn dieser Familie war vermutlich ein finkenartiger Vogel aus Asien. Wie es eine langfristig überlebensfähige Gründerpopulation geschafft hat, auf eine derart weiträumig isolierte Inselgruppe zu gelangen, werden wir wohl nie erfahren, aber es sollte uns nicht wundern, wenn dabei ein Hurrikan im Spiel war. Aus diesen Pionieren haben sich mindestens 50 verschiedene Kleidervogelarten entwickelt, von denen heute noch die Hälfte lebt. Die übrigen kennen wir nur aus Fossilienfunden; sie sind größtenteils nach dem Eintreffen des Menschen, um das Jahr 300 unserer Zeitrechnung, ausgestorben.

Die Neuankömmlinge haben vermutlich zunächst von Nektar und Insekten gelebt, und aus diesen Generalisten haben sich Kleidervögel mit den unterschiedlichsten Ernährungsweisen und Schnabelformen entwickelt (Abb. 8.9). Viele der rezenten Gattungen, zum Beispiel *Himatione*, *Vestiaria*, *Palmeria* und *Drepanidis*, viele Arten der Gattung *Loxops* sowie die Art *Hemignathus procerus*, ernähren sich immer noch von Nektar. Auch viele Insekten fühlen sich von dieser reichhaltigen Nahrung angezogen, und so ergänzen die meisten Nektar schlürfenden Kleidervögel ihre Kost gelegentlich mit diesen proteinreichen Kleintieren. Eine Reihe von Arten hat sich inzwischen gänzlich auf fleischliche Kost umgestellt: *Hemignathus wilsoni* setzt seine lange Schnabeloberhälfte als Sonde ein und kratzt die damit in der Borke erspürten Insekten dann mit der kürzeren Unterhälfte aus ihren Ritzen, während *Pseudonestor xanthophrys* in den Wäldern Mauis mit seinem viel kompakter gebauten Schnabel die Rinde von Zweigen und Ästchen schält, um an die Holzbohrkäfer zu gelangen. Andere *Hemignathus*-Arten trommeln wie Spechte auf der Borke herum, um die darunter versteckten Insekten aufzuscheuchen. Die Arten der Gattung *Psittacirostra* haben schwere, kräftige Schnäbel entwickelt, mit denen sie Samenkapseln und Nüsse öffnen können. Die vor relativ kurzer Zeit ausgestorbene Art *Ciridops anna* hatte einen viel kleineren Schnabel, da sie von weichen Palmfrüchten lebte. Und diese ganze bunte Vielfalt ging aus einer einzigen Gründerart hervor, die 3000 Kilometer über den Ozean gepustet worden war und die ökologische Chance, die sich aus der Abwesenheit von Konkurrenz ergab, beim Schopf ergriff.

8.9 Die beträchtliche adaptive Radiation der Kleidervögel Hawaiis: 1. *Ciridops anna*, 2. *Palmeria dolei*, 3. *Himatione sanguinea*, 4. *Vestiaria coccinea*, 5. *Drepanidis pacifica*, 6. *Loxops coccinea*, 7. *Loxops virens*, 8. *Loxops parva*, 9. *Hemignathus procerus*, 10. *Hemignathus lucidus*, 11. *Hemignathus wilsoni*, 12. *Pseudonestor xanthophrys*, 13. *Psittacirostra bailleui*, 14. *Psittacirostra cantans*, 15. *Psittacirostra kona*, 16. *Psittacirostra psittacea*; nach Cox und Moore (1993).

Explosive Diversifikationen dieser Art spielten sich während des ganzen Känozoikum auf Inseln in aller Welt ab. Mehr als 1750 Vogelarten – 17 Prozent des gegenwärtigen Weltbestandes – leben ausschließlich auf diesen kleinen, ringsum vom Meer umgebenen Landflecken, und früher waren es noch wesentlich mehr. Die Ankunft des Menschen hat sich auf die Inselökologie meist verheerend ausgewirkt: 85 Prozent aller in historischer Zeit ausgestorbenen Vogelarten haben auf Inseln gelebt; damit liegt die Aussterberate hier um ein Vierzigfaches über dem kontinentalen Wert. Das Ausmaß des von Menschen verursachten Artensterbens bei Inselsäugetieren ist nicht bekannt, aber in Anbetracht des Umstandes, dass nur wenige nicht flugfähige Säuger überhaupt auf Inseln Fuß fassen konnten, dürfte die Zahl vergleichsweise winzig sein. Im nächsten und letzten Kapitel werden wir auf das Thema Menschen in Inselökosystemen noch einmal zurückkommen.

Für die stark unterschiedlichen Artenzahlen der Säugetiere und Vögel auf der Erde gibt es also eine Reihe guter Gründe. Zunächst einmal sind Vögel im Mittel viel kleiner als Säuger, und wie wir in Kapitel 2 erfahren haben, herrscht am unteren Ende der »Straße des Lebens« generell größeres Gewimmel. Die Umwelt stellt kleinen Tieren eine größere Vielfalt an Nistplätzen, Verstecken für die Jungen, Weidegründen und Zufluchtsstätten vor Konkurrenten, Fressfeinden und Witterungswidrigkeiten zur Verfügung. Zwischen der Angebotsvielfalt und der Artenvielfalt besteht ein enger Zusammenhang, und kleinen Tieren stehen in einer komplexen Welt einfach mehr Türen offen als großen.

Aber der ausschlaggebende Faktor war wahrscheinlich die Flugfähigkeit. Unsere menschliche Art, die Welt wahrzunehmen, ist zwangsläufig durch die Massigkeit unserer Körper sowie durch unsere einseitige Bindung an die Schwerkraft geprägt. Wenn wir durch einen Wald gehen, sehen wir im Grunde nur Stämme. Schon wenn wir einen Blick in die Kronen wagen, laufen wir Gefahr, uns den Nacken zu verrenken oder mit dem nächsten Baum zu kollidieren. Und unsere Welt ist voller Grenzen: Das Bergsteigen ist eine so hohe Kunst, dass ihre Meister oft Weltruhm ernten, und wer den Kanal durchschwimmt, kommt damit immer noch in die Nachrichten. Für viele Vögel ist ein ausgedehntes Meer oder eine hohe Gebirgskette hingegen nicht viel mehr als ein netter Kulissenwechsel. Die Welt der Möglichkeiten, von der wir samt unseren bodenständigen Säugetiervettern seit 65 Millionen Jahren ausgeschlossen sind, ist riesengroß.

Wo man auch hinschaut, in die Kronen der höchsten Urwaldriesen Amazoniens oder auf die winzigsten, entlegensten Lavafelsen mitten im Pazifischen Ozean, überall trifft man auf gefiederte Dinosaurier. Und das Reich der Vögel ist nicht auf Baumkronen, einsame Inseln und andere säugetierfreie Refugien beschränkt: Vögel haben fast alle terrestrischen und marinen

Lebensräume erobert, von der eisklirrenden Antarktis bis zur sengenden Sahara. Und sie versuchen den Säugetieren sogar auf ihrem ureigensten Terrain, nämlich der Entwicklung einer Megafauna, Konkurrenz zu machen, wobei ihnen trotz erheblicher Nachteile durch ihren auf Luftfahrt ausgerichteten Körperbau Beachtliches gelungen ist. Ganz ohne Zähne und nur mit zwei krallenbewehrten Gliedmaßen haben die Diatrymas und Phorusrhaciden während eines Großteils des Känozoikum in den beiden Amerikas ihre Stellung als Könige der Raubtiere verteidigt. Trotz der unbequemen Gesellschaft der Beutelwölfe und der größten Raubechsen der Geschichte haben sich die Mihirungs lange halten können. Die Strauße teilen ihren afrikanischen Lebensraum heute nicht nur mit großen Pflanzen fressenden Säugetieren, sondern auch mit einigen der furchterregendsten Großkatzen der Erde. Zwar sind terrestrische Riesenvögel seltener als terrestrische Riesensäuger, aber das ist nicht verwunderlich. Man sollte bedenken, dass es *überhaupt keine* flugunfähigen Riesenfledertiere gibt. Auch hat man nirgends je fossile Überreste von flugunfähigen Pterosauriern gefunden. Die Erklärung lautet in allen drei Fällen gleich: Die meisten geflügelten Tiere haben Besseres zu tun, als am Boden zu hocken.

9.
Zwei Lehren aus der Geschichte

Der Verteilung der Vierfüßer auf unserem Planeten liegt eine natürliche Ordnung zugrunde, die aus den verschiedenen Fähigkeiten der Tierklassen entstanden ist, die wir in diesem Buch in Augenschein genommen haben. Dank ihrer sparsamen Stoffwechselmaschinen konnten sich die Reptilien während eines Großteils der Vierfüßer-Entwicklungsgeschichte der unangefochtenen Herrschaft als große Tiere im Süßwasser erfreuen. Die nährstoffarmen und unzuverlässigen Wasseradern der Erde müssen den großen Warmblütern von heute ebenso fremd und feindselig erscheinen wie schon den starken Dinosauriern des Mesozoikum. Amphibien tun sich schwer mit Überseereisen, da weder sie noch ihre gallertigen Eier Salzwasser vertragen, aber in den kühlen, feuchten Winkeln der kontinentalen Landmassen schlagen sich die Tiere mit der empfindlichen Haut heute so wacker wie eh und je. In den trockeneren Lebensräumen, die für die kompakt gebauten, ständig von Hunger und Durst geplagten Warmblüter zu unwirtlich sind, halten sich Heerscharen von winzigen, flachen oder sehr schlanken Reptilien in Ritzen und Spalten versteckt. Anderen Reptilien gelingt es, den auf dem Festland herumtobenden Horden lebhafter Säugetiere aus dem Weg zu gehen, indem sie auf Treibholzflößen den Ozean überqueren, wobei sie ihren ohnehin sparsamen Stoffwechsel auf ein Minimum herunterschrauben. Diese wechselwarmen Tiere werden gerne unterschätzt, da sie träge und unscheinbar sind und oft im Verborgenen wirken, aber in kargen terrestrischen Ökosystemen kann ihnen gerade wegen ihrer physiologischen Anspruchslosigkeit kein anderer Vierfüßer das Wasser reichen.

Dafür sind wir Warmblüter aufgrund unserer aufwändigen Temperaturregulation und unserer flexiblen Dämmtechnik die unangefochtenen Großtiere in besonders heißen oder kalten Lebensräumen. Nur wir können der Saharasonne trotzen oder in der antarktischen Eiswüste ausharren. Und unsere leistungsstarken Ansaugmotoren verleihen uns die Kraft, das Tempo und das Durchhaltevermögen, um unsere kaltblütige Konkurrenz in allen außer den kargsten und instabilsten Festlandlebensräumen niederzuringen, abzuhängen oder zu überdauern. Bleibt der Brennstoff aus, so werden unsere elementaren physiologischen Schwachstellen sehr schnell sichtbar, aber in nährstoffreichen Umgebungen, in denen man sich schlecht verstecken kann, sind wir Warmblüter meist durchsetzungsfähig genug, um uns an die Spitze der Hierarchie zu boxen. Unser schier unstillbarer Hunger und Durst fesseln die meisten von uns an den Kontinent, auf dem sie sich entwickelt haben, aber zwei aus unserer Schar – die Vögel und die Fledertiere – haben es dank ihrer Leichtbauweise, ihrer Flügel und ihrer phänomenal starken Stoffwechselmaschinen geschafft, selbst auf den abgeschiedensten ozeanischen Inseln neue Existenzen aufzubauen. Seit wir vor 65 Millionen Jahren den kreidezeitlichen Asteroideneinschlag überlebten, haben wir unsere Stärken ausgebaut, unsere Schwächen kaschiert und die Welt unter uns aufgeteilt.

Aber das Verteilungsschema der Vierfüßer ist kein ehernes, unumstößliches Gesetz. Große flugunfähige Vögel sind untypisch, aber es gibt sie. Flugunfähige Fledertiere sind uns nicht bekannt, aber unser Weltbild würde nicht einstürzen, wenn wir auf eine solche Art stießen. Säugetiere sind schlechte Seefahrer, aber von Zeit zu Zeit gelingt es doch einem Nagetier, an einem fernen Gestade anzulanden. Große Landtiere sind fast immer warmblütig, aber die versteinerten Knochen der Echse *Megalania* gemahnen uns daran, dass selbst auf die strengste Regel kein Verlass ist. Wüstenamphibien erscheinen als *contradictio in adjecto*, und doch gibt es die Schaufelfüße. All diese reizvollen Ausnahmen zu den Regeln gibt es wirklich – oder könnte es problemlos geben. Weder verstoßen sie gegen die Gesetze der Physik, noch liegen sie so weit außerhalb der Glockenkurve der Wahrscheinlichkeit, dass wir sie als völlig abwegig abtun müssten. Wie groß ist andererseits die Chance, dass wir eines Tages auf ein Flugtier stoßen, das fünfmal so schwer ist wie der momentane Rekordhalter? Oder dass eine Gründerpopulation von mindestens 50 Kilogramm schweren Warmblütern auf einem Treibholzfloß 3000 Kilometer über den Pazifischen Ozean reist? Unter den üblichen Rahmenbedingungen des Vierfüßerdaseins liegt die Wahrscheinlichkeit in beiden Fällen ganz dicht bei null. Wenn Sie also das nächste Mal vor dem Spiegel stehen, bedenken Sie, was für ein Ausnahmetier Ihnen da entgegenblickt.

Natürlich hat es auch bei uns nicht auf Anhieb geklappt, vor allem das Fliegen nicht. Auch Fernreisen per Floß sind ein solch eklatanter Verstoß gegen die von der Natur aufgestellten Regeln für große Warmblüter, dass sich der Erfolg nur nach sorgfältiger Planung und Vorbereitung einstellte. Baumstämme oder Pflanzenbündel mussten fest zusammengezurrt oder -genagelt werden, dann musste ein ausreichend großer Vorrat an Nahrung und Wasser her, um eine Gründerpopulation großer, gefräßiger Geschöpfe während der langen Fahrt ins Unbekannte am Leben zu halten. Wer sich bei der Suche nach Land ganz auf die Gnade der Meeresströmung verlässt, darf sich nicht wundern, wenn ihm mitten auf hoher See das Trinkwasser ausgeht, daher wurden den Flößen Antriebssysteme – Paddel oder Segel – und Steuerruder hinzugefügt. Erfindungsreichtum und Abenteuerlust haben bereits vor 50 000 Jahren Menschen aufs offene Meer hinausgeführt, aber in großem Stil betreiben wir die Seefahrt erst seit etwa 4000 Jahren.[43] Damit haben wir ein Grundgesetz des Lebens, das seit mindestens 200 Millionen Jahren unbedingte Gültigkeit besaß, für uns außer Kraft gesetzt.

Gerade weil Säugetiere nicht die geborenen Seefahrer sind,

[43] Australien und Neuguinea sind vor etwa 50 000 bzw. 40 000 Jahren besiedelt worden. Nach Neu-Irland und auf die Salomon-Inseln drang der Mensch vor 29 000 Jahren vor, aber in den folgenden 25 000 Jahren tat sich nicht mehr viel, vermutlich weil man nicht wusste, ob und wo es da draußen noch weitere Inseln gab. Die Urahnen der Polynesier durchkreuzten den Pazifik auf ihren Flößen zwischen 2000 vor und 1000 nach unserer Zeitrechnung; fast alle bewohnbaren Inseln Polynesiens, Melanesiens und Mikronesiens sind irgendwann im Laufe dieser Phase besiedelt worden.

hat die Ankunft des Menschen auf den Inseln für die dort bereits angesiedelte Tierwelt oft verheerende Folgen gezeitigt. Bis vor kurzem hatte die Vogelwelt Neuseelands Moas, majestätische Adler, Pelikane, Schwäne, riesige Raben und flugunfähige Enten, Wasserhühner und Gänse zu bieten, die von der Entwicklungsgeschichte nicht darauf vorbereitet worden waren, wie man mit behaarten Beutegreifern fertig wird. Wenige Jahrhunderte nach unserer Ankunft waren sie allesamt ausgestorben. Zufall? »Es müsste schon ein unglaublicher Zufall gewesen sein, wenn jedes Exemplar von mehreren Dutzend Arten, die Neuseeland Millionen Jahre lang bewohnt hatten, sich gerade den Moment der Ankunft des Menschen aussuchte, um wie auf Kommando tot umzufallen.«[44]

Archäologische Funde deuten darauf hin, dass die ersten Siedler Neuseelands die Moas ziemlich schnell ausrotteten, indem sie sie jagten, ihre Gelege plünderten und die Wälder abholzten. Die anderen Arten verschwanden wahrscheinlich aus denselben Gründen. Ganz ähnlich der Hergang auf Madagaskar: Dort trieben sich vor dem Eintreffen des Menschen Elefantenvögel, zwei Arten von Riesenschildkröten, ein Dutzend Lemurenarten – teilweise gorillagroß –, Erdferkel, Zwergflusspferde und Riesenmungos herum. Heute lebt keines dieser Tiere mehr.

Eine umfassende Darstellung des Artenschwunds auf den Inseln dieser Welt wäre eine langwierige und niederschmetternde Angelegenheit. Es soll genügen festzuhalten, dass die Erde, wäre es uns nicht gelungen, den Pazifik zu überqueren, allein 20 Prozent mehr Vogelarten beherbergen würde.

Die Ausrottung vor allem der größeren Tierarten ist zum Teil auf Bejagung und Habitatzerstörung zurückzuführen, aber genauso wichtig – wenn nicht gar langfristig bedeutsamer – ist die Verschleppung anderer Organismen von ihren eigentlichen Lebensräumen in neue Ökosysteme. Einstmals beherrschten nur bestimmte Pflanzensamen und Schneckeneier die Kunst, als blinde Passagiere im Schlepptau anderer Tiere das Meer zu überque-

[44] Diamond 1998, S. 402.

ren. Diese Organismen nutzen noch heute diese traditionellen Reisemethoden, zusätzlich aber Schiffe und Flugzeuge. Dank unserer hochseetüchtigen Gefährte können seit einigen tausend Jahren auch Ratten Neuland erobern. Und Katzen. Und sogar Rinder. Nie zuvor in der Entwicklungsgeschichte des Lebens ist es einer Gründerpopulation ochsengroßer Tiere gelungen, ein Meer zu überqueren, aber der Mensch hat die Spielregeln (auf der geologischen Zeitskala gemessen) im Handumdrehen umgeschrieben. Die geografischen Grenzen, die lange Zeit alle warmblütigen Landratten dazu verdammten, auf dem Kontinent ihrer Entstehung zu verharren, sind porös geworden, und dafür sind wir Menschen verantwortlich.

Wenn in Lebensgemeinschaften eine Zeit lang keine Bodensäugetiere vorkommen, so tendieren die anderen Organismen dazu, in ihrer Wachsamkeit nachzulassen. Inselpflanzen geben zum Beispiel oft ihre Schutzmechanismen gegen Abweidung preis: In einem Lebensraum, der von Herden vegetarischer Huftiere durchstreift wird, mögen sich die Kosten zum Aufbau von Dornen, Giften und zahnschädigenden Kieselerde-Einschlüssen amortisieren, aber auf säugetierfreien Inseln lohnt sich dieser Aufwand womöglich nicht. Und in einer Welt ohne räuberische Ratten, Katzen, Füchse, Mungos und Wiesel werden viele Vögel der Versuchung erliegen, das Fliegen aufzugeben: Immerhin sind Aufbau und Unterhalt einer Flugmuskulatur eine extrem kostspielige Angelegenheit. Und so verblasst im Laufe der Generationen die genetische Erinnerung an feindselige Bodenbewohner, die Inseltiere verlieren ihren Fluchtinstinkt und legen sich einen deutlich entspannteren Lebensstil zu.

Weil Säugetiere auf den Kontinenten meist die Bodenfauna dominieren und auf Inseln oft gänzlich fehlen, haben eingeschleppte Säuger in den letzten paar Jahrtausenden in den Insellebensgemeinschaften größeren Schaden angerichtet als die Neuankömmlinge aus allen anderen Vierfüßerklassen. Einen der übelsten Insel-Ökosystem-»Schädlinge« halten Menschen vom Festland zumeist für völlig harmlos: »Wir können hier nicht über Inselökologie reden, ohne wenigstens ein paar verächtliche

Kommentare über Ziegen einzuflechten. Dem Pflanzenfreund müssen diese Kreaturen als wahre Inkarnationen des Teufels erscheinen.«[45] Wissenschaftler versteigen sich selten zu derartigen Hasstiraden, aber beim Thema Ziegen sind solche Ausbrüche nachvollziehbar. Die natürliche Heimat der Wildziege erstreckt sich von Kleinasien durch den Kaukasus, das südliche Turkmenien, Irak, Iran und Belutschistan bis nach Indien, aber wir Menschen haben die Hausziege kreuz und quer über den Globus mitgeschleppt, und heute ist sie das am weitesten verbreitete verwilderte Säugetier der Welt. Wir finden es auf den Britischen Inseln, in Nord- und Südamerika, Australien, Neuseeland, auf einigen Mittelmeerinseln, den japanischen Bonin-Inseln, den Galapagos- und den Hawaii-Inseln, auf den Fidschis, Sankt Helena, Mauritius, den Seychellen und zahlreichen weiteren, kleineren besiedelten Eilanden rund um die Erde.

Ziegen gedeihen auch in Gegenden, die zu karg sind, um überlebensfähige Populationen anderer Pflanzenfresser zu ernähren, und die beißenden Öle und übel schmeckenden Bitterstoffe, die viele Pflanzen zum Schutz gegen Fraßschäden synthetisieren, machen ihnen erstaunlich wenig aus. Sie fressen das Laub von Sträuchern und Bäumen und klettern auf diese zuweilen auch hinauf, um an die frischeren, weicheren Blättchen zu gelangen. Sie verschlingen unterschiedslos alle auf dem Boden herumliegenden Samen und Früchte und enthaupten Jungpflanzen, kaum dass sie sich aus der Krume wagen. Da diese wandelnden Müllschlucker so ziemlich jede Art von organischer Materie verwerten können, fressen sie einfach alles, was nicht niet- und nagelfest ist, bis der Lebensraum, in den sie eingedrungen sind, schließlich einer Mondlandschaft gleicht.

Der bedeutende viktorianische Forschungsreisende Alfred Russel Wallace hat 1895 die Verwüstungen beschrieben, die die Ziegen nach ihrer Einführung auf der südatlantischen Insel Sankt Helena angerichtet haben:

»Als Sankt Helena 1501 entdeckt wurde, war die Insel dicht

[45] Koopowitz und Kaye 1990.

mit üppigen Wäldern überzogen, die Bäume drängten sich bis an die äußersten Ränder der Klippen über dem Meer, und die Vegetation bedeckte jedes verfügbare Fleckchen Erde mit ihrem immergrünen Mantel. Die einheimische Pflanzenwelt ist fast zur Gänze zerstört, und ... die Insel macht heute einen öden und wenig einladenden Gesamteindruck ... Nach der Vernichtung der Pflanzendecke konnten die heftigen tropischen Regengüsse ungehindert die Humusschicht fortspülen, sodass auf weiten Flächen der nackte Fels oder unfruchtbarer Lehm zutage tritt. Dieses unumkehrbare Vernichtungswerk haben in erster Linie die Ziegen geleistet, die 1513 von den Portugiesen eingeführt wurden und sich so rasch vermehrten, dass ihre Zahl 1588 bereits in die Tausende ging...

Im Jahre 1709 beklagte der Gouverneur der Insel, dass das Nutzholz allmählich knapp werde... Im Jahre 1809 musste der Gouverneur berichten, dass die Wälder restlos verschwunden seien...«

Heute findet man auf Sankt Helena nur noch auf (selbst für Ziegen) unzugänglichen Graten und in engen Schluchten Restbestände der ursprünglichen Vegetation. Von den 33 bekannten endemischen Pflanzenarten der Insel haben die Ziegen zehn bereits ausgelöscht und weiteren 18 so zugesetzt, dass sie vom Aussterben bedroht sind.

In anderen Weltgegenden haben sich ähnliche Dramen abgespielt. Grasende, rupfende, nagende und alles zertrampelnde Ziegen haben die Pflanzenwelt von Santa Catalina so weit dezimiert, dass die von ihr abhängigen Bestände der endemischen Unterarten der Kalifornischen Schopfwachtel, des Channel-Island-Graufuchses, der Slevin-Hirschmaus und der Westlichen Erntemaus sowie drei Schlangenarten radikal zurückgegangen sind. Ähnlich gravierende Ziegenschäden haben zum Aussterben der Santa-Barbara-Singammer und der Pinta-Rasse der Galapagos-Riesenschildkröte geführt. In der kurzen Zeitspanne von 1890 bis 1934 haben die Ziegen auf Great Island (vor der Küste Neuseelands) 73 der 143 Pflanzenarten ausgerottet. Und auf Round Island, das zu Mauritius gehört, haben die eingeschleppten Ziegen und Kaninchen derart gewütet, dass die Insel heute einen zweifelhaften Rekord hält: Nirgendwo gibt es pro Hektar mehr vom Aussterben bedrohte Tier- und Pflanzenarten als hier.

Ziegen haben auch der Fauna und Flora Australiens zugesetzt, aber dort steht die Kaninchenplage im Vordergrund. Vor 2300 Jahren waren diese Hasentiere nur auf der Iberischen Halbinsel und vielleicht noch in Nordwestafrika zu Hause, aber seither sind sie dem Menschen um das Mittelmeer, quer durch Europa, hinunter bis in den Süden Afrikas, hinüber nach Nordamerika, Chile, Australien und Neuseeland gefolgt, und heute leben sie auf 550 Inseln, von Hawaii bis zu den Falklands. Von der größten Kaninchenkatastrophe wissen wir genau, wie sie anfing: 1759 führte ein gewisser Thomas Austin 24 Kaninchen aus England nach Australien ein und setzte sie auf seinem Land aus, um etwas zum Jagen zu haben. 120 Jahre später war ihr Bestand auf diesem Kontinent auf über 700 Millionen Tiere angewachsen. »Von allen Kulturfolgern«, schrieb ein Kommentator, »ist das Kaninchen mit Abstand der übelste Schädling. Seine Ausbreitung in Australien ist die größte monokausale Tragödie für die Ökonomie und die Tierwelt, die wir kennen.«[46] Die Überweidung insbesondere der semiariden Landstriche Australiens reduzierte das Nahrungsangebot sowohl für das Weidevieh als auch für die einheimischen, Pflanzen fressenden Beuteltiere beträchtlich. Kaninchen verhindern auch das Reifen der Grassaat, worunter die Samen fressenden Vögel zu leiden haben. Die Fraßschäden am Buschwerk und das Abnagen der Baumrinden haben die Pflanzendecke so weit ausgedünnt, dass viele einheimische Vögel nicht mehr genug Schutz und Nestbaumaterial finden. In vielen Gegenden ist der Pflanzenbewuchs bereits so sehr zurückgegangen, dass die Erosion des Bodens sich massiv beschleunigt hat.

Allen bisherigen Versuchen, die Kaninchenpopulation in Australien in den Griff zu bekommen, war nur begrenzter Erfolg beschieden, und sie dienen bestenfalls als Lehrstücke dafür, wie schwer einmal eingeführte Arten wieder loszuwerden sind. Zwi-

[46] Frith 1979.

schen 1883 und 1892 errichtete man eine Reihe von Zäunen – einige mehr als 1000 Kilometer lang –, die der Expansion der Kaninchen Einhalt gebieten sollten. Eine Weile ging das gut, aber auf die Dauer rissen Überschwemmungen, Stürme, unachtsame Emus und randalierende Kängurus so viele Löcher in den Schutzwall, dass die Karnickel wieder frei passieren konnten. Erschießen, in Netzfallen fangen, vergasen, mit präparierten Mohrrüben vergiften: Alles hat man versucht. Unglücklicherweise fressen auch die einheimischen Beuteltiere vergiftete Möhren. Zusammen mit den Auswirkungen von Dürrephasen haben die Giftköder die Zügel- oder Kurznagelkängurus, die Bilbys (Kaninchen-Beuteldachse), die Gaimard-Rattenkängurus und die Langohr-Hasenkängurus komplett oder nahezu ausgerottet, und die Stückzahlen vieler weiterer Arten sind bedrohlich zurückgegangen. Als 1950 das Myxomatose-Virus nach Australien eingeführt wurde, gingen 98 Prozent der Kaninchen ein, aber bereits 1955 hatten sie ihr Comeback. Das Virus fordert zwar weiterhin seinen Tribut unter den australischen Kaninchen und hält die Gesamtpopulation unter dem Niveau von 1949, aber auch der verbleibende Bestand verursachte in den frühen neunziger Jahren jährlich Agrarschäden von mehr als 100 Millionen australischen Dollar. Daher infizierte man die Population 1996 auch noch mit dem Kaninchen-Calici-Virus. In manchen Wüstengebieten zogen sich über 80 Prozent der Tiere das Virus zu und verendeten, und in einigen Distrikten finanzierte der Staat Programme, um die Restbestände durch Vergiftung und Zerstörung ihrer labyrinthischen Höhlensysteme unter Kontrolle zu halten. Die Auswirkungen der Krankheit auf die Bestandsstärke scheinen jedoch stark von den klimatischen Bedingungen mit beeinflusst zu werden, und irgendwann bringt die Population unweigerlich mehr oder weniger resistente Tiere hervor, sodass der Langzeiterfolg dieser Bekämpfungsmaßnahme noch in den Sternen steht. Klar ist nur, dass auch die geballte Kombination von Myxomatose-, Calici-Viren, Giften und Kaninchenbau-Zerstörung diese Tiere nicht zur Gänze ausrotten wird. Wird der Karnickelbestand auf die Dauer zumindest so weit unter Kontrolle bleiben, dass die bedrohten einheimischen Tierarten sich erholen können? Niemand weiß es, aber wenn ich wetten müsste, würde ich mein Geld eher auf die Kaninchen setzen.

Um die Kaninchenplage in den Griff zu bekommen, hat man auch Wildkatzen eingeführt, gezüchtet und ausgewildert. Auf die Kaninchenbestände hatten sie wenig Einfluss – ich wünschte, man könnte über die uraustralische Tierwelt dasselbe sagen. Katzen *lieben* Opossums, Numbats (Ameisenbeutler), Beutelmäuse und Springbeutelmäuse, und man nimmt an, dass sie die Erdsittiche und die Großen Dickichtschlüpfer an den Rand des Aussterbens getrieben haben und für den alarmierenden Rückgang der Bürsten-Felskängurus verantwortlich sind. Auch setzen sie den Restbeständen des Tasmanischen Langnasenbeutlers, auf der Roten Liste als stark gefährdet eingestuft, weiterhin zu.

Aber verglichen mit dem Vernichtungsfeldzug der Katzen in Neuseeland, ist der Schaden, den sie in Australien angerichtet haben, kaum der Rede wert. Allerdings lässt sich dort die Schuld für den Rückgang der einheimischen Fauna nicht so leicht auf einige wenige Eindringlinge abwälzen. Immerhin sind außer den Katzen auch drei Rattenarten sowie Hermeline, Wiesel und Frettchen nach Neuseeland eingeführt worden, außerdem haben eingeschleppte Krankheitserreger und die Habitatzerstörung zum Artensterben beigetragen. Dennoch steht fest, dass die Katzen auch hier zu den fleißigsten Missetätern gehören. Auf den großen Hauptinseln Neuseelands, North Island und South Island, tragen die Katzen Mitschuld am Niedergang von Eulenpapageien, Maorischlüpfern, Glockenvögeln, Ziegensittichen, Paradies-Kasarkas, Fächerschnäppern, Neuseeland-Stelzenläufern, Wekarallen, Fasanen, Wachteln, Neuseeland-Regenpfeifern, Kiwis, Sturmtauchern, Sturmvögeln, Pinguinen, Seeschwalben, Möwen sowie einigen Fledermaus- und Echsenarten. Auf Mangere Island setzte man Katzen aus, um der Kaninchenplage Herr zu werden; stattdessen rottete man damit in kürzester Zeit eine endemische Petroica-Art und den Chatham-Island-Fernbird aus. Auf Chatham Island selbst ist die örtliche Wasserrallenart ausgestorben, was vermutlich größtenteils ebenfalls auf das Konto der Katzen geht, die inzwischen auch dem bedrohten Magenta-Sturmvogel arg zusetzen. Auf Stewart Island haben sie die Fernbirds, Aucklandschnepfen, Priestervögel, Petroicas, Gelbkopfstärlinge, Neuseeland-Lappenstare, Lappenkrähen und Maorischlüpfer ausgelöscht. Auf Herekopare Island sind ihnen sämtliche Aucklandschnepfen, Inselrallen, Neuseeland-Baumläufer, Fernbirds, Petroicas und Springsittiche zum Opfer gefallen. Eine einzelne Katze, nämlich die des Leuchtturmwärters von Stephen's Island, schrieb Geschichte, indem sie eine seltene endemische Echsenart sowie den Stephen's-Island-Maorischlüpfer vernichtete.

Katzen, Ziegen und Karnickel sind nur besonders drastische Beispiele für das weltumspannende Problem der Verschleppung von Säugetieren. Der Truppe marodierender Trittbrettfahrer gehören auch die australischen Gewöhnlichen Fuchskusus und Wallabies sowie die europäischen Igel in Neuseeland an; Pferde und Esel hat es auf so entlegene Flecken wie die Galapagos-Inseln und Hawaii verschlagen, arabische Kamele nach Australien, Wasserbüffel nach Südamerika, Indonesien, Neuguinea und Australien; in Großbritannien haben sich die amerikanischen Grauhörnchen breit gemacht, in Finnland und der ehemaligen UDSSR die kanadischen Biber, Bisamratten in Südamerika und in ganz Eurasien, die südamerikanischen Nutrias in Nordamerika, Eurasien, Afrika und Japan, die Virgina-Opossums aus Mittel- und Südamerika auf einigen Karibik-Inseln, Rotfüchse und Wildhunde von der Nordhalbkugel in Australien, Hermeline, Wiesel und Frettchen in Neuseeland, nordamerikanische Nerze in ganz Eurasien, die kleinen indischen Mungos in Indonesien, Tansania und Südamerika sowie auf mehreren Inseln in der Karibik, im Hawaii- und im Fidschi-Archipel. Rinder, Schweine, Schafe, Hirsche, Polynesische Ratten, Hausratten und Wanderratten sind mittlerweile Kosmopoliten. In manchen Weltgegenden sind mehrere fremde Säugerarten nacheinander in Wellen eingefallen und haben jedes Mal Schneisen der Verwüstung in die einheimische Natur geschlagen. Torbjörn Ebenhard hat 1988 ein typisches Beispiel von den Antipoden geschildert:

»An einem Unglückstag im Jahre 1919 ließ der Kapitän der

SS Makembo sein in Seenot geratenes Schiff am Strand von Lord Howe Island, vor der Ostküste Australiens gelegen, auflaufen. Die Fauna dieser Insel war noch nie mit einem Fleisch fressenden Säugetier konfrontiert worden. Jetzt gingen die Schiffsratten von Bord, drangen in die feuchten Wälder vor und vermehrten sich explosionsartig. Im Laufe der nächsten 20 Jahre rotteten die Ratten fünf endemische Sperlingsvogelarten aus. Die Bestände der Echsen, der Landschnecken und der sonstigen Wirbellosen wurden von den Ratten ebenso dezimiert wie die der Seevögel, die nur noch auf vorgelagerten, rattenfreien Inselchen brüten konnten. Andere endemische Vogelarten wie die Lord-Howe-Waldrallen haben sich zwar halten können, sind aber ernsthaft vom Aussterben bedroht, da die Ratten ihre Gelege plündern und marodierende Ziegen und Schweine Teile ihres Lebensraumes allmählich unbewohnbar machen. Die Schweine zerwühlen den Waldboden, während die Ziegen durch Überweidung oft gleich das ganze Habitat umkrempeln und neuen, exotischen Pflanzenarten zur Ausbreitung verhelfen. Der Fortbestand der einheimischen Palmen wird sowohl durch die Ziegen, die die Jungpflanzen fressen, als auch durch die Ratten, die von den Früchten leben, massiv beeinträchtigt.«

Und dies sind lediglich ein paar ausgewählte Konsequenzen der Einführung einiger weniger (zugegeben: besonders berüchtigter) Säugetierarten. Bei unserer Reisetätigkeit haben wir im Laufe der letzten paar tausend Jahre auch viele Amphibien und Vögel sowie Unmengen von Pflanzen und wirbellosen Tieren verschleppt. Da die Umsiedlung von Säugetieren zum Teil so dramatische Effekte hat, die sich oft schon nach kurzer Zeit deutlich bemerkbar machen, dämmert den Ökologen erst in den letzten Jahren, dass die größte Gefahr nicht von einzelnen Arten ausgeht, sondern von der langsamen, aber unaufhaltsamen Vermischung der gesamten Biosphäre. Den Botanikern fällt allmählich auf, dass sich die Inselfloren in aller Welt inzwischen verdächtig ähneln. In den letzten paar Jahrtausenden sind überall dieselben Baumarten angepflanzt und dieselben Nutzpflanzen eingeführt worden. Zum einen haben wir ganz gezielt säckeweise

Saatgut unserer ertragreichsten Getreide-, Obst- und Gemüsesorten auf unsere Reisen mitgenommen, und die Ackerkräuter und Schadinsekten sind als blinde Passagiere mit an Bord gewesen. Zum anderen wird *jede* Art, die ursprünglich nur auf wenigen Inseln zu Hause war, automatisch zum Störfaktor eines Ökosystems, sobald sie aus ihrer alten Umgebung herausgerissen wird. Das ungezielte Verpanschen der irdischen Tier- und Pflanzenwelt ist eine unvermeidliche Nebenwirkung unserer Völkerwanderungen; überall werden exotische Spezies eingeführt und damit neue Probleme geschaffen.

Inselökosysteme reagieren zwar besonders sensibel auf solche Eindringlinge, aber auch die kontinentalen Lebensgemeinschaften stehen unter Druck. Die Naturschutzvereinigung *Nature Conservancy of North America* hat in den letzten 25 Jahren eine Liste mit etwa 6500 Arten zusammengestellt, die auf amerikanischem Boden zurzeit vom Aussterben bedroht sind. Als Forscher von *Nature Conservancy* und von der Umweltgruppe *Environmental Defence Fund* diesen Datenbestand analysierten, mussten sie feststellen, dass die Invasion fremder Arten der zweithäufigste Grund für die Bedrohung ist und bei alarmierenden 49 Prozent der gefährdeten Arten auf dieser Liste zu ihrem Rückgang beigetragen hat. Nur die Habitatveränderung durch direkte menschliche Einwirkung tauchte als Grund noch häufiger auf. Für die anderen Kontinente liegen uns keine Daten von vergleichbarer Qualität vor, aber man darf wohl annehmen, dass das Problem überall auf der Welt in etwa derselben Größenordnung besteht.

Und es ist keineswegs auf die terrestrischen Lebensräume beschränkt. Mit unseren Schiffen sind viele aquatische Tiere rund um den Globus verschleppt worden, und zwar nicht nur im Bilgewasser: Seit den 1880er-Jahren haben hochseetüchtige Frachtschiffe Tanks, die gezielt geflutet werden können, um die Gewichtsverteilung auszugleichen und eine stabile Lage im Wasser zu gewährleisten. Oft wird am Abfahrtshafen Wasser aufgenommen, das man an den nächsten Zwischenstationen, an denen Frachtgut zugeladen wird, wieder hinauspumpt. James Carlton und Jonathan Geller haben die Ballasttanks von Schiffen untersucht, die zwischen Japan und Oregon verkehrten, und spürten in deren Bäuchen sage und schreibe 367 Tier- und Pflanzenarten auf. Daraus schlossen sie, dass im Grunde ganze Küstenplankton-Lebensgemeinschaften quer über die Weltmeere transportiert werden und dass folglich die Buchten, Flussmündungen und Inlandgewässer zu den am stärksten gefährdeten Ökosystemen der Welt gehören. Der übelste Ballasttank-Trittbrettfahrer der letzten Jahre ist wohl die eurasische Wander- oder Dreikantmuschel, die zurzeit in Nordamerika Amok läuft. Wandermuscheln vermehren sich rasch, bilden dichte Teppiche auf Seeböden und in Flussbetten, verstopfen städtische und industrielle Wasserrohre, gefährden Algenbestände, verändern den Nährstoffgehalt der Gewässer und können so ganze Ökosysteme aus dem Tritt bringen. Allein das Entfernen dieser Tiere aus verstopften Zuflussrohren hat bislang geschätzte zwei Milliarden US-Dollar gekostet.

Ein besonders beunruhigender Aspekt der Einwanderungsproblematik ist erst vor kurzem ans Licht gekommen. Unter Botanikern und Ökologen war bisher die Überzeugung verbreitet, dass eingeschleppte Pflanzen artenreichen, alteingesessenen Lebensgemeinschaften nicht viel anhaben können, weil diese eingespielten, vielseitigen Teams irgendwie stärkere Abwehrkräfte gegen Invasoren haben. Fragt man nach den möglichen Gründen, so hört man meist, diese artenreichen Gemeinschaften nutzten wichtige Ressourcen wie Wasser und Nährstoffe auf viele verschiedene Weisen und ließen somit einen geringeren Anteil ungenutzt als weniger komplexe Artengefüge. Wenn die grundlegenden Ressourcen bereits voll ausgeschöpft werden, wenn also – bildlich gesprochen – das Lokal bis auf den letzten Platz besetzt ist, dann geht eine von außen dazustoßende Art leer aus. Und wenn es dem Eindringling nicht einmal gelingt, einen Fuß in die Tür zu klemmen, dann hat er erst recht keine Chance, die Alteingesessenen zu verdrängen. Diese Theorie war schon immer umstritten, da sich in der Natur nicht nur Beispiele, sondern auch Gegenbeispiele zu ihr fanden, aber einige neue Forschungsergebnisse aus den USA haben in der Kontroverse eine überraschende und unangenehme Wende eingeläutet.

Thomas Stohlgren und seine Mitarbeiter haben mögliche Zusammenhänge zwischen den Zahlen einheimischer und eingewanderter Pflanzenarten in Stichprobenflächen in den Rocky Mountains von Colorado sowie im Grasland von Wyoming, Colorado, South Dakota und Minnesota untersucht. Die Ergebnisse sprechen eine klare Sprache: Zumindest in diesem Teil der Welt sind Gemeinschaften mit vielen alteingesessenen Arten nicht gegen die Invasion neuer Arten gefeit. Umgekehrt wird ein Schuh draus: In die ohnehin schon artenreichen Gebiete sind mehr Exoten eingewandert als in die Gegenden mit weniger einheimischen Arten. Warum das so ist, weiß niemand. Stohlgren weist darauf hin, dass die Gebiete, in denen sowohl viele einheimische als auch viele eingewanderte Arten gedeihen, im Allgemeinen auch die fruchtbarsten Böden haben, was bedeuten könnte, dass es einen direkten Zusammenhang zwischen der Verfügbarkeit der Nährstoffe und der Artenvielfalt gibt, bei dem die Herkunft der Pflanzen überhaupt keine Rolle spielt. Wie das gehen soll, ist noch völlig unklar, aber vermutlich sitzen die Ökologen bereits in den Startlöchern und lassen die Zahl der Forschungsgelderanträge zu dieser brennenden Problematik in die Höhe schnellen.

Stohlgren ist sich der Brisanz seiner Befunde bewusst. Was schon für Amerikas einheimische Flora bedrohlich klingt, ist – hochgerechnet auf die ganze Erde – eine potenzielle Katastrophe. Wenn die Biosphäre tatsächlich keine natürlichen Abwehrkräfte gegen unsere Panscherei hat, wenn es also keine Trutzburgen etablierter, reichhaltiger Artengefüge gegen verschleppte Invasoren gibt, dann können wir die globale Vermischung nur noch durch schärfste Kontrollmaßnahmen eindämmen. Schlimmer noch: Wenn exotische Organismen wirklich dazu neigen, sich gerade in komplexe etablierte Lebensgemeinschaften hineinzudrängen, worauf Stohlgrens Ergebnisse ja hindeuten, dann geht die Homogenisierung der Biosphäre womöglich viel schneller vonstatten, als bisher angenommen, und vielleicht haben wir die

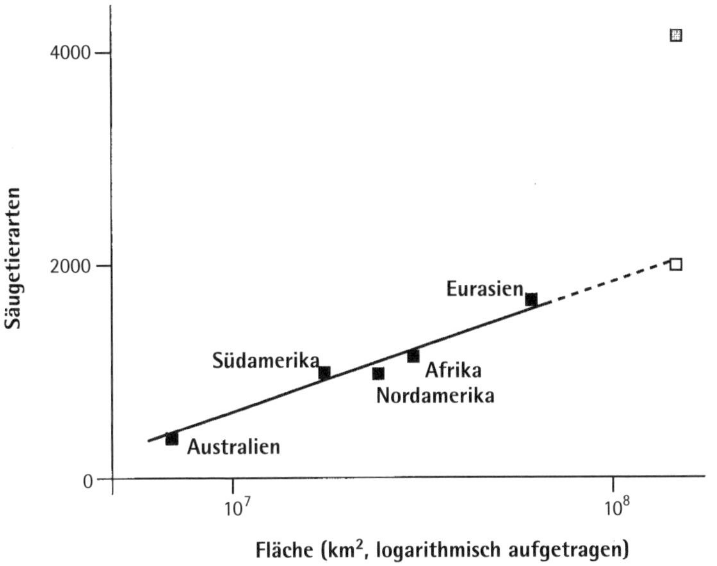

9.1 Säugetierartenvielfalt auf den Kontinenten; nach Vitousek u.a. (1997).

letzte Chance, wirkungsvoll dagegen anzugehen, bereits verpasst.

Welche Auswirkungen dieser globale Artenmix haben kann, verdeutlicht man sich am besten anhand eines Vergleichs der gegenwärtigen Biodiversität auf den Kontinenten. In Abbildung 9.1 ist die Anzahl der Säugetierarten auf den fünf größten Landmassen der Erde gegen deren Größe aufgetragen. Der Zusammenhang zwischen Fläche und Artenreichtum ist klar erkennbar, aber richtig spannend wird es im rechten Bereich, wo man dank der Geraden, die an die fünf Datenpunkte angepasst wurde, am sechsten Punkt abschätzen kann, wie viele Landsäugetiere die Erde beherbergen würde, wenn alle Landmassen zu einem Superkontinent verschmolzen wären. Hier zeigt sich, dass es vermutlich etwa 2000 terrestrische Säugerspezies gäbe, also nur etwa die Hälfte der heute existenten Arten (grauer Punkt ganz rechts oben). Grenzen fördern die Vielfalt, indem sie die Geschöpfe voneinander scheiden, und diese Regel gilt für die

Kontinente ebenso wie für die ozeanischen Inseln. Das Verquirlen der Biosphäre, wie wir es zurzeit betreiben, hat viel mit dem Zusammenschieben aller Landmassen zu einem Riesenkontinent gemein, und Abbildung 9.1 legt den Schluss nahe, dass es auf die weltweite Artenvielfalt katastrophale Auswirkungen haben kann.

Die wenigen Naturwissenschaftler, die sich dem Phänomen der globalen Vermischung widmen, haben oft Schwierigkeiten, ihren Mitmenschen die ganze Dramatik der Situation zu vermitteln. Der größte Stolperstein scheint die Unfähigkeit (oder der Unwille) der meisten Leute zu sein, sich Vorgänge auf Zeitskalen vorzustellen, die mehr als etwa ein Jahrhundert umfassen. Das kann uns nicht überraschen, denn unser Verstand ist evolutionär ebenso wenig darauf eingerichtet, mit Jahrtausenden oder Jahrmillionen zu jonglieren, wie unsere Augen für das Betrachten von Atomen oder fernen Galaxien geeignet sind. Und viele Naturwissenschaftler sind im Erfassen großer Zeiträume kein bisschen besser als »normale« Menschen. Die Reaktionen meiner Kollegen auf das Thema der globalen Vermischung fallen typischerweise je nach Fachrichtung anders aus: Biologen zeigen Interesse, Ökologen geben ihrer Besorgnis Ausdruck, und Paläontologen erfassen den ganzen Ernst der Lage meist schon, während ich noch um die richtigen Worte ringe. Dieser Unterschied erwächst aus der Routine und der Perspektive: Paläontologen werden regelmäßig mit globalen Veränderungen konfrontiert, die sich auf noch größeren Zeitskalen abspielen als die Biosphärenvermischung, sodass ihnen ein Bezugsrahmen zu Gebote steht, in den sie diesen Vorgang sowohl von seiner Geschwindigkeit als auch von seiner Bedeutung her einordnen können. Die vier Jahrtausende, die uns Menschen ausreichten, um das Leben auf den ozeanischen Inseln der Welt zu homogenisieren, erscheinen ihnen wie ein Lidschlag, der weniger als 0,0001 Prozent des Känozoikum in Anspruch genommen hat, und das Känozoikum umfasst wiederum weniger als 0,02 Prozent der Entwicklungsgeschichte des Lebens. Aus dem geologischen Blickwinkel verschlägt einem das Tempo, mit dem wir die geografischen Grenzen niederreißen und die Biosphäre verquirlen, wirklich den Atem.

Um die potenziellen Gefahren der Verschleppung von Arten in ihrem ganzen Umfang zu vermitteln, haben einige Naturwissenschaftler Vergleiche mit anderen Umweltproblemen angestellt, die stärker ins Bewusstsein der Öffentlichkeit gedrungen sind. Die häufigste und nützlichste Analogie ist der Treibhauseffekt. David Burney schrieb zum Beispiel: »Die biologische Invasion ist ein noch größeres [Übel] als viele der furchtbaren Dinge, mit denen wir ständig konfrontiert werden, wie etwa die globale Klimaerwärmung. Viele Auswirkungen der Klimaerwärmung kann man langfristig wieder ausbügeln, aber wenn wir die Artenvielfalt der Welt erst einmal zerstört haben, dann gibt es absolut keinen Weg zurück.«[47] Da ist einiges dran. Die Politiker ringen zurzeit um eine Reduzierung des Ausstoßes an Treibhausgasen in die Atmosphäre – warum also sollten wir die gleich große oder größere Gefahr durch biologische Invasionen einfach ignorieren? Burneys Worte werden vor allem bei solchen Wissenschaftlern auf offene Ohren stoßen und nacktes Entsetzen auslösen, die sich in der Frühgeschichte des Lebens auskennen. Der Blick in die Geschichte lässt nämlich befürchten, dass die langfristigen Weiterungen unseres Einwirkens auf die Biosphäre noch gravierender sein könnten, als selbst Pessimisten bislang angenommen haben. Um das zu verstehen, müssen wir uns ein letztes Mal tief in die fossilienhaltigen Gesteinsschichten hineingraben.

Vor etwa 250 Millionen Jahren, gegen Ende des Perm (s. Abb. 3.1), sah die Erdoberfläche anders aus. Alle großen Schollen der kontinentalen Kruste hatten sich zu einer einzigen Landmasse zusammengeschoben, die wir Pangäa nennen (Abb. 9.2). Auf einem Großteil der Schollen, die heute Nord- und Südamerika sowie Europa bilden, erstreckten sich zu beiden Seiten des Äquators riesige, sengende Wüsten. Die paläozoische Entsprechung zu unseren Regenwäldern überwucherte Landstriche, die heute in China, der Malaien-Halbinsel und Venezuela liegen. Nach Süden

[47] Zitiert nach Holmes 1998.

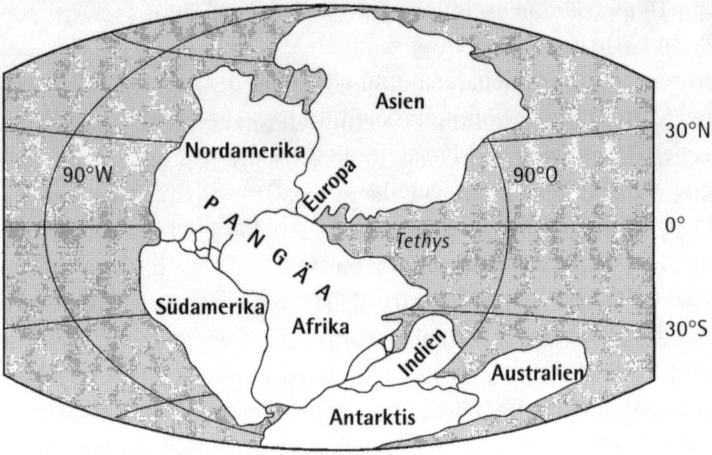

9.2 Lage der Kontinente am Ende des Perm.

hin, im heutigen Afrika, Indien, in der Antarktis und weiten Teilen Australiens, herrschte ein kühles Klima vor, in dem kältetolerante Pflanzen die Ebenen bedeckten. Um den Südpol spannte sich ein Waldgürtel, in dem die baumfarnartige Kaltwetterpflanze *Glossopteris* gedieh, die in diesem Teil Pangäas wohl ebenso dominant war wie heute die Nadelhölzer in den nördlichen Schneeklimaten. Am entgegengesetzten Ende des Superkontinents, im heutigen Sibirien und der Mongolei, hatte sich eine andere Kaltwetterpflanzengemeinschaft etabliert, die man als Angara-Flora kennt. Ein einziges Weltmeer, Panthalassa getauft, umgab Pangäa; an der Ostküste trennte eine riesige Bucht Eurasien von den südlichen Teilen des Superkontinents: die Tethys.

Zwar variierte das Klima zwischen dem Äquator und den Polen deutlich, sodass es eine Reihe unterschiedlicher Habitate gab, aber da das Meer nirgends den Zugang zu einer Landmasse versperrte, hatten es Pflanzen wie Tiere viel leichter als heute, andere terrestrische Ökosysteme zu erforschen. Richard Fortey (1997) fasst die mutmaßlichen Konsequenzen der Entstehung eines Riesenkontinents auf das terrestrische Leben wie folgt zusammen:

»Der Zusammenschluss aller großen Landmassen im späten Perm hatte gewaltige Auswirkungen auf die Biosphäre. Wir sind so sehr an unsere separaten und weit über die Erdkugel verstreuten Kontinente gewöhnt, dass wir diese Aufsplittung einfach als gegeben hinnehmen. Man stelle sich einmal eine Welt vor, in der alle Kontinente wieder vereint wären. Es bräche ein unglaubliches Gerangel los, weil Tiere und Pflanzen plötzlich frei in alle Himmelsrichtungen ziehen könnten. Manche Arten würden zweifellos davon profitieren, andere nicht: Man bedenke nur, welch verheerende Auswirkungen die Vermehrung der Katzen und Füchse, die der Mensch vor vergleichsweise kurzer Zeit in Australien eingeführt hat, auf Dutzende endemischer Beuteltierarten hatte... In einem Wettkampf aller gegen alle gäbe es mehr Verlierer als Gewinner... Im Fall der vereinten Kontinentalfaunen wäre das Ganze *weniger* als die Summe seiner Teile.«

Mit anderen Worten: 250 Millionen Jahre bevor der erste Mensch auf die Idee kam, Baumstämme zu einem Floß zusammenzubinden, hat sich bereits einmal eine globale Vermischung zugetragen. Während es Pangäa gab, hatten sehr viele Familien und sogar Gattungen[48] von Amphibien, Reptilien und den frühen Vorfahren der Säugetiere ein weltweites Verbreitungsgebiet. Jeder Vergleich zwischen dem Artenspektrum früherer Faunen und der heutigen Situation krankt daran, dass man die Artenzahl von damals aus den kargen Überresten längst verstorbener Tiere ableiten muss, die wir in jenen Felsbrocken finden, die Hunderte von Millionen Jahren Tektonik und Verwitterung überstanden haben, aber die Paläontologen versichern uns, dass es während des Perm viel weniger verschiedene Vierfüßerarten gab als heute und dass in allen Winkeln des Superkontinents Pangäa in etwa dieselben Tiertypen zu Hause waren.

Auf dem Höhepunkt dieser Kontinentverschmelzung erlitt

[48] Da eine Familie mehr Arten umfasst als jede der Gattungen, aus denen sie sich zusammensetzt, erwarten wir bei Familien im Allgemeinen größere Verbreitungsgebiete als bei Gattungen. Familien mit Angehörigen in allen Teilen eines Kontinents sind sehr selten, und Gattungen, auf die dies zutrifft, noch seltener.

die Biosphäre das brutalste Massensterben der gesamten Entwicklungsgeschichte. Viele Leute wissen, dass die Katastrophe, der die Dinosaurier zum Opfer fielen, den ganzen Planeten erschüttert hat, aber verglichen mit der globalen Krise am Ende des Perm war das Kreidezeit-Debakel eine Kleinigkeit. Man schätzt, dass damals 95 Prozent aller existierenden Arten ausstarben. Sogar die Insekten – normalerweise die Hartnäckigsten unter den Landlebewesen, bei denen selbst Familien nur äußerst selten komplett untergehen – büßten diesmal gleich sieben Ordnungen ein. Die Crinoidea (Seelilien und Haarsterne) verloren zwei komplette Unterklassen. Die Trilobiten verschwanden ganz, ebenso die Blastoidea (knospenförmige Stachelhäuter) und all die typisch paläozoischen Korallen. Erst in sieben bis acht Millionen Jahre jüngeren Fossilschichten findet man wieder Überreste von Korallenriffen: eine der längsten erdgeschichtlichen Perioden, in denen die charakteristischen Großkolonien dieser Meeresbewohner fehlen. (Irgendwo auf der Erde müssen zumindest ein paar Korallentiere überlebt haben, aber im Gestein dieser Zeitspanne haben sie keine Spuren hinterlassen.) Die Radiolarien oder Strahlentierchen – Salzwasser-Einzeller mit hohlkugelförmigen Skeletten aus Kieselsäure, die sich am Meeresboden als Radiolarienschlamm aufschichten und sich im Paläozoikum zu einem charakteristischen Sediment namens Kieselschiefer oder Radiolit verdichtet haben – durchliefen damals die einzige ernste Krise ihrer langen Entwicklungsgeschichte. Wie den Korallenkalk finden wir Kieselschiefer erst wieder in den Ablagerungen der mittleren Trias. Viele Ordnungen der Brachiopoden, zweischaliger Meerestiere, die man als paläozoische Entsprechungen zu den heutigen Muscheln ansehen kann, wurden entweder komplett ausgelöscht oder von mehreren hundert Arten auf zwei oder drei reduziert. Während die Ablagerungen am Boden der Perm-Meere aus einer Vielzahl von Schalentypen zusammengewürfelt sind, bestehen sie nach der Katastrophe, in der frühen Trias, überall nur aus den Kalkschalen einiger weniger Muschelarten.

An Land sah es auch nicht besser aus. Im Süden von Pangäa

wurden die schier unermesslichen *Glossopteria*- oder Zungenfarnwälder, die hier seit Jahrmillionen gediehen, schlagartig durch eine relativ artenarme Gemeinschaft von Koniferen und Bärlapp ersetzt. In anderen Gegenden verschwand die typische Torf und Kohle bildende Vegetation, was sich in einer dicken kohlefreien Schicht im Gestein widerspiegelt, die bis in die mittlere Trias hineinreicht. Wie das Leben in den Ozeanen, so war auch das Pflanzenleben auf dem Festland damals durch und durch kosmopolitisch. In so gut wie allen Küstenregionen gedieh auf riesigen Flächen der Bärlapp *Pleuromeia*, während im trockeneren Inland – über alle Breitengrade hinweg – die Konifere *Voltzia* und der Farnsamer *Dicroidium* vorherrschten. Diese weltweiten Verbreitungsgebiete – sowohl auf dem Festland als auch im Meer – weisen auf ein sehr gleichmäßiges Klima auf dem ganzen Planeten hin – und damit auf die Ursache des Artensterbens, auf die wir bald zu sprechen kommen.

Die Vierfüßer erwischte es besonders hart. Einundzwanzig terrestrische Familien wurden ausgelöscht – ein größerer Anteil als bei den Meeresbewohnern. Das Aussterben der Landtiere scheint in den letzten paar Millionen Jahren des Perm mit einem allmählichen Rückgang der Artenvielfalt begonnen zu haben und kulminierte in einem scharfen Einschnitt, der viele kleine Allesfresser, alle großen Pflanzenfresser, die Gleitechsen und sechs der neun Amphibienfamilien erledigte. Und wieder zeichneten sich die Gemeinschaften der Überlebenden durch extreme Artenarmut und kosmopolitische Verbreitung aus. Über 90 Prozent der Vierfüßer-Fossilienfunde vom Pangäa-Festland, die aus der ersten Phase der Trias stammen, bestehen aus den Überresten einer einzigen Gattung säugetierähnlicher Reptilien, nämlich des mittelgroßen Dicynodontiers *Lystrosaurus* (Abb. 9.3).

Was mag sich am Übergang vom Perm zur Trias zugetragen haben, was könnte ein derart massives Artensterben – sowohl auf dem Festland als auch im Meer – verursacht haben? Welches Ereignis hat dieses Vernichtungswerk, dem 95 Prozent aller Spezies unseres Planeten zum Opfer fielen, ausgelöst? Die Antwort, die sich allmählich aus den jüngsten Forschungsergebnissen

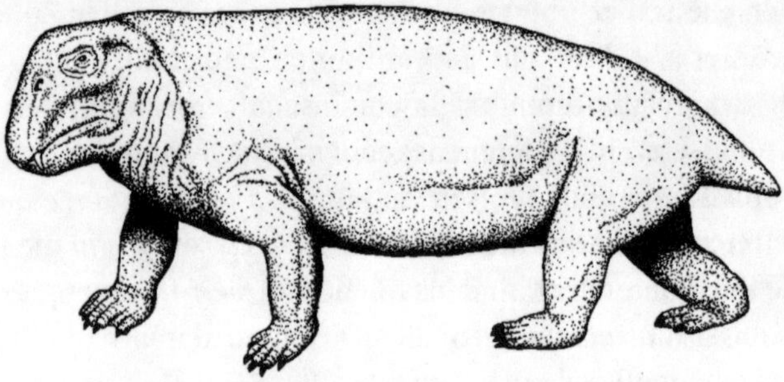

9.3 *Lystrosaurus*, ein dicynodonter Therapsid aus der frühen Trias; Länge etwa ein Meter.

herausschält, ist angesichts unserer eigenen misslichen Umweltsituation beängstigend: Es sieht so aus, als habe das Leben dieses größte Unglück seiner Entwicklungsgeschichte der vereinten Kraft von globaler Vermischung und globaler Erwärmung zu verdanken.[49]

Die weltweite Temperaturerhöhung am Ende des Perm ist inzwischen hervorragend belegt. Die Torfschichten, die sich im späten Perm um den 70. Breitengrad herum in der Antarktis und Australien bildeten, ähneln denen, die heute wieder in diesen

[49] Wie die meisten Fragestellungen in der Paläontologie wurde und wird auch die Ursache des Faunenschnitts am Ende des Perm in Fachkreisen heiß diskutiert. Im Laufe der Jahre hat man eine ganze Reihe von Theorien entwickelt, die dieses Ereignis erklären sollen: Von kosmischer Strahlung bis zu einem Absinken des Meeresspiegels war alles dabei. Ich schließe mich der Meinung von Hallam und Wignall (1997) an: Die heute verfügbaren Fakten, in ihrer Gesamtheit betrachtet, weisen eindeutig darauf hin, dass eine globale Klimaerwärmung den paläozoischen Lebensformen den letzten, entscheidenden Stoß versetzt hat. Die Autoren rekapitulieren auch die alten, hartnäckig immer wieder vorgetragenen Erklärungsversuche durch eine Meeresspiegel-Absenkung (Regression) oder durch eine globale Klimaabkühlung, verwerfen sie jedoch, da sie von den bekannten Tatsachen teils ad absurdum geführt, teils zumindest nicht unterstützt werden. Ja, im Laufe des Perm ging der Meeresspiegel ein paar Mal zurück, aber das jüngste dieser Ereignisse trug sich – wie es heute aussieht – einige Millionen Jahre vor dem Höhepunkt des Faunenschnitts zu. Regressionen könnten für die weniger gravierende Frühphase des Perm-Artenschwunds verantwortlich sein, aber nach allem, was wir heute wissen, ist der Meeresspiegel am Übergang vom Perm zur Trias *angestiegen.* Für eine globale Abkühlung sprechen angeblich das Aussterben vor allem tropischer Arten, der graduelle Charakter des Faunenschnitts, das Fehlen von Warmwasser-Kalksteinsedimenten aus der frühen Trias sowie das Vorhanden-

Breiten entstehen, aber in der Trias wurden sie rasch durch Humusböden abgelöst, die auf eine viel wärmere, verrottungsfreundlichere Witterung schließen lassen. In Australien wurde eine Flora, deren Zusammensetzung heute für den Gürtel um den 70. Breitengrad typisch ist, durch eine Pflanzengemeinschaft ersetzt, wie wir sie heute zwischen dem 40. und dem 58. südlichen Breitengrad finden. Im Karoo-Becken von Südafrika schwang das Klima von gemäßigt zu semiarid um. Fügt man zu dieser Indizienkette noch den Umstand hinzu, dass die Frühphase der Trias das einzige geologische Intervall in den letzten 600 Millionen Jahren ist, aus dem uns keinerlei Hinweise auf die Existenz von Eis bekannt sind, dann lässt sich die damalige Erwärmung des ganzen Planeten kaum noch von der Hand weisen.

Die Erwärmung der tropischen Regionen ist auf etwa 6°C geschätzt worden. In den höheren Breiten dürfte die Temperatur noch stärker angestiegen sein, sodass sich der Temperaturgradient zwischen den Polen und dem Äquator abflachte. Das hatte das vollständige Verschwinden der typischen polnahen Flora und die Entstehung eines weltweit fast einheitlichen, warmen bis heißen Klimas zur Folge. Der katastrophenartige Vierfüßer-Artenschwund und die Etablierung einer einzigen, artenarmen Tiergemeinschaft mag zum Teil der massiven Ausweitung der Wüsten und der daraus resultierenden Verschärfung der Lebensbedingungen geschuldet sein, aber der wichtigste Faktor war wohl die Homogenisierung der Lebensräume quer über den ganzen Superkontinent. Nicht nur hingen alle Schollen der kontinentalen Erdkruste zusammen, sodass auch flugunfähige Landtiere leicht hin und her wandern konnten: Auch die alten Habitatunterschiede zwischen den polnahen und den äquatornahen Ge-

sein von Geschiebe in Sibirien, Australien und Kanada, das auf Gletschertätigkeit und damit auf eine Kaltphase hinweist. Allerdings unterstützen die Befunde heute weder den graduellen Artenschwund noch überproportionale Verluste bei den tropischen Lebensformen. Und in vielen Gesteinen aus der frühen Trias, auch nahe am Äquator, findet sich durchaus eine ansehnliche Kalksteinschicht. Das Alter der sibirischen Endmoränen-Ablagerungen ist umstritten, und die Gegenden in Australien und Kanada, in denen man Geschiebe gefunden hat, lagen schon damals in den höheren Breiten, sodass sie nicht als Belege für ein generell kaltes Klima herhalten können.

genden verwischten zunehmend. Überall auf der Welt sah es gleich aus, und die Tiere passten sich dem Trend an.[50]

Steigende Temperaturen und das Abflachen des Pol-Äquator-Wärmegefälles wirkten sich auch auf die Meere drastisch aus. Zum einen bindet warmes Wasser weniger gelösten Sauerstoff als kaltes, sodass jede globale Klimaerwärmung die Konzentration dieses lebensnotwendigen Elements im Meerwasser reduziert. Zum anderen – und auch im Ozean dürfte dies die schwerer wiegenden Folgen gezeitigt haben – glichen sich die Wassertemperaturen rund um den Erdball an. Das Pol-Äquator-Temperaturgefälle treibt die Meeresströmung an: Flacht es sich ab, so verlangsamt sich die Umwälzung der Wassermassen; geht es gegen null, so kommt die Zirkulation ganz zum Erliegen. Und genau das geschah vermutlich am Ende des Perm. Da er nicht umgewälzt wurde, ist der Ozean »schal« geworden: Die Tiefsee büßte allmählich ihren gelösten Sauerstoff ein; immer weniger Arten konnten hier überleben.[51] Schließlich wurde die Stagnation so krass, dass die oberen Bereiche der Wassersäule kaum noch Nährstoffe enthielten. Ohne Nährstoffe kann das pflanzliche Plankton nicht existieren, und dieses steht wiederum am Anfang aller marinen Nahrungsketten, sodass die Ökosysteme stagnierender Meere zusammenbrechen wie Kartenhäuser. Die Planktonproduktivität dürfte sich im Laufe der Trias rasch erholt

[50] Man vermutet, dass die meisten Tiere dieser pandemischen Fauna, einschließlich des allgegenwärtigen *Lystrosaurus*, graben konnten und sich in ihre Höhlen verkrochen, sobald die lange, heiße Trockenzeit ausbrach, die damals das Klima geprägt haben muss.

[51] Die Geologen und Fossilienkundler haben starke Belege für eine extreme Sauerstoffarmut der damaligen Tiefsee gefunden. Diejenigen Meeresbodenbewohner, die das Faunensterben am Perm-Trias-Übergang überlebt haben, gehören allesamt zu den besonders sauerstoffmangeltoleranten Arten. Analysiert man das Gestein, das während dieses Epochenwechsels entstand, so stellt man fest, dass die diversen Meerestiergemeinschaften des späten Perm genau zu der Zeit verschwanden, als die stark von Gängen und Höhlen durchsetzten, aeroben Meeresbodensedimente durch fein geschichtetes, anaerobes Gestein abgelöst wurden, das große Mengen an Pyrit (Eisenkies oder »Katzengold«) enthält. Dieses Mineral zeigt Sauerstoffarmut an. Isotopenanalysen des Pyrits in Tiefseesedimenten aus dieser Übergangszeit deuten darauf hin, dass das sauerstoffarme Wasser, aus dem er entstand, eine ganz ähnliche Zusammensetzung hatte wie heute das Schwarze Meer.

haben, aber da war es für die meisten der höheren Organismen, die während des Perm die Meere besiedelt hatten, bereits zu spät.

Wie war es überhaupt zu einer so starken Erwärmung der Erde gekommen? Beunruhigenderweise lief damals in etwa dasselbe ab wie heute: übermäßige Kohlendioxidabgabe an die Atmosphäre. Chemische Gesteinsanalysen deuten darauf hin, dass die Anreicherung der Luft mit CO_2 schon lange vor dem katastrophalen Höhepunkt des Artensterbens einsetzte. Der überschüssige Kohlenstoff stammte wahrscheinlich aus den Kohle führenden Sedimentschichten im Süden Pangäas, die durch tektonische Faltungsbrüche an die Oberfläche gerieten und oxidierten, wodurch große Mengen an CO_2 in die Atmosphäre strömten. Ob diese Kohlendioxidanreicherung ausreichte, um die Temperaturen weltweit um mindestens sechs Grad anzuheben, ist umstritten, aber es kam noch eine zweite Kohlendioxidquelle hinzu: Genau in der Übergangsphase vom Perm zur Trias wurden über einen Zeitraum von etwa 900 000 Jahren hinweg in Sibirien zwei bis fünf Millionen Kubikkilometer Basalt aus der Erde geschleudert. Es war der gewaltigste Ausstoß von vulkanischem Material auf einem Kontinent in den letzten 600 Millionen Jahren der Erdgeschichte. Das magmatische Kohlendioxid, das dabei freigesetzt wurde, war vermutlich der Auslöser, der die Biosphäre unwiderruflich in eine neue Ära hineinstieß: in das Mesozoikum.[52]

Die Katastrophe am Ende des Perm hält für uns, die wir unsere känozoische Erde in eine ganz ähnliche Lage manövriert haben, so manche Lektion bereit. Das späte Perm war eine Zeit der natürlichen Vermischung, weil die Landmassen sich zu dem

[52] Über die Auswirkungen der Entstehung des sibirischen Trapps (Ergussgesteins) wird heftig gestritten. Manche Forscher glauben zum Beispiel, die Ausbrüche seien heftig genug gewesen, um große Mengen Staub in die Atmosphäre zu schleudern und so eine kurze Phase der Erd*abkühlung* auszulösen, die man als vulkanischen Winter bezeichnet (z. B. Kozur 1998). Andere widersprechen dem (z. B. Hallam und Wignall 1997; ausführlich behandelt bei Kozur 1998). Beide Seiten sind sich aber einig, dass dem Ausstoß wahrscheinlich eine lange und intensive Phase der globalen Erwärmung folgte. Uneinigkeit über die Art, den Zeitverlauf und das Ausmaß dieser Umweltveränderungen zieht unweigerlich Uneinigkeit über die Ursachen und den Hergang des Aussterbens der verschiedenen terrestrischen und marinen Tier- und Pflanzengruppen nach sich. Es wird weiter geforscht.

Superkontinent Pangäa vereinigt hatten. Diese Verkeilung der Schollen förderte einerseits einen extremen Kosmopolitismus unter den Tieren und Pflanzen, andererseits führte das Fehlen geografischer Barrieren auch zu der krassen Artenverarmung der Lebensgemeinschaften, die sich während des Perm-Trias-Übergangs sowohl im Meer als auch an Land abspielte. Wären die Kontinente damals getrennt gewesen, so wie wir es heute kennen, dann wäre eine derartige Dominanz ganz weniger Organismen – wie des säugetierähnlichen Reptils *Lystrosaurus*, des Farnsamers *Dicroidium* und der Muschel *Claraia* – in den terrestrischen und ozeanischen Ökosystemen der Unter-Trias undenkbar gewesen. Die Artenvielfalt wäre aufgrund der Klimaerwärmung zweifellos trotzdem zurückgegangen, aber auf den einzelnen Kontinenten hätten verschiedene Gattungen die *Lystrosaurus*-Nische besetzt, und es hätte genug separate Seebecken und Schelfe gegeben, um das, was von den komplexen marinen Lebensgemeinschaften des Perm noch übrig war, zu schützen und zu versorgen. Barrieren schirmen Organismen voneinander ab, und Isolation ist ein Schlüsselelement zur Wahrung und Förderung der Artenvielfalt, ganz gleich, wie die sonstigen äußeren Umweltbedingungen aussehen.

Zwar schieben wir heute die Landmassen nicht physikalisch ineinander, aber unsere Reisen rund um den Erdball haben fast denselben Effekt. Tatsächlich hat der globale Artenmix heute größere Ausmaße angenommen als je zuvor in der Erdgeschichte: Pangäa ließ sich Dutzende von Jahrmillionen Zeit, um zu entstehen und wieder zu zerfallen, während die Menschheit in wenigen tausend Jahren alle Barrieren zwischen den Kontinenten – *und* zwischen den Inseln und den Festlandmassen – niedergerissen hat. Die Erde beginnt schon wieder, überall gleich auszusehen, und diesmal geschieht das alles während eines einzigen geologischen Wimpernschlags.

Auch die Geschwindigkeit, mit der sich die Atmosphäre erwärmt, weil wir zu viel Kohlendioxid und andere Treibhausgase in die Luft schleudern, ist alarmierend. Die Schätzungen, wie stark die mittlere globale Temperatur während des 21. Jahrhunderts ansteigen wird, liegen zwischen 1°C und 4,5°C, wobei die meisten Experten für einen Zahlenwert etwa in der Mitte zwischen diesen Extremen votieren.[53] Je weiter man sie in die Zukunft hochrechnet, desto unzuverlässiger werden die Vorhersagen der Klimamodelle, aber fast alle dieser verschiedenen Modelle deuten darauf hin, dass die Temperaturen auch nach 2100 noch für einige Jahrhunderte weiter ansteigen werden. Die düstersten Szenarios, die von einem ungebrochen steigenden Verbrauch fossiler Brennstoffe ausgehen, prophezeien uns für die Mitte des 22. Jahrhunderts eine globale mittlere Temperatur, die fünf bis zehn Grad über dem heutigen Mittelwert liegt.

Um eine derart extreme Klimaveränderung könnten wir herumkommen, wenn unsere Gesetzgeber weitere Schritte unternähmen, um den Konzentrationsanstieg der Treibhausgase in der Atmosphäre zu stoppen. Hoffen wir, dass es so kommt. Hoffen wir auch, dass die Vulkane dieser Welt sich weiterhin halbwegs zu benehmen wissen. Dass der Kohlenstoff, der zurzeit noch in den Wäldern und im Grasland gebunden ist, nicht auch noch in die Atmosphäre entweicht, weil Erstere verschwinden und Letzteres sich in Wüsten verwandelt. Dass die vorhergesagte Zunahme der Häufigkeit und Heftigkeit von Waldbränden ausbleibt. Dass das rasche Wirtschaftswachstum der armen Länder nicht zu einem derart verschwenderischen Pro-Kopf-Verbrauch an fossilen Brennstoffen führt, wie er für die Industrieländer typisch ist. Und dass sich nicht plötzlich herausstellt, dass wir in unseren grob gestrickten Klimamodellen irgendeinen wichtigen Faktor vergessen haben.

[53] Hier folge ich den offiziellen Berichten des *Intergovernmental Panel on Climate Change* (IPCC). In der Akademikerszene hat das Problem der Klimaerwärmung einen ähnlichen Stellenwert wie die Evolution durch natürliche Auslese: *Jeder* hat eine Meinung zu diesem Thema. Viele glauben, man müsse die IPCC-Vorhersagen *cum grano salis* nehmen. Andere behaupten, das Klima werde überhaupt nicht wärmer. Manche fürchten, die globale Erwärmung könne sogar ins Gegenteil umschlagen, nämlich eine neue Eiszeit auslösen. Wieder andere halten selbst das Worst-Case-Szenario des IPCC noch für zu optimistisch und meinen, die mittlere Temperatur werde in den nächsten paar Jahrzehnten drastischer ansteigen. Ironie des Schicksals: Wir wissen mittlerweile mehr über die globale Erwärmung vor 250 Millionen Jahren als über die heutige Situation.

Ein Anstieg der mittleren globalen Temperatur um 3°C ist nur halb so groß, wie man ihn für die Tethys-Region am Ende des Perm schätzt, aber andererseits reden wir hier über einen Zeitraum von nur 100 Jahren. Und schon 3°C würden ausreichen, um das arktische Ökosystem Alaskas auszulöschen und die anderen Pflanzengesellschaften der Nordhalbkugel 500 Kilometer nach Norden zu verschieben. Die Parallele zum Verschwinden der *Glossopteris*-Wälder an der Nord- und Südseite Pangäas am Ende des Perm drängt sich geradezu auf. Und das eine Jahrhundert, über das sich die Klimatologen momentan streiten, ist nicht einmal ein Sekundentic̨ken auf der geologischen Uhr. Allein der Ausstoß des sibirischen Trapps hat sich über 900 000 Jahre hingezogen. Bis die Welt des Perm so richtig aufgeheizt und umgerührt war, waren Millionen von Jahren verstrichen. Setzt man die Erwärmung um 3°C in den richtigen zeitlichen Bezugsrahmen, so ist sie, dezent ausgedrückt, ziemlich außergewöhnlich.[54]

Steif und fest zu behaupten, dass wir auf eine dem Ende des Perm vergleichbare Umweltkrise zusteuerten – das verliehe diesem Buch zwar ein dramatisches Finale, wäre aber unverantwortlich und vermessen. Unsere Welt sieht völlig anders aus als damals. Wenn alle Kontinente vereint und von einem einzigen, riesigen Ozean umgeben wären wie im Perm, dann hätten zum einen die Klimaforscher nicht solchen Ärger mit ihren komplizierten Modellen. So, wie die Lage nun einmal ist, müssen sie nicht nur das zergliederte, über den Globus verstreute Festland, sondern auch die dazwischen liegenden Meere mit ihren teils sehr komplexen Strömungsverläufen und Wechselwirkungen in ihre Rechnungen einbeziehen, wodurch sich die Vorhersage der langfristigen regionalen Temperatur- und Klimaschwankungen enorm verkompliziert. Zum anderen wissen wir, dass die Erde zu anderen Zeiten in ihrer langen Vergangenheit starken Klimaschwankungen ausgesetzt war – am deutlichsten während der Eiszeiten der jüngeren Erdgeschichte –, ohne dass die Vielfalt der Biosphäre jedes Mal so brutal beschnitten worden wäre wie beim Perm-Trias-Übergang. Vielleicht liegt das daran, dass nur am Ende des Perm eine wirklich globale Artenvermischung möglich war. Vielleicht war auch die anhaltende, sich über mehrere Jahrmillionen hinziehende Erwärmung schuld. Vielleicht. Wir haben die damalige und die gegenwärtige Dynamik unseres Planeten einfach noch nicht gut genug verstanden, um zuverlässige Vorhersagen über die globalen Folgen unseres teilweise kurzsichtigen Handelns treffen zu können. Ich kann beim besten Willen nicht sagen, ob sich die Temperatur der Erde auf einem zwar höheren, aber unkritischen Niveau stabilisieren wird (was auch immer »unkritisch« heißen mag). Ich weiß nicht, wie stark die Kombination aus globaler Vermischung und globaler Erwärmung den Prozess des weltweiten Artenschwunds beschleunigen wird, der durch das Anschwellen der Weltbevölkerung bereits bedrohliche Ausmaße angenommen hat. Das Dumme ist: *Keiner* weiß es, und trotzdem pumpen wir weiterhin Treibhaus-

[54] Über die Gesamtheit der letzten 600 Millionen Jahre betrachtet, ist diese Aussage sicher richtig. Allerdings waren die letzten zwei Millionen Jahre der Erdgeschichte durch ungewöhnlich starke Klimaschwankungen gekennzeichnet, und es gibt Anzeichen dafür, dass einige der Veränderungen in dieser Zeit sogar noch abrupter verliefen als die für das 21. Jahrhundert prognostizierte Erwärmung. (Dass ich nicht eine dieser Schwankungen, sondern das Ende des Perm zum Vergleich mit unserer heutigen Situation herangezogen habe, liegt daran, dass Letzteres das einzige andere Beispiel für eine Erwärmung mit gleichzeitiger globaler Artenvermischung ist.) Chemische Analysen von Bohrkernen des Grönlandeises haben zum Beispiel ergeben, dass die Temperatur in dieser Gegend während der letzten Eiszeit stark fluktuierte, wobei es innerhalb weniger Jahrzehnte um bis zu 7°C wärmer wurde. Während der vorangegangenen Eem-Warmzeit schlug die Temperatur, glaubt man den Daten aus diesen Eiskernen, sogar noch wildere Kapriolen. Man sollte sich jedoch ins Bewusstsein rufen, dass diese Grönlandeisdaten im Grunde keine globalen Klimawechsel, sondern nur das Geschehen vor Ort dokumentieren. Ob die Temperatur im Weltmittel ebenso stark schwankte, ist unklar. Außerdem glauben einige Forscher, dass es sich um Artefakte handelt, also um Fehlschlüsse, die auf Deformationen im Eis oder auf schnelle Veränderungen in der chemischen Zusammensetzung des Schnees zurückzuführen sind. Solche chemischen Unterschiede könnten durch Temperaturänderungen in den Gewässern, aus denen das Schneewasser stammte, oder durch eine andere Herkunft der Luft, die über die Grönlandeiskappen hinwegstrich, hervorgerufen worden sein. Selbst wenn wir die Eem-Temperaturschwankungen für bare Münze nehmen, lässt sich daraus für unsere Lage keine Entwarnung ableiten. Der offensichtlichste Unterschied zwischen der Eem-Warmzeit und der heutigen Zeit ist die damals etwas höhere Durchschnittstemperatur. Wenn der Mensch die Welt nun ebenfalls um ein paar Grad erwärmt, könnte er damit eine Episode ebenso heftiger klimatischer Instabilität auslösen, wie sie in der Eem-Interglazialzeit herrschte. Für die Biosphäre könnte das dramatische Folgen haben. Bei Williams et al. (1998) findet man eine kritische Übersicht.

gase in die Atmosphäre und verquirlen die Biosphäre unseres Planeten. Selbst wenn man die Katastrophe am Ende des Perm als völlig unpassende Analogie zur heutigen misslichen Umweltsituation betrachtet, sollte man zumindest so demütig sein, sich ihrer als Warnung zu erinnern.

»Die Gegenwart ist der Schlüssel zur Vergangenheit« – so lautete ein Leitspruch der Geologie im 19. Jahrhundert. Bis zum heutigen Tag halten Geologiedozenten ihre Studenten an, die Relikte der Vergangenheit vor dem Hintergrund der Vorgänge zu interpretieren, die wir in der modernen Welt beobachten. In den meisten Fällen ist das ein fruchtbarer Ansatz. Unser hart erkämpftes Wissen über die Erdvergangenheit verdanken wir dem Umstand, dass wir die Unterschiede zwischen den Tierfossilien in den Sedimentschichten des Perm, der Kreidezeit oder des Miozän nicht mehr als Konsequenz einer Grille des Allmächtigen abtun, sondern im Kontext unserer Kenntnisse über die Ökologie und die Evolution heutiger Lebensformen deuten. Tatsächlich fußen die meisten Argumente, die ich in diesem Buch ausgebreitet habe, auf dieser Philosophie, auf die kaum jemand, der in den historischen Wissenschaften arbeitet, verzichten kann. Aber es gibt auch gute Gründe, dieses Motto gelegentlich auf den Kopf zu stellen und die Vergangenheit als Schlüssel zur Zukunft zu betrachten: unserer Zukunft und der unserer Mitgeschöpfe. Das menschliche Erinnerungsvermögen und die Überlieferungen aus der menschlichen Geschichte greifen einfach zu kurz, um uns viel über den Planeten zu lehren, den wir alle gemeinsam bewohnen. Nur Steine und Knochen sind dafür alt genug. Unsere Art ist als einzige Lebensform intelligent genug, um diese Botschaften aus der Vergangenheit zu bergen und zu dechiffrieren. Hoffentlich sind wir auch reif genug, um innezuhalten und zuzuhören, bevor es zu spät ist.

Danksagung

Die ersten Entwürfe für dieses Buch wollte ich von Naturwissenschaftlern, Schriftstellern und Enthusiasten begutachten lassen, die mich nicht persönlich kannten. Sein Thema berührt verschiedene Fachgebiete, mit denen ich zum Teil nicht ausreichend vertraut bin, sodass mir eine sorgfältige Prüfung des Manuskripts unabdingbar erschien. Also habe ich anerkannte Koryphäen per E-Mail um Hilfe gebeten, und es sagt wohl eine Menge über die Verfassung meines Berufsstandes, dass ich keine einzige Absage erhielt. Manche boten mir an, einzelne Kapitel durchzuarbeiten, die in ihr Spezialgebiet fielen, andere nahmen es in ihrer Großzügigkeit auf sich, gleich das ganze Buch zu lesen. Sie kritisierten den Text hemmungslos und konstruktiv: genau das, was ich brauchte, um ein Buch zuwege zu bringen, das unermesslich viel besser ist als meine erste Fassung. Mein Dank gilt Sallie-Anne Bailey, David Bellamy, Jason Bourke, Chris Brochu, Martin Human, Stephen Hurrell, Hilary, Melanie und Michael McCullagh, Richard Morgan, Ilja Nieuwland, David Norman, Sarah O'Hara, Gregory S. Paul, dem besten aller lebenden Tierphysiologen, der sich – wie es seine Art ist – namentlichen Dank für seine Liebenswürdigkeit verbittet, Dan Tapster, Ruth Tingay und Patrick Walsh. Alle noch verbliebenen faktischen und logischen Fehler sowie leichtsinnigen Schlussfolgerungen gehen auf meine Rechnung.

Jeder Tierzeichner, der ein festes Honorar pro abgelieferter Zeichnung erhält, weiß, dass Säugetiere und Vögel unrentabel sind. Die Evolution hat diese Tiere mit entsetzlich fein strukturierten Isolierschichten ausgestattet, an denen man schier ewig sitzt. Somai Man hat mir bei Fell und Federn geholfen, wofür ihr mein herzlicher Dank gebührt. Dank auch an Chris Lewis für sein Geschick beim Entwurf der Karten und grafischen Darstellungen.

Es gibt viele gute Gründe, Gollancz als Verlag zu wählen – der beste ist Sara Holloway. Die Begeisterung, die sie gleich von unserer ersten Begegnung an für dieses Vorhaben aufgebracht hat, hat die Zweifel des Verfassers lang genug gedämpft, um das Buch zum Abschluss zu bringen, und ohne ihre Gabe, Gestammel stiekum in lesbares Englisch zu verwandeln, wäre es wohl nie in die Buchhandlungen gelangt. Dank auch an die Korrektorin Ingrid von Essen für ihre unerbittliche Gründlichkeit und ihre Hartnäckigkeit im Nachfragen sowie an Patrick Walsh für Rat, Ermutigung und Geschäftssinn.

Schließlich bin ich noch meinen Studenten an der Nottingham University – vor allem an der School of Geography – zu Dank verpflichtet, die es jahrelang gut gelaunt und geduldig ertragen haben, dass ich meine Ideen an ihnen ausprobiert habe. Dieses Buch besteht größtenteils aus jenen Gedanken, für die sie mich nicht ausgelacht haben.

Abbildungsverzeichnis

Literaturempfehlungen

Mit der folgenden Liste meiner wichtigsten Informationsquellen und einiger weiterer Literaturtipps können sich interessierte Laien und Studenten die einzelnen Themen erschließen, die ich in diesem Buch angerissen habe. Die Liste enthält diejenigen Bücher und Aufsätze, die mir selbst am besten weitergeholfen haben, und erhebt natürlich keinen Anspruch auf Vollständigkeit. Die Quellen werden in der Reihenfolge angeführt, in der die einzelnen Themen und Fragestellungen in den Kapiteln auftauchen. Wo immer möglich, habe ich neben der Fachliteratur auch Werke aufgenommen, zu denen interessierte Laien Zugang haben – sowohl im wörtlichen wie auch im übertragenen Sinne. Wenn mehrere Quellen in etwa dieselben Informationen enthalten, gebe ich die am einfachsten erhältliche Alternative an.

KAPITEL 1

Größe, Maßstabsbeziehung und Kraftaufwand: Alexander (1992); McMahon und Bonner (1983); Schmidt-Nielsen (1984). Tierphysiologie allgemein: Louw (1993); Schmidt-Nielsen (1999); Withers (1992). Lebensweise der Elefanten: Chadwick (1994); Schneck (1997); Shoshani und Tassy (1996). Rüssel als Schnorchel: Gaeth et al. (1999). Zitternde Pythons: Secor und Diamond (1997). Mammute: Lister und Bahn (1997).

KAPITEL 2

Zusammenhang zwischen Größe und Felldichte bei Savannenantilopen: Louw (1993). Kreislaufsystem von Spitzmäusen: Schmidt-Nielsen (1984). *Batodonoides:* Hecht (1998). Untergrenze des Warmblüter-Größenspektrums: Schmidt-Nielsen (1984). Winterruhe: Louw (1993); Calder (1994). Energiesparstrategien: McNab (1980); Montgomery (Hrsg., 1978). Nacktmulle: Lovegrove und Wissel (1988); Lovegrove (1989). Insektenphysiologie: Heinrich (1993).

KAPITEL 3

Unterschiede zwischen Säugetier- und Reptilienstoffwechsel und Vorzüge einer hohen, konstanten Körpertemperatur: Withers (1992). Argumente gegen die Warm-gleich-gut-Theorie: Ruben (1995). Schrumpfungstendenz bei Säugetiervorfahren: McNab (1978). Massen-Homoiothermie: Spotilla et al. (1973), (1991). Theorie der aerobischen Kapazität, Warmblütigkeit als »Abfallprodukt« der Evolution: Bennett und Ruben (1979); Bennett (1991); Ruben (1995). Nasenmuscheln/Turbinalia: Hillenius (1992), (1994).

KAPITEL 4

Brontosaurus-Revision: Bakker (1986). Bakkers Ideen: Bakker (1972), (1975), (1980), (1986). Dinosaurier sind nicht ausgestorben: Bakker und Galton (1974); Bakker (1975), (1986). Struktur und Funktion von Säugetier- und Reptilienherzen: Withers (1992). *Sinosauropteryx*, *Caudipteryx* und *Protarchaeopteryx*: Ackerman (1998); Chen et al. (1998); Qiang et al. (1998). Zusammenhang Vögel/Theropoden: Dingus und Rowe (1998); Feduccia (1996); Padian und Chiappe (1998); Shipman (1998). Polardinosaurier: Benton (1996); Clemens und Nelms (1993); Molnar und Wiffen (1994); Rich und Rich (1989). Knochenstruktur-Untersuchungen und -Deutungen: Bakker (1986); Farlow et al. (1995); de Ricqles (1980); Reid (1987), (1990); Ruben (1995). Isotopenanalyse von Dinosaurierknochen: Barrick et al. (1996). Bakkers Quantifizierungsversuche der Räuber-Beute-Beziehungen: Bakker (1975), (1986). Argumente gegen warmblütige Dinosaurier: Farlow et al. (1995); Farlow und Brett-Surman (Hrsg., 1997); Ruben (1995); Artikel in Thomas und Olson (Hrsg., 1980); einen ausgewogenen Überblick bieten Fastovsky und Weishampel (1996). Computertomographische Untersuchung von Dino-Nasen: Ruben et al. (1996). Blasebalg-Atmungssystem des *Sinosauropteryx*: Ruben et al. (1997). Blasebalg-Atmungssystem des *Scipionyx*: Ruben et al. (1999). Dinosauriersterben: Alvarez (1997); Dingus und Rowe (1998); Fastovsky und Weishampel (1996). Sonstige Dinosaurier-Angelegenheiten: Currie und Padian (Hrsg., 1997); Farlow und Brett-Surman (Hrsg., 1997).

KAPITEL 5

Zusammenhang Breitengrad und Artenvielfalt: Douglas (1998); Stiling (1999). Auswirkungen niedriger Temperatur auf Zellphysiologie: Fogg (1998). Anpassungen an Kälte: Irving (1980); Schmidt-Nielsen (1999); Withers (1992). Dämmeigenschaften von Eisbärenpelz: Irving (1980); Louw (1993); Scholander et al. (1950). Weiße Bären und schwarze Raben: Louw (1993). Aquatische Polarsäugetiere: Blix und Steen (1979); Irving (1980); Louw (1993); Schmidt-Nielsen (1999). Beinfett bei Polartieren: Irving (1980). Thermoregulation bei neugeborenen Polartieren: Blix und Steen (1979); Whittow und Tazawa (1991). Kaiserpinguine: Blix und Steen (1979); Fothergill (1996). Schaufelfüße: Flegg (1993). Kamele: Flegg (1993); Schmidt-Nielsen et al. (1957), (1999). Oryxantilopen: Taylor (1980). Tiefe Atmung der Oryxantilope: Louw (1993). Eselhase: Flegg (1993). Tiere im nördlichen Eurasien: Sparks (1992). Zusammenhang zwischen Körpergröße und Artenvielfalt: May (1978); McMahon und Bonner (1983).

KAPITEL 6

Größenbeschränkung terrestrischer Reptilien: Paul (1998). Vorzüge der Warmblütigkeit für große Tiere: Bakker (1980), (1986). Ökologische und geografische Charakterisierung heutiger Riesenreptilien: Bakker (1986). Komodowarane: Auffenberg (1981); Green et al. (1991); Preston (1982); Quammen (1998). Zwergelefanten auf Komodo: Diamond (1987). Riesenschildkröten: Alderton (1993); Bakker (1986). Riesenschlangen: Burton (1998); Seigel et al. (Hrsg., 1987); Seigel und Collins (Hrsg., 1993); Weidensaul (1991). Australien: Flannery (1991), (1996); Milewski (1981), (1983); Archer et al. (1994); Wroe (1999). *Megalania:* Flannery (1996). *Pristichampsus* und *Sebecosuchus*: Langston (1975); Steel (1989). *Quinkana*: Flannery (1996); Salisbury und Willis (1996).

KAPITEL 7

Biogeografie der Krokodile und Schildkröten: Alderton (1993); Behler und Behler (1998); Brochu (in Druck); Markwick (1998); Taplin und Grigg (1989). Süßwassersäugetiere: Carwardine (1996); Evans (1994); Neill (1971); Whitfield (Hrsg., 1998). Otter: Chanin (1985); Harris (1968). Schnorchelnde Alligatoren: Ross (Hrsg., 1989). Meeressäugetiere und -reptilien: Waller (Hrsg., 1996). Ausgestorbene Meeresreptilien: Callaway und Nicholls (Hrsg., 1997). *Suchomimus*: Sereno et al. (1998). Grüne und braune Nahrungsketten und Überleben der End-Kreidezeit-Katastrophe: Levinton (1996); Sheehan und Hansen (1986). Reptilienreiche Tierwelt Australiens: Flannery (1991), (1996); Milewski (1981), (1983). Produktivität verschiedener Umweltsysteme: Stiling (1999); Whittaker (1975). Vergleich terrestrischer und ozeanischer Produktivität: Colinvaux (1978), (1993). Energieverluste in den Nahrungsketten, Produktionsstärken: Krebs (1994). Flussökologie: Artikel in Calow und Petts (Hrsg., 1992), (Hrsg., 1994), (1996); Jeffries und Mills (1990). Unvorhersagbare Veränderlichkeit von Flüssen: Artikel in Calow und Petts (Hrsg., 1992), (Hrsg., 1994), (1996); Land Resources Division (1976); Resh et al. (1988); Schumm und Winkley (Hrsg., 1994). Ernährungsweise und Wanderungen der Otter: Chanin (1985). Wanderungen und Trockenresistenz der Krokodile: Steel (1989). Biogeografie und weltweite Verbreitung der Krokodile: Brochu (in Druck). Verbreitung des Finnenlosen Schweinswals und der Flussdelphine: Carwardine (1996). Verfolgung und Dezimierung der Krokodile: Behler und Behler (1998); Neill (1971); Ross (Hrsg., 1989).

KAPITEL 8

Känozoische Entstehung der Vogelartenvielfalt: Dingus und Rowe (1998); Feduccia (1996). Strauß mit 1000 km/h: Louw (1993). Gewicht und Flugfähigkeit: Burton (1990); Ellington (1991); McMahon und Bonner (1983). Größe und Tragflächenbelastung: McMahon und Bonner (1983). Probleme großer Vögel, ohne Aufwinde lange in der Luft zu bleiben: McMahon und Bonner (1983). Vergleich des Energieaufwands beim Schwimmen, Laufen und Fliegen: McMahon und Bonner (1983). Erfolg der Säugetiere dank ihrer Zähne: Benton (1991). Rein pflanzliche Kost bei heutigen Vögeln: Witmer und Rose (1991). *Pteranodons* Gewicht: Alexander (1989). Flugunfähigkeit und Riesenwuchs der Laufvögel des Känozoikum: Feduccia (1996). Kiefermechanik von *Diatryma*: Witmer und Rose (1991). Angemessene Größe für Säuger und Vögel: Maurer (1998). Waldvögel in der Neotropis, der Äthiopis und Quartär-Refugien: Brook und Birkhead (Hrsg., 1991); Bush und Colinvaux (1990); Williams et al. (1998). Keine Säugetiere-Häufung in neotropischen Wäldern: Eisenberg (1981). Verteilung der Fledertiere über den Globus: Findley (1993). Entstehung der Pazifik-Inseln: Dingus und Rowe (1998); Whittaker (1998). Artdichten von Vögeln: Carwardine (1995). Hawaiische Kleidervögel: Cox und Moore (1993); Gorman (1979); Raikow (1976). Vogelvielfalt und menschenbedingter Artenschwund auf Inseln: Steadman (1995).

KAPITEL 9

Frühe Seefahrt: Whittaker (1998). Paläoavifauna Neuseelands und Madagaskars: Diamond (1998). Weltweites Vogelsterben: Whittaker (1998).

Bedeutung verschleppter Säugetiere im Vergleich mit anderen Vierfüßern: Ebenhard (1988); Lever (1994). Einfluss eingeführter Säugetiere: Lever (1994). Sankt Helena: Wallace (1895). Auswilderung von Katzen in Australien: Twyford (1991). Problem der globalen Artenvermischung: Holmes (1998); Vitousek et al. (1997); Wilcove et al. (1998); Williamson (1999). Artenmix in den Meeren: Carlton und Geller (1993). Einwanderung exotischer Pflanzen in Gebiete mit sehr vielen einheimischen Arten: Stohlgren et al. (1999). Geografie und Biogeografie des Perm: Behrensmeyer et al. (1992); Fortey (1997); Hallam und Wignall (1997); Osborne und Benton (1996); Osborne und Tarling (1995). Verlauf und Ursachen des Massensterbens
am Ende des Perm: Hallam und Wignall (1997); Kozur (1998); Labandeira und Sepkoski (1993); Osborne und Benton (1996); Osborne und Tarling (1995); Retallack (1999). Globale Erwärmung von Menschenhand: Houghton et al. (1990); Houghton et al. (Hrsg., 1996); Jepma und Munasinghe (1998); Williams et al. (1998); Harvey (1999). Anstieg der mittleren Welttemperatur um 5-10°C: Houghton (1997).

Bibliografie

In der kühnen Hoffnung, dass nicht nur angehende Fachleute und gebildete Laien, sondern auch Schulkinder dieses Buch lesen werden, habe ich alle Quellen in dieser Liste mit Hochziffern von 1 bis 3 versehen, die den Schwierigkeitsgrad kennzeichnen: Werke, die mir für ein breites Publikum geeignet scheinen, tragen eine hochgestellte 1. Hinter Fachbüchern und -aufsätzen, die auch ein Laie verstehen kann, wenn er sich bemüht und über gewisse Grundkenntnisse verfügt, steht die 2. Eine 3 markiert solche Texte, die eindeutig von Wissenschaftlern für Wissenschaftler geschrieben wurden.

Ackerman, J. (1998): Dinosaurs take wing. In: *National Geographic*, 194, 74–99.[1]

Alderton, D. (1993): *Turtles and Tortoises of the World*. London, Blandford Press.[1–2]

Alexander, R. McNeill (1989): *Dynamics of Dinosaurs and Other Extinct Giants*. New York, Columbia University Press.[1]

Alexander, R. McNeill (1992): *Exploring Biomechanics: Animals in Motion*. New York, Scientific American Library.[2]

Alvarez, W. (1997): *T. Rex and the Crater of Doom*. New Jersey, Princeton University Press.[1]

Anderson, M. (1951): *A Geography of Living Things*. London, English Universities Press.[2–3]

Archer, M./S. Hand/H. Godthelp (1994): *Riversleigh: The Story of Animals in Ancient Rainforests of Inland Australia*. 2. Aufl. Sydney, Reed Books.[2]

Auffenberg, W. (1981): *The Behavioural Ecology of the Komodo Monitor*. Gainesville, University Presses of Florida.[2]

Baker, R. (1982): *Migration: Paths Through Space and Time*. London, Holmes and Meier.[2–3]

Bakker, R. (1972): Anatomical and ecological evidence of endothermy in dinosaurs. In: *Nature*, 238, 81–85.[3]

Bakker, R. (1975): Dinosaur renaissance. In: *Scientific American*, 232, 58–78.[1–2]

Bakker, R. (1980): Dinosaur heresy – dinosaur renaissance: why we need endothermic archosaurs for a comprehensive theory of bioenergetic evolution. In: R. Thomas/E. Olson (Hrsg.): *A Cold Look at the Warm-Blooded Dinosaurs*. AAAS Selected Symposia Series 28, 351–462. Washington, AAAS.[3]

Bakker, R. (1986): *The Dinosaur Heresies*. London, Penguin.[1]

Bakker, R./P. Galton (1974): Dinosaur monophyly and a new class of vertebrates. In: *Nature*, 248, 168–172.[3]

Barnes, R./K. Mann (1980): *Fundamentals of Aquatic Ecosystems*. Oxford, Blackwell Scientific Publications.[2–3]

Barrick, R./W. Showers/A. Fischer (1996): Comparison of thermoregulation of four ornithischian dinosaurs and a varanid lizard from the Cretaceous Two Medicine formation: evidence from oxygen isotopes. In: *Palaios*, 11, 295–305.[3]

Bauwens, D./T. Garland/A. Castilla/R. van Damme (1995): Evolution of sprint speed in the lacertid lizards: morphological, physiological and behavioural covariation. In: *Evolution*, 49, 848–863.[3]

Behler, J./D. Behler (1998): *Alligators and Crocodiles*. Grantown-on-Spey, Colin Baxter Photography.[1]

Behrensmeyer, A. et al. (1992): *Terrestrial Ecosystems Through Time. Evolutionary Paleoecology of Terrestrial Plants and Animals*. Chicago, University of Chicago Press.[3]

Bellairs, A. (1969): *The Life of Reptiles*. Bde. 1 und 2. London, Weidenfeld and Nicolson.[2]

Bennett, A. (1991): The evolution of active capacity. In: *Journal of Experimental Biology*, 160, 1–23.[3]

Bennett, A./J. Ruben (1979): Endothermy and activity in vertebrates. In: *Science*, 206, 649–654.[3]

Benton, M. (1991): *The Rise of the Mammals*. London, Apple Press.[1]

Benton, M. (1996): *Historical Atlas of the Dinosaurs*. London, Penguin.[1]

Benton, M. (1997): *Vertebrate Palaeontology*. London, Chapman and Hall.[2–3]

Blix, A./J. Steen (1979): Temperature regulation in newborn polar homeotherms. In: *Physiological Reviews*, 59, 285–304.[3]

Bradshaw, S. (1986): *Ecophysiology of Desert Reptiles*. Sydney, Academic Press.[3]

Bramwell, D. (Hrsg., 1979): *Plants and Islands*. London, Academic Press.[2–3]

Brenchley, P. (Hrsg., 1984): *Fossils and Climate*. Chichester, Wiley.[3]

Briggs, J. (1987): *Biogeography and Plate Tectonics*. Amsterdam, Elsevier.[2–3]

Brochu, C. (in Druck): Congruence between physiology, phylogenetics and the fossil record on crocodylian historical biogeography. In: *Crocodilian Biology and Evolution*, hrsg. v. G. Grigg. New South Wales, Surrey Beatty and Sons.[3]

Brook, M./T. Birkhead (Hrsg., 1991): *The Cambridge Encyclopedia of Ornithology*. Cambridge, Cambridge University Press.[1]

Burton, J. (1998): *The Book of Snakes*. Hertfordshire, Eagle Editions.[1]

Burton, R. (1990): *Bird Flight*. New York, Facts on File.[2]

Busbey III, A. (1986): *Pristichampsus* cf. *P. vorax (Eusuchia; Pristichampsinae)* from the Uintan of West Texas. In: *Journal of Vertebrate Paleontology*, 6, 101–103.[3]

Bush, M./P. Colinvaux (1990): A pollen record of a complete glacial cycle from lowland Panama. In: *Journal of Vegetation Science*, 1, 105–118.[3]

Calder, W. (1994): When do hummingbirds use torpor in nature? In: *Physiological Zoology*, 67, 1051 bis 1076.[3]

Callaway, J./E. Nicholls (Hrsg., 1997): *Ancient Marine Reptiles*. San Diego, Academic Press.[3]

Calow, P./G. Petts (Hrsg., 1992): *The Rivers Handbook*. Bd. 1. Oxford, Blackwell Scientific Publications.[3]

Calow, P./G. Petts (Hrsg., 1994): *The Rivers Handbook*. Bd. 2. Oxford, Blackwell Scientific Publications.[3]

Calow, P./G. Petts (1996): *River Biota*. Oxford, Blackwell Scientific Publications.[3]

Capula, M. (1990): *The Macdonald Encyclopedia of Amphibians and Reptiles*. London, Macdonald Orbis.[1]

Carlquist, S. (1974): *Island Biology*. New York, Columbia University Press.[2]

Carlton, J./J. Geller (1993): Ecological roulette: the global transport of non-indigenous marine organisms. In: *Science*, 261, 78–82.[2–3]

Carroll, R. (1997): *Patterns and Processes of Vertebrate Evolution.* Cambridge, Cambridge University Press.[3]

Carwardine, M. (1995): *The Guinness Book of Animal Records.* Middlesex, Guinness Publishing.[1]

Carwardine, M. (1996): *Wale und Delphine.* Bielefeld, Delius Klasing.[1]

Censky, E./K. Hodge/J. Dudley (1998): Over-water dispersal of lizards due to hurricanes. In: *Nature*, 395, 556.[1–2]

Chadwick, D. (1994): *The Fate of the Elephant.* London, Penguin.[1]

Chanin, P. (1985): *The Natural History of Otters.* London, Croom Helm.[2]

Chen, P./Z. Dong/S. Zhen (1998): An exceptionally well preserved theropod dinosaur from the Yixian formation of China. In: *Nature*, 391, 147–157.[3]

Chinsamy, A. (1993): Image analysis and the physiological implications of the vascularization of femora in archosaurs. In: *Modern Geology*, 19, 101–108.[3]

Clemens, W./L. Nelms (1993): Paleoecological implications of Alaskan terrestrial vertebrate fauna in latest Cretaceous time at high paleolatitudes. In: *Geology*, 21, 503–506.[3]

Coleman, N. (1991): *Encyclopedia of Marine Animals.* London, Blandford.[1]

Colinvaux, P. (1978): *Why Big Fierce Animals Are Rare. An Ecologist's Perspective.* New Jersey, Princeton University Press.[1]

Colinvaux, P. (1993): *Ecology* 2. New York, Wiley.[2–3]

Collinson, A. (1988): *Introduction to World Vegetation.* London, Unwin Hyman.[2]

Coulson, R./J. Herbert/T. Coulson (1989): Biochemistry and physiology of alligator metabolism *in vivo.* In: *American Zoologist*, 29, 921–934.[3]

Cox, C. (1974): Vertebrate palaeodistributional patterns and continental drift. In: *Journal of Biogeography*, 1, 75–94.[3]

Cox, C./P. Moore (1993): *Biogeography: An Ecological and Evolutionary Approach.* Oxford, Blackwell Scientific Publications.[2]

Crawley, M. (1993): *Herbivory. The Dynamics of Animal-Plant Interactions.* Oxford, Blackwell Scientific Publications. (Studies in Ecology, 10.)[3]

Currie, P./K. Padian (Hrsg., 1997): *Encyclopedia of Dinosaurs.* San Diego, Academic Press.[2]

Dal Sasso, C./M. Signore (1998): Exceptional soft-tissue preservation in a theropod dinosaur from Italy. In: *Nature*, 392, 383–387.[3]

Darlington, P. (1957): *Zoogeography. The Geographical Distribution of Animals.* New York, Wiley.[2–3]

Diamond, J. (1974): Colonization of exploded volcanic islands by birds: the supertramp strategy. In: *Science*, 184, 803–806.[2–3]

Diamond, J. (1987): Did Komodo dragons evolve to eat pygmy elephants? In: *Nature*, 326, 832.[2]

Diamond, J. (1998): *Der dritte Schimpanse. Evolution und Zukunft des Menschen.* Frankfurt/Main, Fischer Taschenbuch Verlag.[1]

Dingus, L./T. Rowe (1998): *The Mistaken Extinction. Dinosaur Evolution and the Origin of Birds.* New York, W. H. Freeman.[2]

Donnovan, S. (1989): *Mass Extinctions – Processes and Evidence.* London, Belhaven.[3]

Douglas, K. (1998): Hot spots. In: *New Scientist*, 158 (2128), 32–36.[1]

Druett, J. (1983): *Exotic Intruders, the Introduction of Plants and Animals into New Zealand.* Auckland, Heinemann.[2]

Dutenhoffer, M./D. Swanson (1996): Relationship of basal to summit metabolic rate in passerine birds and the aerobic capacity model for the evolution of endothermy. In: *Physiological Zoology*, 69, 1232–1254.[3]

Ebenhard, T. (1988): Introduced birds and mammals and their ecological effects. In: *Swedish Wildlife Research*, 13 (4), 5–107.[3]

Eisenberg, J. (1981): *The Mammalian Radiations. An Analysis of Trends in Evolution Adaptation and Behaviour.* London, Athlone Press.[3]

Ellington, C. (1991): Limitations on animals' flight performance. In: *Journal of Experimental Biology*, 160, 71–91.[3]

Elton, C. (1958): *The Ecology of Invasions by Plants and Animals.* London, Methuen.[2–3]

Ennis, C./N. Marcus (1996): *Biological Consequences of Climate Change.* California, University Science Books.[1–2]

Evans, P. (1994): *Dolphins.* London, Whittet Books.[1]

Farlow, J./M. Brett-Surman (Hrsg., 1997): *The Complete Dinosaur.* Bloomington, Indiana University Press.[2–3]

Farlow, J./P. Dodson/A. Chinsamy (1995): Dinosaur biology. In: *Annual Review of Ecology and Systematics*, 26, 445–471.[3]

Fastovsky, D./D. Weishampel (1996): *The Evolution and Extinction of the Dinosaurs.* Cambridge, Cambridge University Press.[2]

Feduccia, A. (1996): *The Origin and Evolution of Birds.* New Haven, Yale University Press.[2]

Findley, J. (1993): *Bats: A Community Perspective.* Cambridge, Cambridge University Press.[3]

Flannery, T. (1991): The mystery of the Meganesian meat-eaters. In: *Australian Natural History*, 23, 722–729.[1]

Flannery, T. (1996): *The Future Eaters. An Ecological History of the Australian Lands and People.* London, Secker and Warburg.[1]

Flegg, J. (1993): *Deserts. Miracle of Life.* London, Blandford.[1]

Fogg, G. (1998): *The Biology of Polar Habitats.* Oxford, Oxford University Press.[2–3]

Forster, C./S. Sampson/L. Chiappe/D. Krause (1998): The theropod ancestry of birds: new evidence from the late Cretaceous of Madagascar. In: *Science*, 279, 1915 bis 1919.[3]

Fortey, R. (1999): *Leben, eine Biographie. Die ersten vier Milliarden Jahre.* München, C. H. Beck.[1]

Fothergill, A. (1996): *Leben im ewigen Eis. Eine Naturgeschichte der Antarktis.* Mürlenbach, Kynos.[1]

Frith, H. (1979): *Wildlife Conservation.* Sydney, Angus and Robertson.[2–3]

Furley, P./W. Newey (1982): *Geography of the Biosphere. An Introduction to the Nature, Distribution and Evolution of the World's Life Zones.* London, Butterworth.[2]

Gaeth, A./R. Short/M. Renfree (1999): The developing renal, reproductive, and respiratory systems of the African elephant suggest an aquatic ancestry. In: *Proceedings of the National Academy of Sciences*, 96, 5555–5558.[3]

Gans, C. (1989): Crocodilians in perspective. In: *American Zoologist*, 29, 1051–1054.[2]

Garland, T./P. Carter (1994): Evolutionary physiology. In: *Annual Review of Physiology*, 56, 579–621.[3]

Gleeson, T. (1991): Patterns of metabolic recovery from exercise in amphibians and reptiles. In: *Journal of Experimental Biology*, 160, 187–207.[3]

Gorman, M. (1979): *Island Ecology.* London, Chapman and Hall.[2]

Gould, S. (1986): Play it again life. In: *Natural History*, 2, 18–26.[1]

Graham, A./P. Beard (1990): *Eyelids of Morning: The Mingled Desti-*

nies of Crocodiles and Men. San Francisco, Chronicle Books.[1]

Green, B./D. King/M. Braysher/A. Saim (1991): Thermoregulation, water turnover and energetics of free-living Komodo dragons. In: *Varanus komodoensis. Comparative Biochemistry and Physiology*, 99A, 97–101.[3]

Groves, R./F. Di Castri (1991): *Biogeography of Mediterranean Invasions*. Cambridge, Cambridge University Press.[2–3]

Hadley, N. (1972): Desert species and adaptation. In: *American Scientist*, 60, 338–347.[3]

Hallam, A./P. Wignall (1997): *Mass Extinctions and their Aftermath*. Oxford, Oxford University Press.[3]

Harris, C. (1968): *Otters*. London, Weidenfeld and Nicolson.[3]

Harvey, D. (1999): *Global Warming: The Hard Science*. Harlow, Pearson Education.[3]

Hayes, J./T. Garland (1995): The evolution of endothermy: testing the aerobic capacity model. In: *Evolution*, 49, 836–847.[3]

Heaney, L./B. Patterson (1986): *Island Biogeography of Mammals*. London, Academic Press.[2–3]

Hecht, J. (1998): Small bite makes big impression. In: *New Scientist*, 160 (2155), 15.[1]

Heinrich, B. (1993): *The Hot-Blooded Insects. Strategies and Mechanisms of Thermoregulation*. Berlin, Springer.[2]

Hengeveld, R. (1989): *The Dynamics of Biological Invasions*. London, Chapman and Hall.[3]

Hillenius, W. (1992): The evolution of nasal turbinates and mammalian endothermy. In: *Paleobiology*, 18, 17–29.[3]

Hillenius, W. (1994): Turbinates in therapsids: evidence for late Permian origins of mammalian endothermy. In: *Evolution*, 48, 207–229.[3]

Holmes, B. (1998): Day of the sparrow. In: *New Scientist*, 27. Juni 1998, 32–35.[1]

Houghton, J. (1997): *Globale Erwärmung. Fakten, Gefahren und Lösungswege*. Berlin, Springer.[2]

Houghton, J./G. Jenkins/J. Ephraums (Hrsg., 1990): *Climate Change: The Intergovernmental Panel on Climate Change Scientific Assessment*. Cambridge, Cambridge University Press.[2]

Houghton, J./L. Meira Filho/B. Callander/N. Harris/A. Kattenberg/K. Maskell (Hrsg., 1996): *Climate Change 1995. The Science of Climate Change*. Cambridge, Cambridge University Press.[2]

Irving, L. (1980): Adaptations to cold. In: *Scientific American* (1980). *Vertebrates: physiology*. San Francisco, W. H. Freeman, 155–160.[1–2]

Jefferies, M./D. Mills (1990): *Freshwater Ecology. Principles and Applications*. London, Belhaven Press.[2–3]

Jepma, C./M. Munasinghe (1998): *Climate Change Policy. Facts, Issues and Analyses*. Cambridge, Cambridge University Press.[3]

Jones, J./S. Lindstedt (1993): Limits to maximal performance. In: *Annual Review of Physiology*, 55, 547–569.[3]

Keast, A. (1972): *Mammals, Evolution and the Southern Continents*. Stony Brook, State University of New York.[2–3]

Keast, A. (1981): *Ecological Biogeography of Australia*. 3 Bde. Den Haag, Junk.[3]

Kellman, M./R. Tackaberry (1997): *Tropical Environments. The Functioning and Management of Tropical Ecosystems*. London, Routledge.[2]

Kemp, T. (1969): On the functional morphology of the gorgonopsid skull. In: *Philosophical Transactions of the Royal Society of London B*, 256, 1–83.[3]

Koopowitz, H./H. Kaye (1990):

Plant Extinction: A Global Crisis. 2. Aufl. London, Christopher Helm.[2]

Kozur, H. (1998): Some aspects of the Permian-Triassic boundary (PTB) and of the possible causes for the biotic crisis around this boundary. In: *Palaeogeography, Palaeoclimatology, Palaeoecology*, 143, 227–272.[3]

Krebs, C. (1994): *Ecology. The Experimental Analysis of Distribution and Abundance.* New York, Harper and Row.[3]

Labandeira, C./J. Sepkoski (1993): Insect diversity in the fossil record. In: *Science*, 261, 310–315.[3]

Lack, D. (1971): *Ecological Isolation in Birds.* Cambridge, Harvard University Press.[3]

Land Resources Division (1976): *Land Resources Study* 24. Surrey, Land Resources Division.[3]

Langston, W. (1975): Ziphodont crocodiles: *Pristichampsus vorax* (Trowell), new combination, from the Eocene of North America. In: *Fieldiana: Geology*, 33, 291–314.[3]

Laurin, M. (1998): New data on the cranial anatomy of *Lycaenops* (Synapsida, Gorgonopsidae), and reflections on the possible presence of streptostyly in gorgonopsians. In: *Journal of Vertebrate Paleontology*, 18, 765–776.[3]

Lever, C. (1994): *Naturalized Animals: The Ecology of Successfully Introduced Species.* London, T & AD Poyser.[1-2]

Levinton, J. (1996): Trophic group and the end-Cretaceous extinction: did deposit feeders have it made in the shade? In: *Paleobiology*, 22, 104–112.[3]

Lister, A./P. Bahn (1997): *Mammuts. Die Riesen der Eiszeit.* Stuttgart, Thorbecke.[1]

Louw, G. (1993): *Physiological Animal Ecology.* Harlow, Longman Scientific and Technical.[2-3]

Louw, G./M. Seely (1982): *Ecology of Desert Organisms.* Essex, Longman.[3]

Lovegrove, B. (1989): The cost of burrowing by the social mole rats *(Bathyergidae) Cryptomys damarensis* and *Heterocephalus glaber*: the role of soil moisture. In: *Physiological Zoology*, 62, 449–469.[3]

Lovegrove, B./C. Wissel (1988): Sociality in mole rats. Metabolic scaling and the role of risk sensitivity. In: *Oecologia*, 74, 600–606.[3]

Markwick, P. (1998): Crocodilian diversity in space and time: the role of climate in paleoecology and its implication for understanding K/T extinctions. In: *Paleobiology*, 24, 470–497.[3]

Maurer, B. (1998): The evolution of body size in birds. II. The role of reproductive power. In: *Evolutionary Ecology*, 12, 935–944.[3]

May, R. (1978): The dynamics and diversity of insect faunas. In: L. Mound/N. Waloff (Hrsg.): *Diversity of Insect Faunas.* Oxford, Blackwell Scientific Publications, 188–204.[3]

McGowan, C. (1998): *Töten, um zu leben. Jäger und Gejagte in der Natur.* München, Piper.[1]

McMahon, T./J. Bonner (1983): *On Size and Life.* New York, Scientific American Books.[2]

McNab, B. (1978): The evolution of endothermy in the phylogeny of mammals. In: *American Naturalist*, 112, 1–21.[3]

McNab, B. (1980): Food habits, energetics, and the population biology of mammals. In: *American Naturalist*, 116, 106–124.[3]

McNeill Alexander, R. (1989): *Dynamics of Dinosaurs and Other Extinct Giants.* New York, Columbia University Press.[1]

Mielke, H. (1989): *Patterns of Life. Biogeography of a Changing World.* London, Unwin Hyman.[2]

Milewski, A. (1981): A comparison of reptile communities in relation to soil fertility in the Mediterranean and adjacent arid parts of Australia and southern Africa. In: *Journal of Biogeography*, 8, 493–503.[3]

Milewski, A. (1983): A comparison of ecosystems in Mediterranean Australia and southern Africa: nutrient-poor sites at the Barrens and the Caledon Coast. In: *Annual Review of Ecology and Systematics*, 14, 57–76.[3]

Molnar, R./J. Wiffen (1994): A late Cretaceous polar dinosaur fauna from New Zealand. In: *Cretaceous Research*, 15, 689–706.[3]

Montgomery, G. (Hrsg., 1978): *The Ecology of Arborial Folivores.* Washington, Smithsonian Institution Press.[3]

Neill, W. (1971): *The Last of the Ruling Reptiles. Alligators, Crocodiles and their Kin.* New York, Columbia University Press.[2]

Newbigin, M. (1968): *Plant and Animal Geography.* London, Methuen.[2]

Nitecki, M. (Hrsg., 1984): *Extinctions.* Chicago, Chicago University Press.[3]

Norman, D. (1994): *Prehistoric Life: The Rise of the Vertebrates.* New York, Macmillan.[1]

Oppenheimer, M. (1996): Appendix: Vulnerable Ecosystems. In: Ennis, C./N. Marcus, *Biological Consequences of Climate Change.* California, University Science Books.[2]

Osborne, R./M. Benton (1996): *The Viking Atlas of Evolution.* London, Viking.[1]

Osborne, R./D. Tarling (1995): *The Viking Historical Atlas of the Earth.* London, Viking.[1]

Padian, K./L. Chiappe (1998): The origin of birds and their flight. In: *Scientific American*, 278, 28–37.[1]

Paul, G. (1998): Terramegathermy and Cope's Rule in the land of titans. In: *Modern Geology*, 23, 179–217.[3]

Piazzini, G. (1960): *The Children of Lilith.* New York, Dutton and Co.[2]

Preston, D. (1982): Komodo dragon. In: *Natural History*, 91, 72–75.[1]

Quammen, D. (1998): *Der Gesang des Dodo. Eine Reise durch die Evolution der Inselwelten.* München, Claassen.[1]

Qiang, J./P. Currie/M. Norell/J. Shu-An (1998): Two feathered dinosaurs from northeastern China. In: *Nature*, 393, 753–761.[3]

Racey, P./S. Swift (Hrsg., 1995): *Ecology, Evolution and Behaviour of Bats.* Proceedings of a Symposium held by the Zoological Society of London and the Mammal Society. London, 1993. Oxford, Clarendon Press.[3]

Raikow, R. (1976): The origin and evolution of the Hawaiian honeycreepers *(Drepanididae)*. In: *Living Bird*, 15, 95–117.[3]

Raup, D. (1979): Size of the Permo-Triassic bottleneck and its evolutionary implications. In: *Science*, 206, 217f.[3]

Reid, R. (1987): Bone and dinosaur endothermy. In: *Modern Geology*, 11, 133–154.[3]

Reid, R. (1990): Zonal ›growth rings‹ in dinosaurs. In: *Modern Geology*, 15, 19–48.[3]

Resh, V./A. Brown/A. Covich/M. Gurtz/H. Li/G. Minshall/S. Reice/A. Sheldon/J. Wallace/R. Wissmar (1988): The role of disturbance in stream ecology. In: *Journal of the North American Benthological Society*, 7, 433–455.[3]

Retallack, G. (1999): Postapocalyptic greenhouse palaeoclimate revealed by earliest Triassic paleosols in the Sydney basin, Australia. In: *Geological Society of America Bulletin*, 111, 52–70.[3]

Rich, T./P. Rich (1989): Polar dinosaurs and biotas of the early Cretaceous of southeastern Australia. In: *National Geographical Research*, 5, 15–53.[3]

Ricqles, A. de (1980): Tissue structure of dinosaur bone: functional significance and possible relation to dinosaur physiology. In: R. Thomas/E. Olson (Hrsg.): *A Cold Look at the Warm Blooded Dinosaurs*. Boulder, American Association for the Advancement of Science.[3]

Ross, C. (Hrsg., 1989): *Crocodiles and Alligators*. London, Merehurst Press.[1]

Ruben, J. (1995): The evolution of endothermy in mammals and birds: from physiology to fossils. In: *Annual Review of Physiology*, 57, 69–95.[3]

Ruben, J./W. Hillenius/N. Geist/A. Leitch/T. Jones/P. Currie/J. Horner/J. Espe (1996): The metabolic status of some late-Cretaceous dinosaurs. In: *Science*, 273, 1204–1207.[3]

Ruben, J./T. Jones/N. Geist/W. Hillenius (1997): Lung structure and ventilation in theropod dinosaurs and early birds. In: *Science*, 278, 1267–1270.[3]

Ruben, J./C. Dal Sasso/N. Geist/W. Hillenius/T. Jones/M. Signore (1999): Pulmonary function and metabolic physiology of theropod dinosaurs. In: *Science*, 283, 514–516.[3]

Salisbury, S./P. Willis (1996): A new crocodilian from the early Eocene of southeastern Queensland and a preliminary investigation of the phylogenetic relationships of crocodyloids. In: *Alcheringa*, 20, 179–226.[3]

Schmidt-Nielsen, K. (1984): *Scaling. Why is Animal Size So Important?* Cambridge, Cambridge University Press.[2]

Schmidt-Nielsen, K. (1999): *Physiologie der Tiere*. Heidelberg, Spektrum Akademischer Verlag.[2-3]

Schmidt-Nielsen, K./B. Schmidt-Nielsen/S. Jarnum/J. Houpt (1957): Body temperature of the camel and its relation to water economy. In: *American Journal of Physiology*, 188, 103–112.[3]

Schneck, M. (1997): *Elephants. Gentle Giants of Africa and Asia*. London, Parkgate Books.[1]

Scholander, P./V. Walters/R. Hock/F. Johnson/L. Irving (1950): Body insulation of some arctic and tropical mammals and birds. In: *Biological Bulletin*, 99, 225–236.[3]

Schumm, S./B. Winkley (Hrsg., 1994): *The Variability of Large Alluvial Rivers*. New York, ASCE Press.[3]

Scientific American (1980): *Vertebrates: Physiology*. San Francisco, W. H. Freeman.[1-2]

Secor, S./J. Diamond (1997): Determinants of the post-feeding metabolic response of Burmese pythons, *Python molurus*. In: *Physiological Zoology*, 70, 202–212.[3]

Seigel, R./J. Collins/S. Novak (Hrsg., 1987): *Snakes: Ecology and Evolutionary Biology*. New York, McGraw-Hill.[3]

Seigel, R./J. Collins (Hrsg., 1993): *Snakes: Ecology and Behaviour*. New York, McGraw-Hill.[3]

Sereno, P./A. Beck/D. Dutheil/B. Gado/H. Larsson/G. Lyon/J. Marcot/O. Rauhut/R. Sadleir/C. Sidor/D. Varricchio/G. Wilson/J. Wilson (1998): A long-snouted predatory dinosaur from Africa and the evolution of spinosaurids. In: *Science*, 282, 1298–1302.[3]

Sheehan, P./D. Fastovsky (1992): Major extinctions of land-dwelling vertebrates at the Cretaceous-Tertiary boundary, eastern Montana. In: *Geology*, 20, 556–560.[3]

Sheehan, P./T. Hansen (1986): Detritus feeding as a buffer to extinction at the end of the

Cretaceous. In: *Geology*, 14, 868–870.[3]
Shine, R./T. Madsen (1996): Is thermoregulation unimportant for most reptiles? An example using water pythons *(Liasis fuscus)*. In: *Physiological Zoology*, 69, 252–269.[2-3]
Shipman, P. (1998): *Taking Wing. Archaeopteryx and the Evolution of Bird Flight*. London, Weidenfeld and Nicolson.[1-2]
Shoshani, T./P. Tassy (1996): *The Proboscidea*. Oxford, Oxford University Press.[2-3]
Skelton, P. (Hrsg., 1993): *Evolution. A Biological and Palaeontological Approach*. Wokingham, Addison-Wesley.[2-3]
Smith, R. (1995): Changing fluvial environments across the Permian-Triassic boundary in the Karoo Basin, South Africa and possible causes of tetrapod extinctions. In: *Palaeogeography, Palaeoclimatology, Palaeoecology*, 117, 81–104.[3]
Sparks, J. (1992): *Realms of the Russian Bear*. London, BBC Books.[1]
Spotilla, J./P. Lommen/G. Bakken/D. Gates (1973): A mathematical model for body temperatures of large reptiles: implications for dinosaur ecology. In: *American Naturalist*, 107, 391–404.[3]
Spotilla, J./M. O'Connor/P. Dodson/F. Paladino (1991): Hot and cold running dinosaurs: body size, metabolism and migration. In: *Modern Geology*, 16, 203–227.[3]
Stanley, S. (1986): *Earth and Life Through Time*. San Francisco, W. H. Freeman.[2-3]
Steadman, D. (1995): Prehistoric extinctions of Pacific island birds: biodiversity meets zooarchaeology. In: *Science*, 267, 1123–1131.[3]
Steel, R. (1989): *Crocodiles*. London, Christopher Helm.[1-2]
Stiling, P. (1999): *Ecology. Theories and Applications*. 3. Aufl. New Jersey, Prentice Hall.[3]
Stohlgren, T./D. Binkley/G. Chong/M. Kalkhan/L. Schell/K. Bull/Y. Otsuki/G. Newman/M. Bashkin/Y. Son (1999): Exotic plant species invade hot spots of native plant diversity. In: *Ecological Monographs*, 69, 24–46.[2-3]
Stonehouse, B. (1971): *Animals of the Arctic. The Ecology of the Far North*. London, Ward Lock.[2]
Sues, H.-D./J. Boy (1988): A procynosuchid cynodont from central Europe. In: *Nature*, 331, 523f.[3]
Taplin, L./G. Grigg (1989): Historical zoogeography of the eusuchian crocodilians: a physiological perspective. In: *American Zoologist*, 29, 885–901.[3]
Tarling, D. (1992): *Plate Tectonics and Biological Evolution*. Burlington, Carolina Biological Supply Company.[2]
Taylor, C. (1980): The eland and the oryx. In: *Scientific American* (1980): *Vertebrates: Physiology*. San Francisco, W. H. Freeman, 124–132.[1-2]
Thapar, V. (1998): *Im Land des Tigers. Eine Naturgeschichte Indiens*. Köln, vgs Verlagsgesellschaft.[1]
Thomas, R./E. Olson (Hrsg., 1980): *A Cold Look at the Warm-Blooded Dinosaurs*. Washington, AAAS. (AAAS Selected Symposia, Series 28.)[2-3]
Tivy, J. (1998): *Biogeography. A Study of Plants in the Ecosphere*. Essex, Addison Wesley Longman.[2]
Townsend, C. (1980): *The Ecology of Streams and Rivers*. London, Edward Arnold Biology. (Studies in Biology, No. 122.)[3]
Twyford, G. (1991): *Australia's Introduced Animals and Plants*. Balgowlah, Reed Books.[2]
Vitousek, P./C. D'Antonio/L. Loope/M. Rejmanek/R. Westbrooks (1997): Introduced species: a significant component of human-caused

global change. In: *New Zealand Journal of Ecology*, 21, 1–16.[3]

Wallace, A. (1895): *Island Life*. London, Macmillan.[2]

Waller, G. (Hrsg., 1996): *Sealife: A Complete Guide to the Marine Environment*. Sussex, Pica Press.[1]

Weidensaul, S. (1991): *Snakes of the World*. London, Grange Books.[1]

Whitfield, P. (Hrsg., 1998): *The Illustrated Encylopedia of Animals*. London, Marshall Publishing.[1]

Whittaker, R. (1975): *Communities and Ecosystems*. New York, McMillan.[3]

Whittaker, R. (1998): *Island Biogeography. Ecology, Evolution and Conservation*. Oxford, Oxford University Press.[2-3]

Whittow, G./H. Tazawa (1991): The early development of thermoregulation in birds. In: *Physiological Zoology*, 64, 1371–1390.[3]

Wilcove, D. et al. (1998): Quantifying threats to imperilled species in the United States. In: *Bioscience*, 48, 607–615.[2-3]

Williams, M./D. Dunkerly/P. de Decker/P. Kershaw/J. Chappell (1998): *Quaternary Environments*. London, Edward Arnold.[2-3]

Williamson, M. (1986): *Quantitative Aspects of the Ecology of Biological Invasions*. London, Royal Society.[3]

Williamson, M. (1999): Invasions. In: *Ecography*, 22, 5–12.[3]

Willis, P./B. Mackness (1996): *Quinkana babarra*, a new species of ziphodont crocodile from the early Pliocene Bluff Downs Local Fauna, Northern Australia, with a revision of the genus. In: *Proceedings of the Linnean Society of New South Wales*, 116, 143–151.[3]

Wilson, J. (1990): *Lemurs of the Lost World*. London, Impact Books.[1]

Withers, P. (1992): *Comparative Animal Physiology*. Fort Worth, Saunders College Publishing.[3]

Witmer, L./K. Rose (1991): Biomechanics of the jaw apparatus of the gigantic Eocene bird *Diatryma*: implications for diet and mode of life. In: *Paleobiology*, 17, 95–120.[3]

Wroe, S. (1998): Killer kangaroo. In: *Australasian Science*, 19, 25–28.[2]

Wroe, S. (1999): Killer kangaroos and other murderous marsupials. In: *Scientific American*, Mai, 58–64.[1]

Register